Herbert Braun
Jesus – der Mann aus Nazareth und seine Zeit

W0046139

Herbert Braun

Jesus – der Mann aus Nazareth und seine Zeit

Um 12 Kapitel erweiterte Studienausgabe

Kreuz Verlag

CIP-Kurztitelaufnahme der Deutschen Bibliothek

Braun, Herbert:
Jesus : d. Mann aus Nazareth u. seine Zeit /
Herbert Braun. – Um 12 Kap. erw. Studien-
ausg., 1. Aufl., (1.–5. Tsd., 29.–33.
Tsd. d. Gesamtaufl.). – Stuttgart :
Kreuz-Verlag, 1984.
  ISBN 3-7831-0758-X

1. Auflage als erweiterte Studienausgabe
(1.–5. Tausend) 1984
(29.–33. Tausend der Gesamtauflage)
© Kreuz Verlag, Stuttgart 1969 und 1984
Umschlaggestaltung: HF Ottmann
Gesamtherstellung: Ebner Ulm
ISBN 3 7831 0758 X

Inhalt

Inhalt

Vorwort

Die folgenden Ausführungen wenden sich nicht speziell an den Fachmann. Sie sind gleichwohl aus einer jahrzehntelangen gelehrten Beschäftigung mit dem Stoff erwachsen und beanspruchen, Ergebnisse fachlicher Forschung allgemein verständlich darzustellen. Für das in Teil I dieses Bandes unverändert nachgedruckte Jesus-Buch, das erstmals 1969 als Band 1 der Reihe »Themen der Theologie« erschienen ist, hat mir Hans Dieter Betz mancherlei beratende Hinweise gegeben, die dankbare Erwähnung verdienen.

Die 12 Kapitel von Teil II, in denen ich Schwerpunkte der neutestamentlichen Botschaft behandle, beruhen auf Vorträgen und Aufsätzen, die ich im Laufe der Zeit für ein interessiertes Laienpublikum gehalten, beziehungsweise verfaßt habe. Alle diese Beiträge wurden von Cheflektor Helmut Weigel für das vorliegende Buch durchgesehen und zum Teil überarbeitet; ihm gilt mein betonter Dank.

Insgesamt stellt die auf diese Weise erweiterte Ausgabe meines Buches den Versuch dar, den nichttheologischen Leser auf angemessene Weise mit Ergebnissen wissenschaftlicher Theologie vertraut zu machen, ohne dabei einer unerlaubten Vereinfachung der Probleme zu verfallen. Ob dieser Versuch geglückt ist, muß jeder Leser für sich entscheiden.

Herbert Braun

Jesus –
der Mann
aus Nazareth
und seine
Zeit

Teil 1

Jesus –
der Mann
aus Nazareth
und seine
Zeit

Einführung

»Wer war Jesus von Nazareth?« So soll die Frage lauten, auf die ich Antwort zu geben versuchen will. »Jesus von Nazareth.« Hier soll also abgesehen werden von den Titeln, die Jesus im Laufe der Entstehung der neutestamentlichen Schriften und auch noch danach erhalten hat: der Messias, der Gottessohn, der Menschensohn, der Herr (der Kyrios), das Wort (der Logos). Von diesen Titeln – über ihr Recht wird später (s. Seite 117ff.) zu sprechen sein – *kann* hier abgesehen werden. Denn sie stehen nicht am Anfang der Entwicklung. Jesus galt als ein wirklicher Mensch. Diese Einschätzung Jesu wurde auch dann nicht außer Kraft gesetzt, als die glaubende Gemeinde ihn als Messias und Gottessohn bekannte und ihm im weiteren Verlaufe Titel von immer höherer Wertigkeit beilegte. Noch um die Wende vom 1. zum 2. christlichen Jahrhundert wurde der wesentliche Verstoß gegen das rechte Verständnis Jesu folgendermaßen beschrieben: man bestreitet, daß er im Fleisch gekommen ist, man bekennt nicht »Jesus« (1. Joh. 4,2 f.), man spricht vielleicht von seiner Taufe, aber nicht von seinem blutigen Leiden (1. Joh. 5,6). Kurz: der *Mensch* Jesus blieb – jedenfalls der Formulierung nach – unangetastet. So ist denn unser Ausgangspunkt hier beim *Menschen* Jesus nicht ein Zugeständnis, welches dem Neuen Testament mühsam abgerungen werden muß. Der wirkliche Mensch Jesus ist die eindeutige Basis des Neuen Testamentes. Es geht hier um Jesus von Nazareth.

Wenn Jesus ein wirklicher Mensch war, so hat er zu einer bestimmten Zeit und in einer bestimmten Umgebung gelebt. Das heißt: er ist ein Stück der Vergangenheit. Daher fragen wir: »Wer *war* Jesus von Nazareth?« Freilich, um eine Größe der vergangenen Zeit zu verstehen, bedarf es für den Verständniswilligen einer gewissen Gemeinsamkeit, gewisser gemeinsamer Voraussetzungen gegenüber dem Gegenstand, der uns deutlich werden soll. Gewiß, keiner von uns ist unbeeinflußt von dieser Gestalt. Denn die abendländische Tradition bringt es mit sich, daß wir mit einem gewissen Vorverständnis an diese Gestalt herantreten; ganz gleich, ob wir von diesem Vorverständnis aus unser Verhältnis zu Jesus von Nazareth als positiv oder als negativ oder als indifferent verstehen. Hier aber – bei dem jetzt beabsichtigten Fragen nach Jesus von Nazareth – ist mit der von uns geforderten Voraussetzung etwas anderes gemeint als das, was den Inhalt unseres soeben genannten Vorverständnisses ausmacht. Wir können unser Vorverständnis zwar nicht beseitigen; wir sollen es auch gar nicht. Wir können es aber dahingestellt sein lassen. Und eben das ist die Voraussetzung, die demjenigen, der nach Jesus fragt, abverlangt wird: nicht emphatisch ja zu sagen, nicht ein Nein als Endergebnis im voraus bereitzuhalten, nicht im Elfenbeinturm der Reserviertheit zu verharren; sondern, soweit das möglich ist, offen zu sein für das, was von dieser Gestalt her auf uns zukommt.

Diese Gestalt ist aber – wir merkten es bereits – ein konkreter Mensch der Vergangenheit. Es geht also nicht um einen erträumten Jesus, dem gegenüber wir fragend offen sein sollen. Es geht um einen vergangenen realen Menschen. Um solch ein Phänomen recht in den Blick bekommen zu können, müssen zu Beginn zwei Fragenkreise von uns bedacht werden. Zunächst: In welcher Umgebung – in diesem Falle speziell in welcher religiösen Umgebung – trat er auf? Und dann: Wo finden wir über ihn verläßliche Kunde, das heißt, welches sind die Quellen, die uns über ihn berichten? Erst nach dem Durchschreiten dieser beiden Fragenkreise können wir daran gehen, über Jesu Leben und über das, was er wollte, sinnvoll zu hören und nachzudenken.

1. Die Vorgegebenheiten

Jesus war Jude. Wie stand es mit dem Judentum seiner Zeit? Im jüdischen Heimatlande, in Palästina, lebt das Volk nicht in politischer Selbständigkeit. Judäa wird von einem römischen Prokurator verwaltet; die über Galiläa regierenden Könige sind halbjüdische Vasallenfürsten des Imperium Romanum. Gleichwohl ist die religiöse Selbständigkeit erhalten geblieben; und da für den Juden Religion und Recht eng verbunden sind, ist die Selbständigkeit des gesamten jüdischen Lebens doch noch in einem beträchtlichen Umfange gegeben. Die höchste jüdische Rechtsinstanz ist der Sanhedrin mit seinen 71 Mitgliedern. Er setzt sich zusammen aus dem Priesteradel, der den Hohenpriester stellt, aus den aristokratischen Ältesten, den Sadduzäern, sowie aus den Angehörigen des schriftgelehrten Standes, den späteren sogenannten Rabbinen. Der rituelle Opfer- und Gebetsgottesdienst und die Bemühung um das Gesetz als um die Richtschnur religiösen und bürgerlichen Lebens repräsentieren sich in diesen Ständen.

Zwei Bewegungen prägen das fromme Leben des Juden zur Zeit Jesu: eine intensive Enderwartung, die sogenannte Apokalyptik, und der Pharisäismus. Beides muß sich keineswegs ausschließen. Aber die Akzente werden in pharisäischen, das heißt in rabbinischen, und in apokalyptischen Texten gleichwohl typisch verschieden gesetzt. Wir sind nicht exakt unterrichtet über den präzisen Umfang pharisäischer und apokalyptischer Kreise und über die genaue Einflußstärke, die seitens beider Bewegungen für das Volksganze anzunehmen ist. Man darf ihre prägende Kraft jedoch in keinem Falle gering veranschlagen. Hinzu kommt noch, daß wir seit einiger Zeit wissen: auch das palästinensische Judentum war keine so in sich abgeschlossene Größe, wie wir es früher uns vorstellten. Gerade die Qumrangemeinde, die ihr Gemeindezentrum eine Tageswanderung entfernt von Jerusalem hat, zeigt in ihrem Schrifttum hellenistisch-orientalische Einflüsse.

Die Apokalyptik ist für uns eine anonyme Bewegung. Wir besitzen seit langem ihre Schriften, die von der christlichen Kirche bewahrt wurden, als die jüdische Frömmigkeit seit dem Fall Jerusalems (70 nach Chr.) und seit dem endgültigen politischen Zusammenbruch unter Hadrian (135 nach Chr.) sich von der Dringlichkeit der Enderwartung entschlossen abwandte. Aber diese Schriften tragen keine echten Verfassernamen; sie geben sich als Offenbarungen, die den großen Gestalten des Alten Testaments – zum Beispiel dem Henoch oder dem Esra – zuteil wurden. Diese Anonymität gilt auch für die seit 1947 bekannten Qumrantexte (vgl. Kapitel 6 in Teil II dieses Buches), die in diese apokalyptische Bewegung ganz intensiv hineingehören.

Was will die Apokalyptik? Sie ist – im Unterschied zu den großen Hauptlinien des Alten Testamentes – davon überzeugt, daß diese Welt immer böser wird und vor ihrem Ende steht, daß aber die Welt Gottes herbeikommen und den Bestand dieser Welt ablösen wird. Insofern kann man die Apokalyptik als einheitlich bezeichnen. De facto aber gab es in dieser Bewegung die verschiedensten Möglichkeiten, den genannten großen Gesamtrahmen im einzelnen zu füllen. Das Ende kann als so fern angesetzt werden, daß die Berechnung beträchtliche Zeiträume nennt, die erst noch durchmessen werden müssen. Das Ende kann aber auch als so nahe gelten, daß ein Qumrantext die jetzt amtierenden Priester als die letzten Priester, die Römer (unter Decknamen) als das letzte Volk bezeichnet. Auch Johannes der Täufer scheint in seiner Predigt die Endzeit als nahe bevorstehend anzusagen. Solche Berechnungen dürfen der breiten Öffentlichkeit natürlich nicht bekanntgegeben werden. Wirrnisse in der Natur und im politischen Leben der Völker gehen dem Ende der Geschichte voraus und machen das Leben in dieser letzten Periode der »Trübsale« und »Wehen« besonders mühevoll und gefährlich. Die Gestalt, die in diesem Endgeschehen eine entscheidende Rolle – als Zeuge, als Richter oder als Enderretter – spielt, kann in den einzelnen apokalyptischen Systemen verschiedene Namen tragen: der Menschensohn, der Messias oder auch zwei Messiasse, der Priester- und der Königsmessias. Ja es gibt apokalyptische Systeme, die kommen ohne eine messianische Gestalt aus. Die Endzeit bringt den neuen Zustand der Welt. Soweit ist die Apokalyptik sich einig. Wie dieser neue Zustand aber aussieht, darüber gehen die Aussagen auseinander. Er kann in der älteren Periode als die Verlängerung des Diesseits gelten; das Reich des Messias und die mit ihm gegebene Heilsvollendung wird dann als ganz irdisch vorgestellt. Andere apokalyptische Kreise verlegen den Zustand der Heilsvollendung ausschließlich in die Himmelswelt, in die sogenannte zukünftige Welt. Das irdische Reich des Messias kann dabei ganz entfallen. Es kann aber auch, in dem Grad seiner Heilsvollendung gemindert, den irdischen Abschluß der Weltgeschichte bilden, der gegenüber der bisher abgelaufenen Geschichte nur eine relative Überhöhung darstellt: Bosheit, Unglück und Mühsal haben auf dieser Erde im messianischen Reich ein Ende. Das Reich des Messias kann schließlich, auch auf einer *neuen* Erde sich abspielend, mit jenseitigen Zügen ausgestattet werden und die irdischen Züge abstreifen. Das himmlische Jerusalem senkt sich auf die Erde herab. Die Heilsvollendung währt ewig. Die ganze Schöpfung erhält Anteil an dieser tiefgehenden Erneuerung. Im Rahmen dieses Gegensatzes zwischen den beiden Welten erfolgt die Auferstehung der Toten. Auch hier variiert die Vorstellung: man erwartet die Auferstehung zunächst nur für die Gerechten; später für alle Menschen; ja in der qumranischen Apokalyptik scheint die Auferstehung noch gar keine Rolle zu spielen. Das Weltgericht findet statt. Es bringt die Belohnung der Frommen und die Strafe für die Gottlosen. Die letzteren werden vorgestellt hauptsächlich als die nichtjüdischen Nationen und ihre ungerechten Regenten, aber auch als die jüdischen Unfrommen. Besonders die Bestrafung der Römer, die ja Judäa seit Pompejus (63 vor Chr.) besetzt hielten, ist Gegenstand dringender Erwartung. Ja es gibt jüdische Kreise, die sogenannten Zeloten (Eiferer), die dieser Bestrafung der Gottlosen durch bewaffnete Rebellion nachzuhelfen und so den Anbruch des Endes zu beschleunigen versuchen. Erhalten die Gerechten das Heil als ewige Existenz, so werden die Gottlosen entweder vernichtet oder verfallen ewiger Feuerqual. Wir sehen: die Vorstellungen im einzelnen besitzen eine beträchtliche Variationsbreite. So ist diese apokalyptische Bewegung das Feld für immer neue Berechnungen des Endes und der Ort einer phantasiebetont verfahrenden Ausmalung künftiger Einzelheiten. Gleichwohl wird darüber der Ernst des religiösen Anspruchs nicht vergessen, sondern vielmehr geschärft: weil das Gericht und die Herrlichkeit jener Welt bevorstehen, ist ein frommer Wandel das wahrhaft andringende Gebot.

Es gibt apokalyptische Systeme, die die Notwendigkeit eines frommen Wandels besonders detailliert verhandeln. Damit aber stehen wir bei einem Thema, welches das jüdische Leben auch dort bestimmt, wo man sich der speziellen Apokalyptik nicht geöffnet hat: Was ist es um die exakte Beobachtung des Gesetzes?

Das Gesetz entstammt dem Alten Testament. Von dorther eignet ihm die für uns schwer nachvollziehbare Gleichwertigkeit ethischer und ritueller Gebote. Sie wird schon vor der Zeit Jesu als selbstverständlich reproduziert: »Auf drei Dingen steht die Welt, auf der Tora (der gesetzmäßigen Weisung), auf dem Kultus und auf der Liebestätigkeit« (Abot I 2). Hinter dieser Gleichwertigkeit steht eine klare Konzeption von Gott und seinem Willen. Gott hat eben diese Gebote erlassen, und aus diesem ihrem Ursprung resultiert die Fraglosigkeit der einzelnen Vorschriften. »Nicht der Tote macht unrein, und nicht das Wasser macht rein, aber es ist eine Verordnung des Königs aller Könige«, formuliert ein Rabbi am Ende des 1. Jahrhunderts nach Chr. Das alttestamentliche Gesetz ist im Judentum der Zeit Jesu nun freilich in einer typischen Weise verschoben. Die Laienbewegung des Pharisäismus erweitert den Personenkreis: die im Alten Testament für die Priester erlassenen Reinheitsvorschriften sollen nun auch für den jüdischen Nicht-Priester, den Laien, gelten, will er ein wirklich frommes Leben zu führen beanspruchen. Ferner wird die Beobachtung der einzelnen Vorschriften, die im Alten Testament in mancher Hinsicht nur allgemein formuliert sind und so etwas wie eine Rahmenvorschrift darstellen, nun auf die einzelnen Fälle zugeschnitten; aus der Rahmenvorschrift wird nun eine Summe zum Teil komplizierter Detailvorschriften. Das Leben danach einzurichten verlangt eine nicht unbeträchtliche Mühe. Diejenigen Juden, die diese Mühe scheuen und nicht-pharisäisch leben, verlieren ihren religiösen Ruf; sie gelten nun als »Sünder«. Freilich darf man sich die Pharisäer nicht als schlechthinnige Rigoristen vorstellen. Es gibt in ihrer Mitte strengere und weitherzigere Auffassungen. Ihr Ziel ist das Einfangen

16

des gesamten Lebens in das Koordinatensystem der Gebote. Daher können sie, um im Einzelfalle den Ablauf des Lebens nicht zu empfindlich zu stören, auch Erleichterungen einbringen, die ihrerseits dann aber sehr detailliert beschreiben, wie weit man gehen darf, um noch den Anspruch erheben zu können, ein Gebot doch nicht zu übertreten. Die Folge dieser Entwicklung ist ein Leben, das – ungeachtet aller auch in jüdischen Texten sich findenden Gebotszusammenfassungen – nicht von einer Gesamtparole und einer Gesamthaltung her den einzelnen Situationen entgegengeht; sondern vielmehr ein Wandel, der in jedem Einzelfalle präzise wissen muß, was unter den hier gegebenen Umständen zu tun und zu lassen ist. Das Leben ist bis in das Detail hinein konsequent kasuistisch geregelt. Um derart sein Leben konkret einrichten zu können, muß man einen nicht geringen Umfang konkreter Einzelanwendungen der Gebote im Kopf haben. So erwächst in klarer Notwendigkeit aus diesem Ideal pharisäischer Frömmigkeit die Beschäftigung mit den Anwendungen der Einzelgebote auf die einzelnen denkbaren Fälle, das heißt die Wendung zu schriftgelehrter Tätigkeit.

Das kultische Leben des Juden kreist um die Beobachtung der Festtage und des wöchentlichen Sabbats. Die Festtage sind nach der offiziellen pharisäischen Doktrin im Jahreslaufe zeitlich festgelegt; diese Festlegung wird freilich, auch in der frommen Übung, praktisch bestritten von kleineren Gruppen, die den Kalender so umstellen, daß jedes Fest in jedem Jahr auf den gleichen Wochentag fällt, daß der Sabbat in seiner Bedeutung also nie durch einen anderen Festtag überdeckt wird. Die Hauptsache in der Sabbatfeier ist der Verzicht auf jegliche Arbeit. Die schriftgelehrte Beschäftigung trägt nun 39 für den Sabbat verbotene Arbeiten zusammen. Man bekommt einen Eindruck von der Penibilität der Sabbatobservanz, wenn man hört, was als verboten gilt: das Tragen eines Gegenstandes von einem Bezirk in den anderen; das Zurücklegen eines Weges von mehr als 2000 Ellen; das Bereiten von Speisen. Nur unter Anwendung bestimmter Verhaltensregeln ist das Tränken des Viehs und die Bergung verunglückten Viehs erlaubt. Aber auch für die strikten Verbote sind Erleichterungen vorgesehen. All diese Vorschriften stimmen in den einzelnen Gruppen des Judentums im exakten Detail keineswegs völlig überein. Gemeinsam ist allerdings die Voraussetzung: ernste Sabbatbeobachtung ist, als Gottes Wille, in sich ein Wert und unabdingbar. Daß der Sabbat in die Hand des Menschen gegeben ist, wie ein jüdischer Text formuliert, ist eine Ausnahme; sie kommt zum Tragen etwa in der Verordnung, daß Lebensgefahr »den Sabbat verdrängt«, daß also Hilfe in akuter Krankheit am Sabbat erlaubt ist.

Der fromme Jude ist ein betender Mensch. Die Gebetszeiten liegen fest. Morgens und abends bekennt sich jeder fromme Jude zur Einzigkeit Gottes durch das Aufsagen festgesetzter alttestamentlicher Schriftstellen, durch die Rezitation des sogenannten Schema. Gebetszeiten sind der Morgen, der Nachmittag und der Abend. Zur Übung des Gebets gesellt sich das Fasten, das als gemeinsamer Brauch am Montag und Donnerstag nach bestimmten Regeln geübt wird.

Eine besondere Rolle im Leben des Juden spielen die Reinheitsgesetze. Daß bestimmte Tierarten, daß das Blut und die Berührung einer Leiche rituell unrein machen, steht vom Alten Testament her fest. Die schriftgelehrte Beschäftigung regelt nun die Einzelheiten, in den strengen Gruppen wie in der Qumrangemeinde natürlich rigoristischer als im offiziellen Pharisäismus. Hat eine Verunreinigung stattgefunden, so bringen Tauchbäder die notwendige Wiederherstellung. Nicht nur die Arten der Speisen, auch der Modus ihres Genusses unterliegt detaillierten Reinheitsvorschriften; das bedeutet eine Hinzufügung zu der alttestamentlichen Gesetzgebung. Vor jedem Hauptgericht müssen die Hände bis zum Handgelenk durch eine Wasserbegießung rituell gereinigt werden. Auch hier sind die Einzelheiten genau festgelegt: die Zeitpunkte im Ablauf des Mahles, die benötigte Menge Wasser, die korrekte Haltung der Hände bei der Prozedur. Für die peinliche Exaktheit dieses Strebens nach kultischer Reinheit ist typisch die Vorschrift für die doppelte Begießung der Hände: der erste Guß nimmt die Unreinheit der Hände fort; der zweite beseitigt die restlichen, nun unrein gewordenen Tropfen des ersten Gusses.

Alle Bodenerträge der Landwirtschaft, bis hin zu den Küchenkräutern, unterliegen dem Gebot, den zehnten Teil abzusondern und ihn den Priestern und Leviten abzuliefern.

Auch hier geht die Regelung bis ins Detail, ohne daß eine völlige Uniformität erreicht wird.

Neben dem kultischen steht der ethische Sektor. Denn der rechte Wandel gilt auch dem ernsten Juden nicht als durch äußere kultische Observanz ersetzbar und ablösbar. Der fromme Jude weiß sich zur Bescheidenheit verpflichtet. Er bejaht die Niedrigkeit. Er widerstrebt der Ehrsucht. Er soll den Nächsten lieben; wo es not tut, soll er ihm vergeben. Er soll dem Armen materiell helfen: man soll Arme zu seinen eigenen Hausgenossen machen. Freilich, der Nächste ist hier der jüdische Glaubensgenosse und der Vollproselyt; erst zu Beginn des 2. Jahrhunderts nach Chr. kann der Nächste als Geschöpf, also als Mensch schlechthin, beschrieben werden. Immerhin, diese weitherzige Auffassung kommt auch zu Worte. Allerdings kann diese Liebe zum Nächsten durchaus als Mittel zum Zweck verstanden werden: man erlangt eigene Ehre durch Ehrung der Mitmenschen; man durchkreuzt die Absicht der Mitmenschen durch Verzicht auf den eigenen Willen; man erreicht die Bestrafung des Feindes durch Gott, wenn man auf die eigene Schadenfreude verzichtet. So werden die dem Nächsten zugewendeten guten Werke ein Schild, der den Täter vor dem göttlichen Strafgericht abschirmt. Ja man kann die Unterhaltspflicht gegenüber den Eltern wie jegliche Verpflichtung gegenüber anderen Menschen durch ein entsprechendes Gelübde blockieren. Die Liebe zum Nächsten ist mithin in keinem Falle radikal gedacht. So ist der Reichtum im damaligen Judentum durchaus geschätzt. Freilich gibt es auch Gruppen, wie die Qumrangemeinde, die um die geistliche Gefahr wissen, die dem Reichtum innewohnt. Die Sexualmoral des Juden ist streng. Eheverzicht ist freilich nur für bestimmte qumranische Kreise bezeugt. Sonst wird die Ehe nicht nur konzediert, sie gilt für die Schriftgelehrten als Pflichtgebot. Sexuelle Promiskuität vor oder in der Ehe ist streng verpönt. Freilich kann ein Mann mehrere Frauen gleichzeitig zur Ehe haben; er muß sie dann allerdings materiell unterhalten. Die Frau genießt ein minderes Eherecht. *Sie* kann nicht mit mehreren Männern verheiratet sein. *Sie* kann auch keine Scheidung einleiten. Der Mann dagegen ist dazu berechtigt: nach der laxeren Auslegung bei jedem beliebigen Anlaß (zum Beispiel wenn die Frau das Essen hat anbrennen lassen); nach der strengeren nur im Falle des Ehebruchs seitens der Frau.

Für alle diese religiösen und ethischen Belange tritt der fromme Jude in Notsituationen mit seiner Existenz, das heißt als Märtyrer, ein. Zur Zeit Jesu gibt es für den normalen Juden solche Situationen nicht. Nur gelegentlich haben die Pharisäer in den Jahrzehnten vor und nach Jesus an ihre grausamen Vasallen-Könige Blutzoll entrichten müssen, wie auch die Zusammenstöße der Qumrangemeinde mit dem offiziellen Judentum nur in gelegentliche Martyriumssituationen führen. Es ist jedoch nicht zweifelhaft: wo es um die großen Inhalte geht – Monotheismus, Ablehnung von Götzendienst, Unzucht und Mord –, weiß der fromme Jude sich eindeutig zum Martyrium verpflichtet. Der Tod des Rabbi Aqiba ist dafür ein bewegendes Beispiel.

Wie versteht der fromme Jude seine Stellung vor Gott? Eindeutig liegt in allen Schattierungen des Judentums die Überzeugung vor: der Mensch ist ein Geschöpf der Gottheit. Gleichwohl besitzt der Mensch die Freiheit, den Willen Gottes zu bejahen und diese Bejahung im Leben durchzuführen. Hier freilich, was die Art und das Ausmaß dieser Durchführung anlangt, liegt eine erhebliche Variationsbreite der einzelnen jüdischen Texte vor. Das Endgericht durch Gott steht für sie alle fest. Aber die Haltung, in welcher der Fromme diesem Gericht entgegensieht, läßt sich nicht in *einem* Satz beschreiben. Neben der Hochgemutheit stehen Weinen und Klagen und Sündenbekenntnis, wenn man an das Gericht denkt. So weiß der fromme Jude sich auf die Barmherzigkeit und Güte des Richters angewiesen. Das Maß dieser Angewiesenheit kann in den einzelnen Schattierungen des Judentums schwanken. Immer aber ist es das Gesetz, an das der Jude durch Gottes Barmherzigkeit gewiesen wird. Gottes Barmherzigkeit und Gottes Gesetz: beides ist für den frommen Juden eine unproblematische Einheit. Diese Doppelpoligkeit hat ein eigentümliches Schwanken der frommen Haltung zur Folge: hochgemut traut der Fromme sich zu, mit seinen Leistungen im Gericht zu bestehen (man weiß von alttestamentlichen Frommen und von Rabbinen, die als sündlos gelten); gleichzeitig aber nagt die Sorge, die Leistungen möchten doch nicht hinreichen, so daß man mehr oder weniger auf die Barmherzigkeit des

Richters angewiesen ist. »Gegen wen bist Du gütig, Gott, wenn nicht gegen diejenigen, die den Herrn anrufen? Du reinigst einen Menschen, der gesündigt hat, wofern dieser Mensch seine Sünden bekennt und beichtet. Denn Scham liegt auf uns und unsern Gesichtern um des allen willen. Und wem wirst Du die Sünden vergeben, wenn nicht denen, die gesündigt haben? Du segnest die gerechten Menschen und strafst nicht das, was sie gesündigt haben, und Deine Freundlichkeit wendet sich Sündern zu, die Buße tun« (Ps. Sal. 9,6 f.). Der Fromme ist also ein Sünder, aber doch kein richtiger, eigentlicher wie die Gottlosen und die »Nationen«, die nichtjüdischen Menschen. So bedarf er der Barmherzigkeit Gottes. Aber die Barmherzigkeit ist keine pure Barmherzigkeit; sie hängt am Bekennen und Bußetun des Frommen, der Fromme kann und muß mit ihr zusammen wirken. Das Sündenbewußtsein bleibt eingebettet in die übergreifende Gewißheit, daß der fromme Wandel es schafft; es schafft, wenn auch auf dem Wege über die Selbstdemütigung: »Du wirst auch darin vor dem Höchsten geehrt werden, weil du dich erniedrigt hast, wie es sich für dich gehört, und weil du dich nicht den gerechten Menschen gleichgestellt hast. Daher wirst du um so höher geehrt werden« (IV. Esra 8,48 f.). Das bevorstehende Gericht aber ist der Motor, der diese Bewegung zwischen Hochgemutheit und Sorge ständig in Gang hält. So kann ein Rabbi direkt empfehlen, bei Übertretung und Gehorsam irdischen Vorteil und ewigen Nachteil, irdischen Nachteil und ewigen Vorteil rechnend zu bedenken. Denn Gott rechnet exakt wie – so vergleicht ein Rabbi – ein Kaufmann, der dem Kunden jeden Posten genau auf der Tafel anschreibt. Der Glaube an Gott ist hier der Glaube an eine präzis verfahrende Vergeltung, und von dieser Überzeugung aus meint der fromme Jude, so wandeln zu können, daß er das Gericht besteht. Freilich nicht ohne Gottes Barmherzigkeit. Aber die Barmherzigkeit stellt nicht radikal alles auf den Kopf, sondern korrigiert nur die für den Menschen nicht hinreichende Entsprechung von Leistung und Lohn.

So wird auch das Bild Gottes entsprechend gezeichnet. Zu den Zügen, die das allgemein-religiöse Gottesbild bestimmen – seine Macht, seine Gerechtigkeit, seine Liebe und Güte –, treten besondere Charakteristika. Er freut sich nicht über den Untergang des Gottlosen, so heißt es. Er und seine Frommen freuen sich aber gleichwohl darüber. Denn Gott personifiziert das Gesetz. Das heißt in mythischer Aussage: sein Tageslauf ist so eingeteilt, daß er drei Stunden, mit den Gebetsriemen bekleidet, das Gesetz und seine Auslegung studiert; drei Stunden die ganze Welt ernährt und drei Stunden mit dem Livjathan, der Urschlange, scherzt. Er feiert in der Himmelswelt mit den Engelheeren den Sabbat. Auch die Frommen werden von ihm gerichtet werden. Aber sie so, daß er dabei steht und obenhin verfährt; beim Gericht über die Nationen aber wird er sitzen und ohne Eile und gründlich vorgehen. Trotz der ausdrücklichen Versicherung, vor Gott gebe es kein Ansehen der Person, erwartet der fromme Jude für sich eine Ausnahmebehandlung, wofern er es mit dem Gesetz ernst nahm: Gott, das personifizierte Gesetz, das dem frommen Juden einen religiösen Sonderstatus zubilligt.

Jesus war Jude. Insofern ist die Kenntnis des eben gezeichneten gleichzeitigen Judentums unerläßlich für das Verständnis Jesu. Die Tradition über Jesus bewegte sich aber nur in ihrem älteren ersten Stadium auf jüdischer, nun eben judenchristlicher Ebene. Sehr bald, schon in den ersten Jahrzehnten der Entwicklung nach Jesus, trat die Tradition über ihn in ein Stadium ein, das von dem Judentum Palästinas charakteristisch verschieden war. Welches ist die religiöse Situation, die nun – auf dem Wege über ein nicht-palästinensisches, ein hellenistisches Judentum oder ohne diese Vermittlung in direkter Einflußnahme – die Traditionen über Jesus in Gegensatz und Analogie mitzuformen begann? Natürlich ist hier nur eine sehr kurze und auswählende Darstellung der außerjüdischen religiösen Welt möglich. Solch eine Auswahl ist von der Sache her aber auch gut möglich; denn es geht hier ja nur um die Bereiche, die auf dem Boden der fortschreitenden Jesustradition zum Tragen kamen.

Eine zentrale Gestalt der außerjüdischen religiösen Propaganda ist der göttliche Mann, der sogenannte theios aner. Diese Gestalt entstammt dem Griechentum; sie hat aber auf die Auffassung des hellenistischen Judentums beträchtlich eingewirkt. Der göttliche Mann predigt ein tugendhaftes, weises und doch in die Dinge der Welt eingreifendes Leben, das von Verzicht auf Fleisch- und Weingenuß und von geschlechtlicher Enthaltsamkeit geprägt ist. Er vollzieht Heilungen, die als Dämonenaustreibungen beschrieben werden, da alle Krankheiten als dämonische Besessenheit gelten. Ja er erweckt Tote. Damit rückt er in die Nähe jüdischer Exorzisten. Aber dies ganze Gebiet ist nicht speziell jüdisch, sondern allgemein hellenistisch-orientalisch.

Auch diese hellenistisch-orientalische Welt hat also ihre Heilbringer. Man findet sie – im folgenden nenne ich religiöse Phänomene von ursprünglich sehr verschiedener Herkunft – in den älteren Naturgottheiten, die nun aber eine ihre ursprüngliche lokale Heimat übergreifende Bedeutung gewinnen, wie Attis, Adonis, Isis und Osiris; ferner in Heroen wie Herakles. Bedeutende Philosophen sind unter den Heilbringern, wie Pythagoras, nun Seite an Seite mit den obengenannten göttlichen Menschen wie Apollonius von Tyana; auch hervorragende Herrscher wie Alexander der Große und Augustus. Sie heißen Gottessöhne oder Heroen. Man berichtet von ihrer Erzeugung durch die Gottheit und ihrer wunderbaren Geburt, unter Umständen von ihrer Geburt aus der Jungfrau. Sie bleiben nicht im Tode, sondern steigen auf in die Himmelswelt oder werden erweckt. Sie erscheinen ihren Anhängern nach ihrem Tode. Sie helfen den Menschen durch ihre Lehren, die auf ein tugendhaftes, tätiges und strenges Leben hinweisen. Sofern sie Mysteriengottheiten darstellen, ziehen sie durch sakramentale Taufen und Waschungen, die bis in die Randerscheinungen des offiziellen Judentums hinein zu finden sind – wir denken an Johannes den Täufer –, sowie durch heilige Mahle und mysterienhafte Begehungen ihre Anhänger aus der Todessphäre dieser Sinnenwelt auf ihren eigenen Weg, den Weg des Lebens. Besonders die Spielarten der vielverzweigten sogenannten Gnosis wollen den Menschen aus der Nichtigkeit dieses Lebens, aus Tod und Finsternis, zum Aufstieg in die Welt des Lichtes und des Lebens führen; der gnostische Gesandte vermittelt diesen Aufstieg.

In diesem ganzen Bereich ist die Gottheit, unter Umständen in sich mehrfach gespalten, die Gestalt, die Licht und Leben hat und spendet. Der Mensch, versenkt in die Materie und Sinnenwelt, besitzt noch einen Kern göttlicher Substanz. Entscheidet er sich, angesichts der Verkündigung des Mystagogen oder des gnostischen Boten, für das Licht, so entscheidet er sich für seine eigene Göttlichkeit. Er empfängt in der Begehung die Wiedergeburt, er erfährt – eventuell ekstatisch – den Aufstieg. Wo diese religiösen Richtungen zu einem rechten irdischen Wandel ermahnen, geschieht es sozusagen nebenbei und unbetont. Denn die Vergöttlichung des Menschen ist hier identisch mit dem Verlust seiner konkreten Person. Mit der Konkretion des Ichs entschwindet auch der konkrete Nächste.

2. Die Quellen

Die Antwort auf die Frage, wer Jesus von Nazareth war, scheint für denjenigen, der sich dieser Frage zum ersten Mal gegenübersieht, einfach zu sein. Zwar berichten, außer Tacitus (Annalen XV 44; nach 100 nach Chr.), außerchristliche Quellen nichts Verläßliches über Jesus von Nazareth. Aber haben wir nicht das Neue Testament? Es macht außerhalb der Evangelien zwar nur kurze Angaben über Jesu Leben: Gott sandte ihn; er starb, von den Römern hingerichtet; er wurde erweckt, er erstand nach dem Tode, er fuhr in die Himmelswelt. Diesen die Himmelswelt einbegreifenden Rahmen füllen die Evangelien dann ja aber mit Details aus. Man muß sich nur klarmachen: mit diesem Rahmen haben wir ein Glaubensbekenntnis der Christen vor uns, die zu Jesus ja sagen. Wir können dieses Ja zu Jesus teilen. Aber es fällt uns schwer, die Form dieses Ja zu teilen, die auf antiken weltanschaulichen Voraussetzungen beruht. Ob und in welcher Weise wir diese antike Form des Ja zu Jesus umdenken und ihren zentralen Inhalt, umgedacht, nachsprechen können, soll später (S. 117ff.) Gegenstand unserer Überlegung sein. Hier aber bedeutet diese Einsicht in die bekennende Form der Evangelien: wir haben Quellen über das, was Jesus von Nazareth war, nicht als uninteressierte, objektive Berichte; diese Feststellung gilt auch von dem dritten Evangelisten, dem nach seiner Aussage die Verläßlichkeit der von ihm berichteten Stoffe am Herzen liegt (Luk. 1,1 ff.). Die Quellen berichten über Jesus vielmehr in der Form, daß sie von vornherein seine Bedeutung aussagen, daß sie in christlichem Sinne belehren und missionieren wollen. Das ist ein Vorteil, denn Liebe sieht scharf. Es ist aber auch ein Nachteil, denn Liebe akzentuiert eigenwillig bis zur Verzeichnung. Zudem ergeht dies Bekenntnis in einem Rahmen, der damals weltanschaulich üblich war, heute aber nicht übernommen werden kann. Kurz, die Evangelien werden von uns kritisch gelesen werden müssen, wenn überhaupt die

Hoffnung bestehen soll, daß wir durch das Jesus*bild* der ersten Christen zu dem wirklichen Menschen Jesus auch nur einigermaßen verläßlich vordringen können. Welcher Art wird diese unsere Kritik sein müssen?

Für eine Rückfrage nach dem historischen Jesus entfällt das vierte, das Johannes-Evangelium, völlig. Denn dort spricht Jesus in lang ausgesponnenen monologischen Reden. Die Form dieser Reden ist unjüdisch, sie gehört in einen uns bekannten Redetyp nicht palästinensischer, sondern hellenistisch-orientalischer Religion. Diese Redeweise steht zudem, schon der Form nach, in einem klaren Gegensatz zu der Art, wie die drei ersten Evangelien, die sogenannten Synoptiker, Jesus reden lassen. In den Synoptikern finden sich einzelne Sprüche Jesu; auch die langen Redekompositionen besonders des Matthäus und Lukas erweisen sich als eine Nebeneinanderstellung einzelner kleiner Sprucheinheiten. Der Mensch Jesus *kann* nicht gleichzeitig so gesprochen haben wie der synoptische *und* der johanneische Jesus; er sprach nicht wie der johanneische Jesus. Das wird bekräftigt durch den Inhalt der Reden. In den drei ersten Evangelien redet Jesus nur ausnahmsweise von sich selbst. Meist behandelt er Einzelheiten jüdischen Glaubens vor konkreten Einzelgruppen frommer Juden. Der johanneische Jesus dagegen predigt monologisch ohne Bezug zu den konkreten jüdischen Problemen: das von ihm gebrachte Heil und die Gestaltwerdung dieses Heils eben in seiner Person, die Licht und Leben ist und gibt. Sofern die Welt ihn und das wahre Heil ablehnt, konzentriert sich diese Ablehnung in dem Nein der en bloc als feindlich gezeichneten »Juden«. Dies »Lebensbild« ist an einer menschlichen Konkretion Jesu souverän uninteressiert: in rückblickhafter Weise läßt der Evangelist Jesus den Glauben so predigen, wie nach der Überzeugung der christlich-johanneischen Kreise recht an Jesus geglaubt werden soll. Das vierte Evangelium entfällt als Quelle für die Beantwortung der Frage, wer der geschichtliche Jesus von Nazareth war.

So bleiben also die Synoptiker. Aber auch sie enthalten nicht eine von der Geburt und dem Auftreten Jesu bis zu seiner Auferstehung reichende historisch getreue Beschreibung des Lebens Jesu. Seit Jahrzehnten wissen wir dank der Arbeit der sogenannten Formgeschichte, daß auch hier der

Ablauf des Lebens Jesu, im Großen wie im Detail der einzelnen Szenen – wir sagen in der Fachsprache: der Rahmen des Lebens Jesu –, keine konkrete Erinnerung an Begebnisse und Abläufe in dem wirklichen Leben Jesu darstellt. Dieser Rahmen ist vielmehr eine Arbeit der Tradition und in seiner Endfassung ein Werk des einzelnen Evangelisten. Jeder auch nicht vom Fach herkommende Leser kann sich das an Hand einer deutschen Synopse, welche die Texte der drei ersten Evangelien nebeneinander druckt, klarmachen. Die einzelnen Szenen und das in ihnen enthaltene Spruchgut werden von den jeweiligen Evangelisten in verschiedenem Zusammenhang und zum Teil in erheblicher inhaltlicher Variation gebracht; vgl. nur die Salbung Jesu bei Markus (14,3-9) und Matthäus (26,6-13) mit der bei Lukas (7,36-50). Und diese Traditionsgeschichte hat nicht tendenzlos gearbeitet: auch die einzelnen Evangelisten haben deutlich umrissene theologische Absichten und Zielsetzungen, die sie dem mündlich oder schriftlich ihnen überlieferten Stoff aufprägen; das heißt, sie lassen Jesus in einer ihrer theologischen Überzeugung gemäßen Weise reden. Grundsätzlich sind sie darin also von dem vierten Evangelium nicht unterschieden: auch die Synoptiker bringen nicht einen geschichtsgetreuen Ablauf des Lebens Jesu; auch sie zeichnen ihr *Bild* des Lebens Jesu.

Daraus ergibt sich eine doppelte Feststellung. Zunächst: die drei ersten Evangelisten setzen uns nicht in den Stand, den Verlauf des Lebens Jesu im einzelnen zu kennen und darzustellen. Natürlich war Jesus palästinensischer Jude; und sicher wurde er in frühem Mannesalter von der römischen Justiz hingerichtet. Aber sehr viele andere Einzelheiten gehen auf die darstellende Arbeit der Tradition und der Evangelisten zurück und liefern uns daher kein verläßliches Material, um ein in einzelnen Geschehnissen nacheinander ablaufendes Leben Jesu so darzustellen, wie es sich tatsächlich ereignet hat. Wir werden diese Beschränkung unseres Wissens nachher zu beachten haben, wenn wir die Biographie Jesu im einzelnen bedenken (S. 33). Neben den Schilderungen des Lebens Jesu stehen in den Synoptikern die Worte Jesu. Hier sind kompliziertere Erwägungen notwendig, weil die Sachlage komplizierter ist als in den erzählenden Partien der synoptischen Texte. Das ist die zweite Feststellung, die wir zu treffen haben. Die christliche Gemeinde war, bis in den Anfang des zweiten Jahrhunderts hinein, von der Überzeugung getragen, vom heiligen Geist spezielle Sprüche und Worte als Weisungen zu empfangen. Der Geist wird aber nicht nur von Paulus (2. Kor. 3,17) mit dem erhöhten Jesus gleichgesetzt; auch die nachpaulinischen Texte berichten von Weisungen des erhöhten Herrn (Apg. 9,10) und daneben ohne Unterschied von Weisungen des Geistes (Apg. 21,4; 21,11). Der urchristliche, im Geist redende Prophet sagt also Worte des erhöhten Herrn. Da es den ersten Christen aber auf den Inhalt der Worte ankam, machten sie keinen Unterschied zwischen Worten, die wirklich von dem geschichtlichen Jesus gesprochen wurden, und zwischen solchen Worten, die ein christlicher Prophet in einer konkreten Lage als Sprüche Jesu zu Gehör brachte. So werden wir uns nicht wundern, daß von dieser urchristlichen Grundeinstellung her in der Tradition in beträchtlichem Umfange Worte als Jesusworte überliefert werden, die auf diese zweite Quelle, den im Geist sprechenden urchristlichen Propheten, zurückgehen. Die so von einem christlichen Propheten vorgebrachten »Worte Jesu« mögen die Grundeinstellung Jesu angemessen wiedergeben. Für uns aber, die wir hier nach dem fragen, was der geschichtliche Jesus wirklich gesagt hat, müssen sie als »unecht« gelten. Das ist kein Werturteil; es ist eine historische Feststellung.

Gibt es Kriterien, die es uns ermöglichen, echte und erst im Laufe der Tradition entstandene Jesusworte innerhalb der drei ersten Evangelien zu erkennen und voneinander zu sondern? Die historische Wissenschaft hat Methoden entwickelt, die diese Aufgabe leisten. Man muß sich dabei nur folgendes vor Augen stellen: der Sicherheitsgrad der hier gewinnbaren Einsicht ist anders geartet als in der Mathematik und in den Naturwissenschaften, denn der logisch zwingende Beweis durch die Anschauung und durch das Experiment kann – dem Wesen historischer Einsicht entsprechend – hier nicht erbracht werden. Damit hängt zusammen: die Sicherheit wird größer sein müssen bei der Konstatierung der Unechtheit als bei der Behauptung der Echtheit. Wir denken jetzt die Möglichkeiten im einzelnen durch. Redekompositionen als solche sind natürlich ein Werk der Tradition und sogar des Evangelisten und somit unecht. Ein Blick in die Synopse etwa bei der sogenannten Bergpredigt (Matth. 5-7), wo der dritte Evangelist, in geringerem Umfange aber auch der zweite dieselben Stoffe ganz anders gruppiert hat, beseitigt jeden Zweifel: größere Redekomplexe geben nicht getreu Reden wieder, die in solch einem Umfang von dem geschichtlichen Jesus gehalten wurden. Die Zusammenfassung in große Reden diente der Gemeindebelehrung. Aber diese Reden setzen sich ja aus Einzelstücken zusammen. Wie steht es mit den Einzelworten? Hier achten wir zunächst auf die Form. Ein Wort wie zum Beispiel Matth. 11,27 weist schon durch seine Form in eine außerjüdisch hellenistisch-orientalische Umgebung als in seinen Entstehungsort. Aber die meisten synoptischen Jesusworte tragen – der Form nach – jüdisches Sprachgewand. Wie ist in diesem, dem häufigsten, Falle zu urteilen? Formale Beobachtungen helfen hier nicht mehr weiter; die Frage nach dem Inhalt als dem Kriterium muß hier dazukommen. Und zwar die Frage nach dem Inhalt in einer doppelten Weise. Es gilt zu beobachten: teilt solch ein Jesuswort den Inhalt mit dem umgebenden Judentum, das heißt, ist es untypisch für Jesus, oder hebt sein Inhalt sich von dem umgebenden Judentum ab, ist es typisch für Jesus? Diese Feststellung ist noch verhältnismäßig einfach zu treffen für einen Beobachter, der sich im gleichzeitigen Judentum auskennt. Aber der Inhalt muß nun außerdem noch befragt werden unter dem Gesichtspunkt: Ist solch ein Inhalt dem Gesamtdenken, der Aussagemöglichkeit Jesu zuzutrauen, entspricht solch ein Inhalt dem Gesamtbild, das man sich von dem geschichtlichen Jesus zu machen hat? Der aufmerksame Leser dieser Erwägung merkt natürlich sofort, auf einem wie schwankenden Boden wir uns methodisch gerade hier befinden: denn das Gesamtbild, wird es solide gewonnen, ruht auf der Summe von Einzelbeobachtungen, und doch soll dies Gesamtbild nun auch wieder als Kriterium für ein Einzelwort dienen. Gleichwohl kann und muß auch dies Kriterium – mit sensibler Sorgfalt und mit vorsichtiger Zurückhaltung – gehandhabt werden. Die sich bei alledem ergebenden Möglichkeiten sind dann folgende: Der Inhalt eines Wortes liegt auf jüdischem Niveau; dann ist es nicht ausschließlich für Jesus typisch. Dennoch kann es sehr wohl echt sein. Denn Jesus scheint auch sonst jüdische Inhalte bis zu einem gewissen Grade zu teilen. Diejenigen Sprüche zum Beispiel, die das Ende nahe ansetzen, scheinen einem älteren Stadium der Tradition, wenn nicht gar dem Leben Jesu selber anzugehören; während erst die jüngeren synoptischen Überlieferungsschichten das Ende hinausschieben. Im erstgenannten Falle liegt keine Sicherheit für die Echtheit, aber doch eine gewisse Wahrscheinlichkeit für sie vor. Es gibt aber andere Jesusworte mit jüdischem Niveau, bei denen werden wir die Echtheit nicht wie bei dem eben angeführten Beispiel für möglich halten können. Jesus versichert, er sei gekommen, damit das alttestamentliche Gesetz bis zum letzten Häkchen genau erfüllt werde (Matth. 5,17-19). Das ist eminent jüdisch gedacht, also in keinem Falle typisch für Jesus. Es widerspricht aber auch der sonst öfter bezeugten Freiheit Jesu gegenüber bestimmten Einzelforderungen des Gesetzes. Darum wird dies Wort mit großer Sicherheit als unecht gelten müssen. Denken wir jetzt die Dinge für die andere Möglichkeit durch: ein Jesuswort hat einen Inhalt, der, trotz jüdischer Formulierung, jüdisch oder jüdisch-qumranisch nicht ableitbar ist, sondern jüdischem Denken widerspricht, zum Beispiel das Gebot der Feindesliebe (Matth. 5,44). Hier ist mit großer Wahrscheinlichkeit die Annahme gerechtfertigt, daß wir in solch einem Spruch der Tradition ein Wort aus dem Munde Jesu, ein echtes Jesuswort vor uns haben. Ich sagte: »mit großer Wahrscheinlichkeit«. Denn ausgeschlossen ist es auch in diesem Falle nicht, daß ein judenchristlicher Überlieferer die Art Jesu gut begriffen, aber den Spruch gleichwohl selber formuliert hat; daß solch ein Wort zwar typisch für Jesus, aber trotzdem – was die Formulierung anlangt – unecht ist. Ich hoffe, die Situation der Forschung ist aus alledem dem Leser grundsätzlich klar geworden: eine absolute Sicherheit gibt es nicht; aber bei entsprechender Vorsicht kann das Urteil einen mehr oder minder hohen Grad der Wahrscheinlichkeit erreichen. Vor allem sollte durch diesen Einblick der Verdacht zum Schweigen gebracht worden sein, als könne die Vorliebe oder die Abneigung des Forschers gegenüber den einzelnen tradierten Inhalten den Maßstab für »echt« oder »unecht« hergeben; es geht vielmehr um ein Sachlichkeit verlangendes Handwerk, das man beherrschen und sauber und sensibel ausüben muß. Später, in der Darstellung der verschiedenen inhaltlichen

Sparten der überlieferten Jesusworte (S. 45), werden diese unsere hier entwickelten Einsichten zum Tragen kommen; ich darf sie dann voraussetzen, und der Leser möge dort, wo es um »echt« und »unecht« geht, für die grundsätzlichen Kriterien auf dieses zweite Kapitel zurückgreifen.

3. Die Biographie

Wir kennen nicht das Jahr, in dem Jesus geboren wurde. Die Legende von Herodes dem Großen, der dem Jesuskind nachstellt und darum die kleinen Kinder in Bethlehem ermorden läßt (Matth. 2,13-18), setzt Herodes den Großen, der im Jahre 4 vor Chr. starb, als noch am Leben befindlich voraus. Das wird eher zutreffen als die Datierung in der lukanischen Weihnachtsgeschichte (Luk. 2,1-3), welche die Geburt Jesu speziell in Bethlehem mit einem Zensus zusammenbringt, der unserer Kenntnis nach im Jahre 6/7 nach Chr. stattgefunden hat. Matthäus und Lukas nennen Bethlehem als den Geburtsort. Diese Angabe stammt aus der judenchristlichen Dogmatik, die den für den Messias erwarteten Geburtsort auf Grund von Micha 5,1-3 wählt. Beide Evangelisten verraten aber unfreiwillig, daß ihnen aus dogmatischen Gründen eben nur der Ort Bethlehem wichtig ist. Denn die näheren Umstände gehen in den beiden Darstellungen auseinander: bei Lukas (2,1-52) bringt die Volkszählung die Eltern für eine kurze Zeitspanne nach Bethlehem, bis sie danach zu ihrem festen Wohnort Nazareth zurückkehren; bei Matthäus (2,1-23) wohnen die Eltern in Bethlehem, und erst nach der Episode der Flucht und des Aufenthaltes in Ägypten wird Nazareth ihr neuer Wohnort. Aus der stereotypen Verbindung »Jesus von Nazareth« könnte man Nazareth als den Geburtsort Jesu erschließen. Ganz sicher ist aber auch das nicht. Denn die Texte wechseln zwischen den Bezeichnungen »der Nazarener« und der »Nazoräer«, und die letztere Wendung weist ursprünglich kaum auf Nazareth. Der genaue Zeitpunkt und der genaue Ort der Geburt Jesu sind uns unbekannt.

Auch die sonderlichen Umstände seiner Geburt müssen als legendär gelten. Noch Paulus (Gal. 4,4) weiß nichts von einer speziellen Geburt aus der Jungfrau. Erst der dritte Evangelist läßt (Luk. 1,34 f.) Maria als Mutter Jesu eine Jungfrau sein, in Spannung zu seiner eigenen Darstellung in

Luk. 2,1-14, wo das Jungfrauenmotiv ursprünglich gefehlt hat. Matthäus (1,18-25) weitet dies Motiv dann aus: Joseph hat Maria bis zu der Geburt Jesu als Frau nicht besessen. In alledem werden Züge aus dem Vorstellungsbereich hellenistisch-orientalischer Heilbringergestalten (vgl. S. 22 ff.) auf Jesus angewendet.

Von der Familie Jesu wissen wir nichts Verläßliches. Sicher zu sein scheint mir, daß er Brüder hatte und daß seine Mutter und seine Brüder ihn nicht verstanden (Mark. 3,31-35). Seine Mutter Maria ist nach den synoptischen Texten (Mark. 15,40 f. Par.) am Kreuze nicht zu finden. Sein Bruder Jakobus freilich wird in späteren Jahrzehnten der führende Mann unter den Jerusalemer Judenchristen. Daß Jesus sich von Johannes dem Täufer hat taufen lassen, wie die Evangelien berichten (Mark. 1,9-11 Par.), dürfte historisch zutreffen. Eine wesentliche Verbindung zur Qumrangemeinde kann daraus für Jesus nicht abgeleitet werden.

Wie haben wir uns das Auftreten Jesu zu denken? Dem Bilde dessen, was der fromme Jude vom Messias erwartete, scheint der Stil Jesu nicht entsprochen zu haben: er ist an einer politischen Befreiung Palästinas von der Römerherrschaft religiös offenbar nicht betont interessiert. Die Gemeinde bekannte seit der Entstehung des Osterglaubens ihn zwar als den demnächst kommenden Messias und blendete dann dies ihr Bekenntnis in ein paar markante Szenen seines Lebenslaufes zurück: Jesus als Messias in seiner Taufe (Mark. 1,9-11 Par.), beim Petrusbekenntnis (Mark. 8,27-30 Par.), in der Verklärungsgeschichte (Mark. 9,2-10 Par.) und in der Verhandlung vor dem jüdischen Sanhedrin (Mark. 14,53-65 Par.). Aber es ist sicher, daß Jesus selber die Bejahung solcher Würde von seinen Hörern nicht gefordert hat. Und es ist wahrscheinlich, daß er sich selber nicht in dieser Weise verstanden hat; wie er denn ja auch in der älteren Form der Sprüche (Mark. 8,38; Luk. 12,8) zwischen dem Menschensohn als einer anderen Person und sich selber unterscheidet. Jesus weist sogar die Bezeichnung »gütig« für sich zurück (Mark. 10,18; Luk. 18,19). Das zweite Evangelium überdeckt den Gegensatz zwischen dem wirklichen unmessianischen Charakter des Lebens Jesu und dem österlichen Bekenntnis zu dem über die Erde wandelnden Messias durch die wiederholten Schweigegebote, die Jesus nach seinen helfenden Taten den Betroffenen oder den Jüngern auferlegt (Mark. 5,43; 7,36; 8,26): der offenbare, der epiphane Gottessohn wird durch solch eine Darstellung zum Mittelpunkt einer *geheimen* Epiphanie, einer *geheimen* Offenbarung. Jedenfalls entbehrt auch in der jetzigen Gestalt der synoptischen Berichte, die Jesus heimlich (so Markus) oder offen (vgl. Matth. 12,6; Luk. 11,1) als Messias durch Palästina ziehen lassen, sein Auftreten jenes Glanzes, der für den frommen Juden den Tagen und der Gestalt des Messias anhaftet. Die Umstände seines Auftretens wirken bescheiden. Sein Verhältnis zum materiellen Besitz wird zum mindesten zurückhaltend genannt werden müssen; der dritte Evangelist hat diese seine Einstellung nach der negativen Seite hin vergrundsätzlicht (vgl. Luk. 12,31 mit Matth. 6,33). Aber ein Asket war Jesus offenbar nicht. Erst Matthäus unterdrückt die bei Markus noch erwähnten Gemütsbewegungen Jesu, seinen Zorn, sein Erstaunen, seine Betrübnis, sein Seufzen. Und Jesus hat Freunde unter den religiös Verpönten, den Zöllnern und den nicht nach dem pharisäischen Prinzip lebenden Menschen, den sogenannten »Sündern«. So konnte die böse Nachrede ihn einen »Fresser« und »Weintrinker« schelten und ihm seinen unfrommen Umgang vorhalten (Matth. 11,19 Par.). Unter diesen Umständen wird man damit rechnen müssen, daß die kultische Reinheit für ihn religiös nicht sonderlich hoch stand. Die Evangelien akzentuieren sein Verhältnis zu den Juden verschieden: Markus kann das Wohlwollen Jesu gegen seine Umgebung hervorheben (10,21); Matthäus läßt Jesus als gesetzestreuen Juden reden (5,17-19), dessen Weg durch das Alte Testament bereits intensiv bezeugt ist, aber die Juden begegnen ihm hinterhältig (Matth. 22,35).

Sein Auftreten ist geprägt durch ein Doppeltes, durch seine Reden, die im ersten und dritten Evangelium intensiver berichtet werden, und durch seine Taten, die in dem zweiten Evangelium im Vordergrunde stehen.

Die Worte Jesu sollen später in den Kapiteln 4 bis 11 (S. 45–116) Gegenstand einer eingehenden Darlegung sein. Hier genügen einige Beobachtungen zu der Form seines Redens. Seine Sprache war aramäisch; die genaue Spielart des Dialektes ist von der Forschung noch immer nicht eindeutig geklärt. Wir besitzen seine Sprüche heute nur in einer griechischen Übersetzung. Aber auch diesem nun aus dem Aramäischen übersetzten Griechisch merkt man die Eigentümlichkeit semitischen Sprachgewandes an: die prägnante Knappheit der Rede und ihre untheoretische, praktische Ausdrucksweise. Oft weitet diese Bildhaftigkeit sich aus zu ausgesprochenen Gleichnissen, die ihre Bildwelt dem Alltag entnehmen. Um nur einige Beispiele zu nennen: der säende Bauer; der große Unterschied zwischen dem kleinen Senfsamen und der ausgewachsenen Staude; die den Fang im Netz einbringenden Fischer; die die Einladung zum Abendessen ausschlagenden Gäste, die durch andere ersetzt werden; der Hirt, der, um das *eine* Schaf zu suchen, die Herde allein läßt und sich über das wiedergefundene Tier besonders freut; die Frau, die sich nach emsigem Suchen über die *eine* wiedergefundene Drachme freut. Die plastische Art dieser Redeweise prägt sich unmittelbar ein. Man darf bei ihrer Erklärung nur nicht jeden Zug des ausgemalten Bildes in die gemeinte Sache übertragen wollen, sondern muß darauf achten, daß diese Gleichnisse mit der Farbigkeit ihrer Darstellung einen einzigen wichtigen Gedanken abbilden wollen, daß sie also – meist – stilechte Parabeln sind. Im Laufe der Tradition zeigen die Texte freilich das Bestreben, Nebenzüge des Bildes zu unterstreichen und eine ursprünglich eingipfelig erzählte Parabel zur Allegorie auszuweiten. Natürlich dienen diese Gleichnisse für Jesus selber der besonders einprägsamen Belehrung der Hörer; sie sind, entgegen Mark. 4,10-12 Par., ursprünglich nicht als Geheimbelehrung gedacht.

Neben den Worten Jesu steht sein Handeln. Die Tradition nennt eine Anzahl von außerordentlichen Taten, die gewöhnlich die »Wunder« Jesu heißen. Verglichen mit der religiösen Umwelt, fallen diese »Wunder« dadurch auf, daß sie so gut wie nie *Straf*wunder sind. Daß Jesus Kranke geheilt, das heißt nach dem damaligen Weltbild, daß er Kranke von dem die Krankheit verursachenden Dämon befreit hat, scheint mir äußerst wahrscheinlich. Solch eine Tätigkeit ist für die jüdischen Rabbinen wie für die Heilbringergestalten der außerjüdischen Welt in gleicher Weise bezeugt (vgl. S. 22 ff.). Ein Zwiefaches müssen wir uns hierbei nur klarmachen. Einmal: unsere weltbildhaften Voraussetzungen für das Verstehen dieses ganzen Komplexes sind nicht die gleichen wie die des antiken Menschen. In der Antike galt die Fähigkeit, »Wunder«, außergewöhnliche Taten zu vollbringen, zwar nicht als eine Möglichkeit, die jedem durchschnittlichen Menschen zur Verfügung steht; aber gewisse fromme und mit der göttlichen Welt in Verbindung stehende Personen, rabbinische Fromme wie außerbiblische, hellenistisch-orientalische Weise und Magier (etwa Pythagoras und Apollonius von Tyana), standen in dem Ruf, solcher Taten fähig zu sein. Unser Urteil wird also den *gesamten* antiken Bereich, nicht nur den neutestamentlichen Bereich speziell im Auge behalten müssen, sonst würden wir dem Neuen Testament eine Ausnahmeregelung zubilligen, die nicht der Tatsache entspricht, daß die neutestamentlichen Wunder mit den außerbiblischen Wundern in einer realen Konkurrenz standen. Aus dem alten Vorwurf des Teufelsbündnisses gegen Jesus (Mark. 3,22 Par.) ist diese Konkurrenz deutlich genug erkennbar. Was den einen recht ist, ist den anderen billig. Die Heilung eines Blinden durch den als Caesar proklamierten Vespasian in Ägypten zum Beispiel ist ebenfalls doppelt (Tacitus, hist. IV 81; Sueton, Vespasianus 7) in der antiken außerbiblischen Literatur bezeugt. Nun meine ich, man wird nicht in rationalistischer Engstirnigkeit die Faktizität etwa der antiken wunderhaften Heilungen insgesamt bestreiten dürfen. Die Heilungen durch Jesus werden ebenso geschehen sein wie die in dem Asklepios-Heiligtum in Epidaurus, wo die Votivtafeln bestimmt keine Fälschung darstellen. Nur werden wir heute von unserem Weltbild aus solche außergewöhnlichen Geschehnisse nicht, wie der antike, sowohl der außerbiblische wie der biblische Mensch, als besondere Eingriffe und Einwirkungen einer Gottheit verstehen können, welche in den üblichen Ablauf speziell helfend sich einschaltet. Wir werden heute außergewöhnliche Geschehnisse gleichwohl als welthaft, das heißt in unserem Falle als hygienisch-medizinisch bedingt annehmen müssen. Das ist das Eine. Das zweite Phänomen, das wir uns klarmachen müssen: die antiken Wunder zerfallen in verschiedene Arten. Neben den Heilungswundern stehen die sogenannten Naturwunder: die Stillung eines akuten Hungers erfolgt durch eine wunderhafte Mehrung oder gar Veränderung der geringen zur Verfügung stehenden Speise; die in Seenot befindlichen Schiffer erfahren wunderbare Hilfe durch eine plötzliche Stillung des Sturmes. Ja ein Toter wird auf dem Leichenbett oder auf dem Wege zum Grabe oder gar erst nach seinem Begräbnis aus dem Grabe heraus wunderhaft durch einen Gottesmann oder durch einen »göttlichen Menschen« erweckt. Bei diesen sogenannten Naturwundern bin ich nicht geneigt, ein wirkliches damaliges Geschehen anzunehmen; jedenfalls nicht in der Art, wie die Texte selber dies Geschehen darstellen. Die Synoptiker berichten auch von Jesus neben den Heilungswundern Naturwunder (Mark. 4,35-41 Par.; Mark. 6,32-44 Par.; Mark. 6,45-52 Par.; Mark. 8,1-10 Par.) und von ihm vollzogene Totenerweckungen (Mark. 5,22-24.35-43 Par.; Luk. 7,11-17). Gerade an dem reichlichen synoptischen Material aber kann man zeigen, daß die von mir oben ausgesprochene Skepsis gedeckt ist durch die erhebliche Variationsbreite in der Darstellung der Wunder. So schildern die Berichte des Markus-Evangeliums Jesu Taten durchaus in der Art eines halb medizinischen, halb magischen Verfahrens: Jesus verwertet den Speichel als Heilmittel (Mark. 8,23), er benutzt aramäische, dem griechischen Leser fremdsprachlich klingende, darum als wirkungskräftig geltende Formeln (Mark. 5,41; 7,34). So schildert das zweite Evangelium den dämonischen Charakter von Krankheiten besonders drastisch (Mark. 2,4; 5,3-6.8-10; 9,20-24). All diese Praktiken und magienahen Züge fehlen im Matthäus-Evangelium, zum größeren Teil auch im Lukas-Evangelium. Daß eine heilende Kraft vom Körper Jesu im physischen Sinne (wie in Mark. 5,27-34; Luk. 8,44-48) ausgeht, ist dem ersten Evangelisten (vgl. Matth. 9,20-22) nicht erträglich. So betont Matth. 8,16, Jesus treibt die Dämonen aus »durch das Wort«. Der Trend der Berichterstattung ist deutlich: von der Ebene eines auf Glauben angewiesenen, halb magisch, halb psycho-physisch ausgerichteten Tuns hin zu einem ausnahmslos funktionierenden, magiefreien wunderhaften Handeln durch das Wort, das auf psycho-physische Vermittlung nicht angewiesen ist. Dazu kommt: ein älteres Stadium der Tradition läßt Jesus so handeln, daß die Situation ihn zum Tun veranlaßt; in einem jüngeren Stadium ergreift Jesus selber die Initiative. Dieser Trend der Berichterstattung rechtfertigt den Zweifel daran, daß die Ausweitungen, die Naturwunder und die Totenerweckungen, Berichte über wirklich geschehene Tatsachen seien. Solche Ausweitungen erklären sich nicht nur aus der religionsgeschichtlich klar belegbaren Tendenz, ausschmückend zu fabulieren. Die nun berichteten »Tatsachen« – Sturmstillung, Speisung, Erweckung – galten den alten Christen zweifelsfrei als Tatsachen, die den gottheitlichen Charakter Jesu beweisen konnten. Aber die gleichen massiven »Wunder« eignen sich natürlich auch zu jener symbolischen Behandlung, die dann ja tatsächlich jahrhundertelang bis in die Gegenwart vollzogen wird: Jesus rettet die Seinen aus dem »Sturm« der Bedrängnis, aus dem den ganzen Menschen gefährdenden »Hunger« und aus dem seine Existenz umstellenden »Tod«.

Die synoptische Tradition berichtet, Jesus habe um sich einen Kreis von Anhängern gesammelt. Das ist um so glaubhafter, als auch die zeitgenössischen Rabbinen ihre Schüler um sich hatten, die von dem Meister die rechte Lehre und die rechte Durchführung dieser Lehre im konkreten Verhalten lernten. Jesus suchte sich diese Jünger aus; die sogenannten Berufungsgeschichten malen legendär aus, wie ein Vergleich von Mark. 1,16-20 mit Luk. 5,1-11 dartut. Es wird auch Anhänger gegeben haben, die von sich aus kamen; in Matth. 8,18-22 Par. ist das jedenfalls vorausgesetzt. Von den Rabbinenschülern sind Jesu Schüler unterschieden durch das, was sie bei Jesus lernen. Damit hängt zusammen: Jesu Schüler werden in dieser Nachfolge nie selbständige Meister; nach dem Tode Jesu wird der Ausdruck »Nachfolge« in einem Teil der christlichen Tradition zu einem übertragenen Ausdruck für die Tatsache, daß der christlich Glaubende sich an Jesus, der nun als der »Erhöhte« gilt, erst recht gebunden weiß. Soweit befinden wir uns, was die Jünger anlangt, auf dem Boden historischer Tatsachen.

Anderes aber ist eindeutig legendär, wieder anderes zumindest unsicher. Die Zwölfzahl ist abgeleitet nicht aus zwölf konkret benennbaren Jüngern, sondern aus der Vorstellung, Jesus als der endzeitliche Messias habe neben sich die endzeitlichen Regenten der zwölf Stämme Israels; das wird deutlich aus Texten wie Mark. 3,13-19 Par., wo die Zwölfzahl feststeht, die Komplettierung dieser Zahl durch zwölf konkrete Namen aber schwankt. Aber auch die Nennung eines bestimmten Jüngernamens in einer Szene scheint nicht das älteste Stadium zu sein; vgl. Mark. 13,3 und 11,21 mit den entsprechenden Parallelen, in denen die Jünger insgesamt statt des Petrus figurieren. Wir können für die Zeichnung des Porträts der Jünger in den Synoptikern zwei – und zwar entgegengesetzte – Tendenzen feststellen. Die eine ist völlig klar und insofern historisch verdächtig: die Jünger werden im Laufe der Berichterstattung immer besser. Zum Beispiel: in der Sturmstillung haben sie bei Markus (4,40) gar keinen Glauben; bei Matthäus (8,26) sind sie kleingläubig. Petrus warnt bei Lukas (9,22 f.) Jesus nicht vor dem Leidensweg wie bei Markus (8,32 f.) und Matthäus (16,22 f.) und wird daher nicht als »Satan« von Jesus zurechtgewiesen. In der Verklärungsszene verhalten bei Matthäus (17,4) die Jünger sich nicht unverständig wie bei Markus (9,6) und Lukas (9,33); bei Lukas zeigen sie keine Furcht wie bei Markus (9,6) und Matthäus (17,6), sondern schweigen von selber (Luk. 9,36). Markus (14,50) und Matthäus (26,56) vermerken bei der Verhaftung Jesu ausdrücklich die Flucht sämtlicher Jünger; bei Lukas (22,53 f.) fehlt diese Feststellung. Diese Tendenz ist klar: das Verhalten der Jünger wird im Laufe der Tradition zunehmend idealisiert. Diese Tendenz wird durchkreuzt von einer zweiten, entgegengesetzten: das Verhalten der Jünger wird schlechter, die von ihnen mitgebrachten Voraussetzungen erscheinen in einem immer ungünstigeren Lichte, damit die Größe der sie ausrüstenden Gnade immer intensiver in die Augen fällt. Wahrscheinlich hat es ein Stadium gegeben, in dem wurde erzählt: Jesus hat darum gebetet, daß die Treue des Petrus nicht aufhört (Luk. 22,31 f.). Die jüngere Tradition von seiner Verleugnung wäre dann von dem Evangelisten mit der älteren Tradition von der Treue des Petrus verklammert worden. Alle diese Erwägungen zeigen an: wir können das Verhalten und Verstehen der Jünger historisch nicht mit Sicherheit feststellen. Historisch waren sie sicher keine Idealgestalten ohne Fehlverhaltungen; das werden sie erst im Laufe der Tradition. Aber auch ihr ausnahmsloses Versagen könnte späterer Tendenzberichterstattung angehören. In jedem Falle aber gilt: die Anhängerschaft Jesu bildet zu seinen Lebzeiten keine »Kirche«. Die Anweisungen über das Zusammenleben in der Kirche, von Matthäus (18,15-18) in den Mund des irdischen Jesus gelegt, sind eine spätere Gemeindebildung, wie schon ein kurzer Blick in die Konkordanz unter dem Stichwort »Gemeinde« lehren kann.

Werbeantwort

An den
Kreuz Verlag
Postfach 80 06 69
7000 Stuttgart 80

Ich interessiere
mich besonders
für Literatur
zu diesen
Themen:

☐ **Theologie**
☐ **Psychologie**
☐ **Pädagogik**
☐ **Glauben und Leben**
☐ **Bücher über Tod und Sterben**

☐ Ich bitte um eine einmalige Information
☐ Ich bitte um regelmäßige Informationen

Wir dürfen annehmen, daß Sie als Leser dieses Buches Wert darauf legen, über die Produktion des Kreuz Verlages informiert zu werden. Lassen Sie uns daher bitte auf der Rückseite dieser Karte Ihre Interessengebiete wissen!

Name _____

Straße _____

Ort _____

☐ Ich bitte um die Zusendung eines Probeheftes der Evangelischen Kommentare

Seit mehr als zehn Jahren gibt es die Monatsschrift zum Zeitgeschehen in Kirche und Gesellschaft EVANGELISCHE KOMMENTARE. Sollten Sie in dieser Zeit noch keine Gelegenheit zum Kennenlernen gehabt haben, schicken wir Ihnen gern ein Probeheft.

Die Passionsgeschichte gehört zu den ältesten Traditionsstücken der synoptischen Materialien; freilich nicht in dem Umfange, wie in den jetzigen Evangelien über Jesu Leiden und Sterben erzählt wird. Die Nähte zwischen den einzelnen Teilberichten und gewisse sich überschneidende Wiederholungen stellen ein allmähliches Zusammenwachsen der jetzigen Passionsgeschichte aus kleineren Erzählungseinheiten außer Frage.

Was darf man aus dieser zusammengewachsenen Passionsgeschichte für historische Begebenheiten halten? Die Todesart, die Kreuzigung, stellt eine äußerst qualvolle Vollstreckungsart dar, die von der römischen Justiz Verbrechern und Sklaven gegenüber geübt wurde. Ob auch die Juden in jenem Zeitabschnitt das Recht besaßen, die Todesstrafe zu verhängen, ist bis heute historisch nicht völlig geklärt. Jedenfalls starb Jesus, hingerichtet durch den römischen Prokurator von Judäa. Der Todestag wird von den Synoptikern auf den 15. Nisan angesetzt, den ersten heiligen Tag des siebentägigen Mazzothfestes (Mark. 14,12; der Vortag ist der Abend der Pesachmahlzeit). Im Johannes-Evangelium stirbt Jesus am 14. Nisan, an dessen Nachmittag die Pesachlämmer im Tempel geschlachtet wurden (Joh. 18,28 und 19,14). Die Versuche der letzten 15 Jahre, diese Differenz auf Grund qumranischer Texte mit dem Gebrauch zweier verschiedener Kalenderzählungen zu erklären, haben zu keinem überzeugenden Ergebnis geführt. Der 14. Nisan dürfte hier die größere Wahrscheinlichkeit für sich haben. Das Todesjahr Jesu kann nicht exakt bestimmt werden.

Wenn wir uns nun den Einzelberichten der Passionsgeschichte zuwenden, wird die Tragfähigkeit des historischen Bodens mehr oder minder schwankend. Daß Jesus von einem Anhänger, der in Tischgemeinschaft mit ihm steht, ausgeliefert wird, scheint historisch zu sein. Ob aber auch der *Name* Judas? Mark. 14,20 nennt den Namen nicht. Das letzte Mahl (Mark. 14,22-24) dürfte eine Zurückverlegung des in den hellenistisch-christlichen Gemeinden geübten Herrenmahls hinein in die letzten Tage Jesu sein; denn das Mahl trägt das Gepräge hellenistisch-sakramentaler Religiosität und ist in palästinensisches, auch qumranisches religiöses Denken schwer einzuordnen. Sein Passa-Charakter kann nur aus Mark. 14,12-16 Par., nicht aus dem Einsetzungsbericht selbst abgeleitet werden und ist demzufolge völlig sekundär. Die Historizität der Gethsemane-Szene wird fraglich angesichts der Erwägung, wer denn dies Beten Jesu hätte bezeugen können. Das gleiche gilt von der Verhandlung vor dem jüdischen Sanhedrin (Mark. 14,55-65 Par.). Auch die Verhandlung vor Pilatus ist christlich, also sekundär, stilisiert. Der wirkliche Anlaß zur Verurteilung ist schwer zu klären. Sich als Messias zu bekennen, war, jüdisch gesehen, keine todeswürdige Schuld. Die Kreuzesüberschrift, unjüdisch formuliert, scheint eine unhistorische christliche Darstellung zu sein, die von dem Bekenntnis zu Jesus als dem Messias ausgeht. Jesus mag den Römern als politischer Unruhestifter erschienen sein; jüdische Gegner, die gegen den unbequemen Mahner aufgebracht waren, mögen die starken apokalyptischen Impulse der Predigt Jesu (S. 45–51) als politisch bedenklich den Römern gegenüber unterstrichen haben. Die Worte Jesu am Kreuz werden im Laufe der Tradierung immer triumphaler. Joh. 19,26; 19,28 und 19,30 stellen den Gipfel dar. Luk. 23,34 ist ein in den Text später eingeschobener Zusatz, Luk. 23,43 zeigt den Märtyrer, der seinen Feind innerlich überwindet, Luk. 23,46 den Frommen, der mit dem jüdischen Abendgebet auf den Lippen ergeben stirbt. All diese Bildungen sind an die Stelle des verzweifelten Gebetsrufes getreten: »Mein Gott, mein Gott, warum hast du mich verlassen?« (Mark. 15,34; Matth. 27,46). Aber auch das ist ein Psalmzitat (Ps. 22,2), so daß zu erwägen steht, ob das älteste Stadium der Tradition nicht durch den wortlosen Schrei Jesu (Mark. 15,37) repräsentiert wird, der erst von Matthäus als *zweiter* Schrei (27,50) gezählt wird. Die jetzigen Berichte über das Begräbnis Jesu sind charakterisiert durch das Bestreben, dem Vorgang eine immer höhere Würde und Angemessenheit zu verleihen: ein Grab (Mark. 15,46), das neue Grab des Joseph von Arimathäa (Matth. 27,60), ein bisher unbenutztes Grab (Luk. 23,53). Angesichts des bezeugten jüdischen Brauches, Verbrecher in einer Art Schindanger zu verscharren, läßt sich der Zweifel nicht von der Hand weisen, ob die jetzigen Grablegungsgeschichten der Evangelien überhaupt einen historischen Kern enthalten.

Die Motive, welche diesen ältesten Traditionsstoff der Evangelien, die Passionsgeschichte, geformt haben, sind durchsichtig: der Leidensweg Jesu, ein Vorbild und eine Mahnung für seine Gläubigen, das heißt: Jesus als der rechte Märtyrer; die Belastung der Juden und die Entlastung der römischen Behörde, besonders bei Lukas; die Einsetzung des Herrenmahls unmittelbar vor dem Sterben. Abgesehen von dieser Einsetzung spielt die Betrachtung des Todes Jesu als eines Sühnetodes im Rahmen der Passionsgeschichte keine Rolle.

Der Leser könnte erwarten, daß die Darstellung der biographischen Data nun auf die Ostergeschichten der Evangelien eingeht. Diese Geschichten haben, gelesen mit den Augen jener Zeit, wohl ihren Sinn; aber sie sind für uns nicht eigentlich in Raum und Zeit sich abspielende, das heißt historische Geschehnisse in der Bedeutung dessen, was wir heute Geschichte nennen. Darum werden sie später (S. 117ff.) in einem anderen Zusammenhang zur Sprache kommen.

4. Der Horizont der letzten Dinge

Das ungerecht vergossene Blut »wird eingefordert werden von dieser Generation«, so lautet ein altes echtes Jesuswort (Luk. 11,51). Diese Generation ist also die letzte. Man wird kaum annehmen dürfen, daß die die unmittelbare Nähe des Endes aussprechenden Jesusworte die Meinung der *jüngeren* Christengemeinde widerspiegeln. Vielmehr ordnet Jesus sich denjenigen jüdischen Kreisen ein, die das Weltende, wie die Qumrangemeinde (vgl. S. 191 ff.), noch für die gegenwärtige Generation erwarten. »Und wie es in den Tagen Noahs war, so wird es sein auch in den Tagen des Menschensohnes: sie aßen, sie tranken, sie heirateten, sie ließen sich heiraten, bis zu dem Tage, da Noah in die Arche hineinging und die Flut kam und sie alle vernichtete« (Luk. 17,26 f.). Der Menschensohn – eine zentrale Gestalt der Endverkündigung Jesu – wird plötzlich und unerwartet erscheinen. Dabei könnten die Menschen um die bedrohliche Nähe des Endes wissen. »Ihr Heuchler, das Angesicht des Himmels und der Erde versteht ihr zu beurteilen; wie kommt es, daß ihr diese Zeit nicht beurteilt?« (Luk. 12,56 Par.). Jesu Taten würden solch eine Beurteilung ermöglichen. »Wenn ich mit dem Finger Gottes die Dämonen austreibe, so steht die Königsherrschaft Gottes ja unmittelbar vor eurer Tür« (Luk. 11,20 Par.). Die »Königsherrschaft Gottes« ist das Zentrum der Endverkündigung Jesu. Der Ausdruck entstammt der jüdischen Enderwartung und meint nicht ein Herrschafts*gebiet*, sondern das Regiment, die Herrschertätigkeit, die Gott am Ende des Geschichtsverlaufes ergreifen wird. Im Laufe der stärkeren Würde-Gewinnung Jesu wird aus dem Reich Gottes (Mark. 9,1) das Reich Jesu (Matth. 16,28), der auf dem Throne seiner Herrlichkeit sitzt (Matth. 19,28). Diese Königsherrschaft Gottes wird sehr bald hereinbrechen. Ihre Nähe darf jedoch nicht zu einer runden Gegenwärtigkeit komplettiert werden: »nahen« und »kommen« sind die für ihren Zeitpunkt angemessenen Verben. Die Königsherrschaft kommt in der nahen Zukunft. Eine uninteressierte Berechnung, die das Engagement von Herz und Gewissen durch ein die eigene Person heraushaltendes Kalkül ersetzt, ist freilich ausgeschlossen: »Warum fordert diese Generation ein Zeichen? Fürwahr, ich sage euch, es wird dieser Generation kein Zeichen gegeben werden« (Mark. 8,12 Par.). Noch die spätere Gemeinde, die sich angesichts der nicht eingetroffenen Naherwartung zu Berechnungen veranlaßt sieht, weist, nun in der Form eines Jesuswortes, solche Berechnungen als Versuchung von sich: »Über jenen Tag oder die Stunde ist niemand unterrichtet, weder die Engel im Himmel noch der Sohn, nur der Vater« (Mark. 13,32 Par.). Hier scheint sich ein Zug aus der ursprünglichen Endverkündigung Jesu durchzuhalten, der, soweit ich sehe, nur ihm eigen ist und ihn von der Endhoffnung seiner jüdischen Umgebung unterscheidet: das Ende kommt plötzlich und darum bedrohlich. »Ich sage euch, in dieser Nacht werden zwei auf dem gleichen Bette liegen; der eine wird angenommen und der andere wird zurückgelassen werden. Zwei Mägde werden zusammen mahlen; die eine wird angenommen, die andere zurückgelassen werden« (Luk. 17,34 f.). Darum wird der Spruch, daß die Königsherrschaft Gottes von den Tagen Johannes des Täufers bis zum Zeitpunkt der Verkündigung Jesu Gewalt leidet und daß die Gewalttätigen die Königsherrschaft Gottes an sich reißen (Matth. 11,12), in keinem Falle eine Ermunterung derer darstellen, die, wie die Zeloten (s. S. 15), mit politischem Druck und mit Waffengewalt Gottes Regiment herbeizuführen versuchen. Damit soll freilich nicht bestritten werden, daß schon die Erwartung des nahen Endes als solche – auch ohne eine dabei in Frage kommende Gewaltanwendung – ein beträchtliches Politikum darstellt; bei der Hinrichtung Jesu mag das eine Rolle gespielt haben (vgl. S. 41 f.).

Derjenige, der plötzlich und dann unverkennbar kommen wird, ist der Menschensohn, jene aus der jüdischen Apokalyptik bekannte Gestalt (vgl. S. 14). »Denn wie der Blitz, wenn er aufleuchtet, seinen Schein sehen läßt von der einen Seite des Horizontes bis zu der anderen, so wird es sich mit dem Menschensohn verhalten an seinem Tage« (Luk. 17,24 Par.). Dieser Menschensohn wird in der älteren Form der Sprüche (Luk. 12,8 f.; Mark. 8,38 Par.) unterschieden von dem sprechenden Ich Jesu; er wird also ursprünglich genannt als eine Gestalt, die nicht Jesus selber ist. Erst im Laufe der Traditionsgeschichte wird Jesus mit dem Menschensohn gleichgesetzt (vgl. Matth. 10,32 f.; 23,39 Par.). Solch eine Gleichsetzung erfolgt dann in einem immer breiteren Umfang innerhalb der Gemeindebildungen. Jesus heißt nun der »Menschensohn« auch dort, wo der alte apokalyptische Inhalt dieses Titels kaum noch durchscheint; der »Menschensohn«, hier in dem Sinne »der Mensch schlechthin«, ist heimatlos auf Erden (Matth. 8,20 Par.); der »Menschensohn«, hier von vornherein als »Jesus« verstanden, muß leiden, getötet werden und auferstehen (Mark. 8,31 Par. und öfter). Ein kleiner alter Bestand von Menschensohn-Worten – wo der Menschensohn nicht Jesus selber, sondern die bekannte apokalyptische Gestalt ist – wird aber auf den historischen Jesus selber zurückgehen.

Der Menschensohn kommt nicht sang- und klanglos. Die jüdische Apokalyptik liefert die Farben für eine eindringliche Ausmalung des Ablaufs der Ereignisse im einzelnen. Diese Ausmalung, vor allem ihre zunehmende Ausdehnung in den synoptischen Texten, ist Gemeindebildung. Denn das Alte Testament wird in der jüdischen wie auch in der judenchristlichen Apokalyptik gelesen in der Einstellung: die alttestamentlichen Aussagen deuten hin auf die gegenwärtige, auf die letzte Stunde der Weltzeit. Die Christen fanden in diesen apokalyptischen Geschehnissen den vor ihnen liegenden Weg beschrieben. Wir werden freilich nicht ausschließen können, daß auch Jesus selber den Ablauf der Ereignisse in ähnlicher Weise gedacht hat; wenngleich bei ihm der Gehorsam angesichts der Stunde und nicht die Aufzählung der künftigen Geschehnisse im Vordergrunde steht. Das Auftreten falscher Propheten, Kriege der Nationen untereinander, Erdbeben, Hungersnöte, Verfolgung der Anhänger Jesu und Haß gegen sie, Schändung des Jerusalemer Tempels leiten die Endereignisse ein (Mark. 13,5-23 Par.). Das ist die Stunde der in den Endtagen notwendig werdenden Flucht (Mark. 13,14-19 Par.). Die Bitte, nicht in diese Versuchung hinein zu müssen, und die Bitte um die Erlösung von der Macht des Bösen – die sechste (Luk. 11,4 Par.) und die wahrscheinlich unechte siebente Bitte (nur Matth. 6,13) des Vaterunsers – blicken auf diese Enddrangsale.

Sonne und Mond verlieren ihr Licht, die Sterne fallen vom Himmel, die Himmelskräfte geraten in Erschütterung, und dann erscheint der Menschensohn, begleitet von den Engeln, die Trompete erschallt, und der Menschensohn sammelt die Seinen um sich (Mark. 13,24-27 Par.). Was nun folgt, ist die Neuheit der letzten Dinge. Freilich geschehen diese neuen Dinge auf dieser Erde. Ein sehr wahrscheinlich altes echtes Jesuswort spricht Jesu Erwartung aus, mit seinen Anhängern alsbald den Wein »neu« zu trinken in der Königsherrschaft Gottes (Mark. 14,25 Par.). Im Blick auf diese Wende preist Jesus die Armen, Hungernden und Weinenden selig: sie werden dann, gesättigt, lachend, Teilhaber an Gottes Königsherrschaft sein (Luk. 6,20 f.). Mit der Gleichsetzung Jesu und des Menschensohnes wird nun auch die Rolle der Anhänger Jesu in den Endereignissen zentral und gewichtig. Die Gemeinde erwartet, daß sie als die endzeitlichen Regenten, neben dem Menschensohn Jesus, auf zwölf Thronen sitzen und die zwölf Stämme Israels regieren (Matth. 19,28); ja die Gemeinde muß Jesus einen zu zudringlichen Griff nach solch einer Ehrenstellung zwar nicht für grundsätzlich falsch erklären, aber einschränken lassen: nur Gott, nicht Jesus vergibt diese Plätze (Mark. 10,35-40 Par.). Freilich, diese Freudenzeit steht nur den Armen, den Demütigen, den Wachenden bevor. Den anderen ergeht es wie einem untreuen Sklaven, der von dem plötzlich heimkehrenden Herrn für seine Untreue schwer bestraft wird (Luk. 12,46 Par.). So kann Jesus selber gewarnt haben. Die Gemeinde hörte dann vom Osterglauben her aus solch einem Wort die Mahnung heraus, auf den Herrn *Jesus*, auf den Menschensohn *Jesus* und auf *sein* baldiges Kommen treu zu warten. Nun, in diesem späten Stadium der Tradition, ergeht die Rache Gottes über die Feinde der Anhänger *Jesu* (Luk. 18,6-8). In allen Stadien der Tradition, wohl auch bei Jesus selber, erfolgt die Strafe, wie in der jüdischen Apokalyptik, mittels des Gerichtsfeuers; vgl. Matth. 7,19.

Den Glauben an die Auferstehung der Toten scheint Jesus mit einem Teil der jüdischen endgeschichtlichen Tradition (vgl. S. 15) geteilt und vorausgesetzt zu haben (Mark. 12,26 Par.).

So unklar der Ablauf der letzten Dinge im einzelnen auf dem Boden der Verkündigung Jesu sein mag, die Absicht, die Zielsetzung, die diesem gesamten Verkündigungsbereich zugrunde liegt, steht außer Zweifel: so ernst ist die Lage des Menschen. Die große Flut, die die Behausung des Menschen bedroht, steht bevor. Nur der, der die Verkündigung Jesu befolgt, wird sein Haus vor dem Einsturz bewahren; das Haus des Ungehorsamen dagegen wird unter dem Anprall der Wasser und der Winde zusammenbrechen (Matth. 7,24-27 Par.). Die Gemeinde hat das auf eine theologische Formel gebracht, wenn sie, dem Sinne nach zutreffend, Jesus seine öffentliche Tätigkeit programmatisch mit dem Rufe beginnen läßt: »Kehrt um, denn die Königsherrschaft Gottes ist nahe herbeigekommen« (Matth. 4,17). Die Nähe des Reiches ist also keine Geheimbelehrung, die, wie in der Qumrangemeinde, vor den Außenstehenden gehütet wird. »Denn nichts ist verborgen, außer zu dem Zweck, daß es offenbar werde« (Mark. 4,22 Par.), so formuliert die Gemeinde die einer Geheimlehre abholde Art Jesu angemessen. Auch die Gleichnisreden Jesu wollen ja nicht verhüllen, sie wollen zurüsten. Nur der Gehorsame braucht sich nicht zu fürchten: »Wenn aber diese Dinge zu geschehen anfangen, so blickt empor und erhebet eure Häupter, denn eure Erlösung naht heran« (Luk. 21,28). Die Königin des Südlandes, die Bewohner von Ninive werden am Gerichtstag gegen die Zeitgenossen Jesu auftreten. Denn die Königin kam aus weiter Ferne herbeigereist zu Salomo und hörte auf seine Weisheit; die Niniviten ließen sich von der Predigt Jonas zur Umkehr rufen. Die Zeitgenossen Jesu aber, diese böse Generation, hören nicht auf den, der mehr ist als Salomo und Jona (Luk. 11,29-31 Par.). Sie gleichen Kindern, die nie ja sagen können, sondern sich das Spiel immer wieder gegenseitig verderben (Matth. 11,16 f. Par.). Ich meine, es ist deutlich genug: das eigentliche Anliegen der Endpredigt Jesu ist nicht eine unterhaltsame Belehrung über nahe zukünftige Ereignisse, sondern eine unerhörte Schärfung der Verantwortlichkeit.

Wir dienen nicht einem echten und redlichen Verständnis Jesu, wenn wir uns und anderen die Tatsache verschleiern, daß diese in die jüdische Apokalyptik hineingehörende Naherwartung Jesu einen Irrtum darstellt. Das nahe Ende trat damals nicht ein. Die Synoptiker selber, ja das ganze Neue Testament tragen dieser Tatsache Rechnung. Erwartet die ältere Urgemeinde die letzten Dinge für »diese Generation« (Mark. 13,30 Par.; Matth. 10,23), so sind es in einer jüngeren Schicht »einige« der Hörer Jesu, die die Ankunft des Gottesreiches erleben werden (Mark. 9,1 Par.). Ja der dritte Evangelist läßt Jesus, anders als Markus (1,15) und Matthäus (4,17), nicht mehr die Nähe der Endereignisse, sondern die im irdischen Auftreten Jesu sich erfüllende Heilszeit verkünden (Luk. 4,18-21). Nach dem dritten Evangelium werden, anders als bei Markus (14,62) und Matthäus (26,64), die jüdischen Richter die Ankunft des Menschensohnes Jesus nicht mehr selber erleben (Luk. 22,69). Der vierte Evangelist zieht das Eintreten der letzten Dinge konsequent in das Ereignis der gegenwärtigen christlichen Verkündigung hinein (Joh. 3,18; 5,24; 11,25 f.). Mit diesen und ähnlichen Verschiebungen gesteht das Neue Testament, freilich nicht ausdrücklich, aber für den Urteilsfähigen durchaus deutlich, die Predigt der Endnähe als Fehlrechnung ein. Wenn wir dies Eingeständnis heute ausdrücklich aussprechen, so bleiben wir damit grundsätzlich *auf dem Boden* des Neuen Testamentes. Wir sollten dies Eingeständnis nicht verbinden mit einer Korrektur der Berechnung, mit einem weiteren Hinausschieben des innerhalb des Zeitverlaufs erwarteten Endes. Ebenso sollten wir mit einem Verzicht auf das Rechnen nicht die Vorstellung verbinden, dies Ende komme eben doch zeitlich irgendwann einmal. Ich verstehe sehr wohl, wie sehr unsere Generation nach einer Theologie der Hoffnung ruft. All diese helfenwollenden Auswege ermangeln aber einer Glaubhaftigkeit, wie die Apokalyptik sie vor 1900 Jahren besaß. Sie werden auch der eigentlichen Absicht der Endverkündigung Jesu nicht gerecht. Denn Jesus will nicht über das nahe Ende *belehren*, er will angesichts des nahen Endes *aufrufen*. Daß diese Absicht durch den Fortfall der End*nähe* nicht zerstört wird, scheint schon der dritte Evangelist gesehen zu haben, wenn er Jesus formulieren läßt: »Die Königsherrschaft Gottes kommt nicht so, daß man sie beobachten kann. Man wird auch nicht sagen: siehe hier, oder: dort. Denn siehe, die Königsherrschaft Gottes befindet sich in eurem Wirkungsbereich« (Luk. 17,20 f.; nach der wahrscheinlichsten Deutung). Die Predigt von der Nähe der Königsherrschaft Gottes will den Menschen warnen, sich selber zu verfehlen. Wir werden heute diese Warnung in einer anderen Form aussprechen müssen. Um dieser apokalyptischen Form willen hätten wir die Endverkündigung in der Predigt Jesu heute nicht nötig. Der Mensch verfehlt sich oder verfehlt sich nicht, je nachdem, was er in seinen eigenen Augen ist und wie er von diesem Selbstverständnis aus handelt. Daß für dies weite Feld Jesus von Nazareth etwas zu sagen hat, werden wir freilich erwarten dürfen. Denn wesentliche Teile seiner Verkündigung behalten ihre Geltung, auch wenn der apokalyptische Horizont versinkt. Schon die Synoptiker machen das deutlich: sie bringen viele Sprüche Jesu so und stellen viele Szenen so dar, daß die Gültigkeit der Inhalte an die Nähe des Endes nicht untrennbar gebunden ist. Um was für Inhalte aber geht es hier?

5. Die Bekehrung

Daß man Jesus nur hört, genügt nicht; es kommt aufs Tun an (Luk. 13,26 f.). »Warum nennt ihr mich ›Herr, Herr‹ und tut nicht, was ich euch sage?« (Luk. 6,46). Jesus und die an ihn anschließende Tradition sind der Meinung, daß nicht das Reden, sondern die Tat das herausbringt, was der Mensch wirklich ist. Derjenige Sohn tut wirklich den Willen des Vaters, der zuerst den Auftrag des Vaters, im Weinberg zu arbeiten, zurückweist, ihn dann aber doch ausführt; im Gegensatz zu dem anderen Sohn, der den Auftrag akzeptiert, ihn dann aber nicht durchführt (Matth. 21,28-31). Es kommt auf das Tun an, nicht auf das bloße Sagen. In alledem ist Jesus mit dem ihn umgebenden jüdischen Denken einig.

Das freilich, was zu tun Jesus fordert, schert aus aus dem üblichen jüdisch-religiösen Niveau. Die von besonderem Unglück Betroffenen sind nicht schlimmere Sünder als die normalen Menschen; sondern angesichts ihrer gilt für die übrigen: »Wenn ihr euch nicht bekehrt, werdet ihr alle in gleicher Weise umkommen« (Luk. 13,1-5). Der Evangelist faßt Jesu Meinung zutreffend zusammen: »denn ich sage euch, wenn eure Gerechtigkeit nicht viel besser ist als die der Schriftgelehrten und Pharisäer, werdet ihr bestimmt nicht in das Himmelreich (ein die Nennung Gottes in jüdischer Weise vermeidender anderer Ausdruck für die »Herrschaft Gottes«) hineinkommen« (Matth. 5,20). Dies Mehr, dies viel bessere Tun aber wird in nicht wenigen synoptischen Texten, analog gemeinjüdischer Ausdrucksweise, »Umkehr«, »Bekehrung« genannt. Zweifellos hat Jesus selber, nicht erst die Tradition, diesen Ausdruck gebraucht. Luthers Übersetzung spricht an all diesen Stellen von »Buße«. Gemeint aber ist damit – das zeigt der jeweilige Textzusammenhang – nicht ein gefühlsbetontes religiöses Erlebnis, sondern die entschlossene Wendung des Willens zum Gehorsam.

Worin besteht die Bekehrung, dieser ernstere Gehorsam? »Wenn jemand zu mir kommt und nicht seinen Vater und seine Mutter, Frau und Kinder und Brüder und Schwestern, dazu auch noch sich selber haßt, kann er nicht mein Jünger sein« (Luk. 14,26). Dieses sehr wahrscheinlich alte echte Jesuswort zeigt: es gilt eine Entscheidung, die auch die engsten Bande als zweitrangig zurückzustellen bereit ist. Freilich nicht derart, daß der rechte Gehorsame in eine ordensähnliche Gemeinschaft aufgenommen würde, die in den nicht Dazugehörigen, in den Außenstehenden die eigentliche Bedrohung des Gehorsamen erblickt. Das Nein ergeht beim Gehorsamen primär an das eigene Selbst; da steht der eigentliche Feind. Darum: »Wer sein Leben zu erhalten sucht, wird es verlieren; wer sein Leben verliert, wird es lebendig erhalten« (Luk. 17,33). Dieser Gehorsam ist nicht etwas Besonderes, auf das der Mensch sich etwas zugute tun könnte. Der von der Feldarbeit des Tages heimkehrende Sklave wird von seinem Herrn nicht etwa bedient und bedankt, sondern empfängt den Auftrag, dem Herrn zu servieren; erst dann mag er selber sein Mahl einnehmen. »So sollt auch ihr, wenn ihr alles getan habt, wozu ihr beauftragt wurdet, sprechen: ›Sklaven sind wir; das, was zu tun wir verpflichtet waren, haben wir getan‹« (Luk. 17,7-10). Der rechte Gehorsame kann nie mehr als seine Pflicht tun. Dabei ist dieser Gehorsam nicht als ein stumpfes, vom jeweiligen Inhalt des Gebotenen absehendes Gehorchen gedacht. Jesus appelliert an die rechte Einsicht; an das, was die antike griechische Welt das Gewissen nennt. »Darf man am Sabbat Gutes oder Böses tun, Leben gesund machen oder töten?« (Mark. 3,4). Wie in den Synoptikern oft, gilt das, was Jesus fordert, als so einsichtig und klar, daß es nur dieser die Situation aufhellenden Frage zu bedürfen scheint. Eben darum begegnen in den Synoptikern wesentliche Sprüche Jesu in Frageform. Die konkreten Formulierungen Jesu und der Gemeinde sind also nie so gemeint, daß sie juristisch exakt die Wegstrecke abstecken, innerhalb deren der Mensch noch gehorsam zu sein beanspruchen darf; und daß sie dann den Punkt markieren, von dem ab der Ungehorsam anfängt. Also nicht so: erst wer »Hohlkopf« oder »Tor« zum Bruder sagt, ist schuldig (Matth. 5,22); erst wer bei dem Himmel, bei der Erde, bei Jerusalem oder bei dem eigenen Haupte schwört, tut Unrecht (Matth. 5,34-36). Nicht so: die linke Backe muß man noch hinhalten, den Mantel noch drangeben, auf zwei

Meilen muß man eine erbetene Begleitung noch ausdehnen (Matth. 5,39-41); erst wenn man Leistungen über diese Maße hinaus verweigert, ist man schuldfrei. Der rechte Gehorsam weiß vielmehr Bescheid und fragt nicht nach dem Maß dessen, was er allenfalls leisten müsse. Er handelt nicht heteronom, sondern aus der Situation heraus. Darum fehlen ausdrückliche Mahnungen zur Innehaltung kultischer Vorschriften in den Synoptikern so gut wie ganz. Was Jesus vom Gehorsam wünscht – es soll ein ganzer sein, unbedingt und ungeteilt –, das ist mit dem »vollkommen« der Luther-Übersetzung in Matth. 5,48 gemeint. Der Gehorsame ist keinem System, keiner Tabelle einzelner Punkte verpflichtet. So nennt vielleicht Jesus selber die Gehorsamen die »freien Söhne« (Matth. 17,26). Und noch die hellenistische Gemeinde hat etwas von dieser den Menschen ganz in die Verantwortung ziehenden und ihn daher eminent individuierenden Art Jesu verstanden, wenn sie, für uns jetzt nur noch in einer alten griechischen Handschrift zu Luk. 6,5 lesbar, die Anekdote einfügt: »Als er an diesem Tage einen Menschen am Sabbat arbeiten sah, sagte er zu ihm: Mensch, wenn du weißt, was du tust, Heil dir; wenn du es aber nicht weißt, so bist du verflucht und ein Übertreter des Gesetzes.« Der einzelne muß für sich entscheiden. Denn er soll ja dafür geradestehen. Das Leben wird gewonnen nur durch die Drangabe (Luk. 17,33). »Jeder, der sich zu mir bekennt vor den Menschen, zu dem wird sich auch der Menschensohn vor den Engeln Gottes bekennen. Wer aber mich verleugnet vor den Menschen, der wird vor den Engeln Gottes verleugnet werden« (Luk. 12,8.9 Par.). Dies alte Jesuswort schaut, was den ursprünglichen Sinn der Formulierung anlangt, auf den Menschensohn als auf eine von Jesus unterschiedene Gestalt (vgl. S. 46 f.) und meint darum mit »bekennen« und »verleugnen« nicht die Annahme oder Ablehnung einer bestimmten Würdestellung und Titulatur Jesu, sondern den Ernst des Gehorsams gegenüber dem, was Jesus von dem Hörer fordert. So wird das – mit dem Gehorsam unter Umständen verbundene – Leiden zu dem »Kreuz«, das der Gehorsame in der Nachfolge Jesu auf sich nimmt (Luk. 14,27 Par.). Der Gehorsame trinkt den »Kelch« (Mark. 10,38 f. Par.). In solchen bedrohlichen Situationen gilt es, in gleicher Weise vorsichtig (»klug wie die Schlangen und lauter wie die

Tauben« Matth. 10,16) und furchtlos (die Gegner können nur den Leib, Gott allein Leib und Seele vernichten; Matth. 10,28 Par.) zu sein. Der Gehorsame muß in dieser Glut des Hasses, die sich auf ihn richtet, aushalten »bis zum Ende«, um die Errettung zu gewinnen (Mark. 13,13 Par.). Der Ernst des mit der »Bekehrung« hier gemeinten Gehorsams ist deutlich und einprägsam auch für uns, die wir die mit der Endnähe gegebene besondere Intensivierung nicht mehr als solche akzeptieren können. In diesem bisher dargestellten Bekehrungsernst ist Jesus jüdisch, was den Ausgangspunkt anlangt: man dient Gott durch Gehorchen. Jesus geht aber über jüdisches Denken hinaus, wenn er dies Gehorchen aus formalen und juridischen Bezügen entnimmt, den einzelnen in *seine* Gehorsamsentscheidung hineinruft und so seinem »Du sollst« eine unerhörte Radikalisierung verleiht. Bei der weiteren Erwägung der Einzelforderungen Jesu wird diese Intensivierung noch profilierter hervortreten können.

Das eigentlich Erstaunliche und Befremdliche der Bekehrungspredigt Jesu haben wir mit alledem aber noch gar nicht zu Gesicht bekommen. Denn es ist ein bekanntes Phänomen der Religionsgeschichte: wo eine wirklich ernste und kompromißlose Forderung vertreten wird, da führt ein solcher Rigorismus gewöhnlich zu einer Diskriminierung des Mitmenschen, der andere religiöse Anschauungen vertritt. Der kompromißlose Gehorsam hat zur Folge, daß es so zugeht, wie es in Goethes Ballade beschrieben wird:

> »Opfer fallen hier,
> Weder Lamm noch Stier,
> aber Menschenopfer unerhört.«

Der eigene Gehorsam setzt sich absolut und frißt den Mitmenschen. Wie verhält es sich in dieser Hinsicht mit der Bekehrungsforderung Jesu?

Zwei Menschen beten im Tempel: ein Frommer und ein Unfrommer, ein Pharisäer und ein Zöllner. Der Fromme zählt betend seine Vorzüge auf, kraft deren er sich von dem Unfrommen abhebt. Der Zöllner steht von ferne und wagt beim Beten nicht aufzublicken, er schlägt nur an seine Brust: Gott, sei mir Sünder gnädig! Und dann endet Jesus: der letztere ist von Gott angenommen, der erstere nicht (Luk. 18,9-14). Was ist hier gemeint? Gewiß, es ist eine ergreifende

Verkündigung der Gnade auch gegenüber den Unfrommen. Aber die hätte kein Jude Jesus übelgenommen. Man hat aber Jesus diese Haltung, die in manchen synoptischen Texten zur Sprache kommt, übelgenommen. Denn hier wird konstatiert: religiöser Ernst, kompromißloser Gehorsam kann für den Menschen sehr gefährlich werden. Dem Pharisäer wird keineswegs bestritten, daß er die aufgezählten religiösen Pflichten korrekt absolviert hat. Was ist denn sein Manko? Die Parabel von den zwei Söhnen vermag das noch eindrücklicher zu verdeutlichen. Der jüngere, der sein ganzes Erbe verbraucht hat, wird als Sohn wieder angenommen. Der ältere, der immer beim Vater gearbeitet hat und korrekt geblieben ist, stellt sich als der eigentlich verlorene Sohn heraus, er versagt die Mitfreude über den heimgekehrten jüngeren Bruder (Luk. 15,11-32). Was ist sein Defekt? Sein bisheriges Verhalten ist richtig, genau wie das bisherige Verhalten des Pharisäers richtig ist. Falsch ist nur, wie beide ihr Verhalten verstehen: als Leistung, die sie anführen, auf die sie sich etwas zugute tun können. Aber dies ihr Manko ist nicht bloß ein »Nur«. Denn dies ihr Selbstverständnis macht sie überheblich gegen den unkorrekten »Bruder« und verleitet sie zu der Meinung, sie existierten in ihrem Gehorsam durch sich selbst. Sie halten sich in Gehorsam und Frömmigkeit für autark. So wird ihnen ihr Ernst, ihr Toragehorsam zu *der* geistlichen Gefahr. *Diesen* unseligen Ernst, *diesen* harten Gehorsam fahren zu lassen, das ist die eigentliche Bekehrung, die gefordert ist. Denn »im Himmel ist mehr Freude über einen Sünder, der sich bekehrt, als über neunundneunzig Gerechte, die keine Bekehrung nötig haben«, so formuliert, Jesu Absicht richtig wiedergebend, die Gemeinde (Luk. 15,7). Und hier verstand das zeitgenössische Judentum keinen Spaß: daß Ernst und Toragehorsam dem Menschen gefährlich werden können, lag nicht nur außerhalb ihres Gesichtskreises, es war ihnen schlechterdings anstößig an diesem »Freund von Zöllnern und Sündern« (Matth. 11,19 Par.). Dies Ausmaß von religiöser Nicht-Autarkie, von ethischer Ungesichertheit entspricht aber offenbar der Absicht Jesu: »Wer die Königsherrschaft Gottes nicht annimmt wie ein Kind, wird ganz bestimmt nicht in sie hineingelangen« (Mark. 10,15). Die Kinder eignen sich – ganz unjüdisch – als Lehrmeister nicht wegen ihres naiven Weltbildes, sondern wegen ihrer Fähigkeit, ohne Hintergedanken, ohne Rechnen und Arg ein Geschenk anzunehmen. Sie sind noch nicht ernste Persönlichkeiten, denen ein Geschenk zu empfangen peinlich ist. Ob ein Mensch recht handeln kann, hängt also davon ab, wie er sich versteht: wer sich als solch ein Schuldner gilt, der sich wenig schenken zu lassen braucht, wird karg und kümmerlich sein in seiner Offenheit für andere; wer um ein umfangreiches unbeglichenes eigenes Schuldkonto weiß, wird beim Weitergeben seines Herzens und seiner Hand an andere nicht mehr sehr genau rechnen und messen mögen (Luk. 7,41-43). Das also ist die geforderte rechte Bekehrung, anders als der sogenannte Schalksknecht (Matth. 18,23-35) zu verfahren: man soll sich klarmachen, ein wie grenzenlos Beschenkter man selber ist; der Cantus firmus des »Ich darf« liegt nun dem ganzen Ernst und Gewicht der Verpflichtungen zugrunde, und so wird es ein fröhlicher Ernst und ein leichtes Gewicht. Der so Bekehrte übt sich ein in der Umkehrung, welche von der Gemeinde als kennzeichnend für die Art Jesu formuliert wurde: »So werden die Letzten Erste und die Ersten Letzte sein« (Matth. 20,16). Dieses Wort lehnt sich an einen uns überlieferten jüdisch-apokalyptischen Spruch an; aber es ist typisch, daß nur die radikale Umkehrung, nicht die im jüdischen Text damit verbundene, den Radikalismus der Umkehrung kompensierende Nivellierung von der christlichen Gemeinde übernommen wird. Denn Jesus scheint wirklich zu meinen: die rechte Bekehrung *verzichtet* gerade auf den Lohnanspruch. Jesus selber wird zwar die Furcht vor der Bestrafung im Endgericht als Motiv zum rechten Handeln verwertet haben (Matth. 10,28 Par.), und die anschließende Tradition empfiehlt ausdrücklich die Berechnung, die sich vor Augen stellt: wer den obersten Platz wählt, muß die Schande der Degradierung, wer den untersten Platz wählt, kann die Ehre der Platzverbesserung gewärtigen (Luk. 14,7-10). Diese Zweideutigkeit des Befundes in der Handhabung des Lohngedankens innerhalb der synoptischen Tradition läßt sich nicht lösen durch einen Gewaltstreich, etwa indem man erklärt, das Ausschalten des Lohngedankens sei kennzeichnend für echte Jesusworte, das Wiedereinbringen des Lohndenkens dagegen ein Werk der Gemeinde, die radikale Auffassungen Jesu domestizieren wolle; obwohl die nachfolgende Tradition in der Tat den Lohngedanken wieder intensiver verwertet als die älteste Schicht. Aber Jesus scheint die Furcht als Motiv gleichwohl selber in seiner Predigt verwendet zu haben. Man darf diese Tatsache aber auch nicht in der Weise erklären, daß man gegenüber der Auffindung der eigentlichen Absicht Jesu in dieser Frage resigniert und rein beschreibend Durchstreichung des Lohndenkens und Handhabung des Lohndenkens bei Jesus nebeneinanderstellt. Eine Parabel wie die vom gleichen Lohn für alle (Matth. 20,1-15) vermag uns hier weiterzuhelfen. Die Weinbergarbeiter, zu verschiedenen Tagesstunden eingestellt, erhalten am Abend bei der Auszahlung alle den gleichen vollen Tageslohn, Kurzarbeiter wie Langarbeiter. Das Murren der Langarbeiter gegen diese vermeintliche Ungerechtigkeit des Hausvaters wird zurückgewiesen: aus ihrer Auflehnung spricht nicht die Leidenschaft für die Gerechtigkeit, sondern das neidisch vergleichende Lohnrechnen, das sich gegen die schenkende Freundlichkeit des Hausvaters empört. In dieser Parabel zeigt Jesus: der Mensch, der sich in Pflicht nehmen läßt, bekommt in der Tat seinen Lohn. Es geht bei diesem Lohn aber nicht um einen Anspruch, den man vergleichend und berechnend einfordern kann. Kurz: die Überwindung des Lohnstrebens findet statt nicht unter rigoroser Ausschaltung, sondern gerade unter Einbeziehung der Lohnvokabulatur: wo der Mensch mit dieser Rasanz hineingewiesen wird in die Rolle des beschenkten Kindes, wo der grundstürzende Wechsel zwischen Ersten und Letzten die entscheidende Norm der Bekehrung wird, wo das Lohndenken klar ausgeschaltet und das totale Verpflichtetsein des Menschen vor Gott festgestellt ist, da gilt die teilweise Beibehaltung der Lohnvokabulatur offenbar nicht mehr als geistlich gefährlich, da wird auf die *systematische* Durchführung solcher Ausschaltung verzichtet, weil die Eindeutigkeit ohnehin außer Frage steht.

Die Bekehrung als Anerkennung der totalen Verpflichtung und der uneingeschränkten Angewiesenheit des Menschen, als Anerkennung der Tatsache, daß der Mensch unerwartet beschenkt ist; kurz, die Bekehrung als Ja des Menschen zu dem »Ich soll« und dem »Ich darf«, das von Jesus her ihm entgegentritt: wir werden diesem doppelten Grundakkord im folgenden immer wieder begegnen. Daß der Mensch sich als einen Beschenkten verstehen darf, wird uns aber in besonderer Weise der Schlüssel werden für die Beantwortung der Frage (S. 107ff.): Wie kann der Mensch zu dem ihm hier gebotenen rechten Handeln fähig sein?

6. Der Kult

Die kultische Seite jüdischer Gottesverehrung ist befaßt mit Fragen der rituellen Reinheit, mit Tempel- und Opferdienst sowie mit der korrekten Beobachtung der kultischen Feiertage (vgl. S. 17ff.). Wie ordnet sich der gehorsame Wandel, den Jesus seinen Hörern zumutet, diesem vorgegebenen religiösen Brauchtum ein?

»Wehe euch, ihr Schriftgelehrten und Pharisäer! Denn ihr reinigt die Außenseite von Becher und Schüssel, innen aber sind sie voll von Raub und Unmäßigkeit« (Matth. 23,25 Par.). Der Tenor dieses wahrscheinlich auf Jesus selber zurückgehenden Spruches ist deutlich: die rituelle Korrektheit und die peinliche Innehaltung ritueller Reinheit darf niemals den wahren Gehorsam ersetzen oder gar einen unrechten Wandel beschönigen wollen. So hat die Gemeinde Jesu sicher zutreffend dargestellt, wenn sie ihn, im Blick auf die korrekte rituelle Reinigung der Hände vor der Mahlzeit, Jesaja 29,13 zitieren läßt: es ist ein Lippendienst, bei dem das Herz fern von Gott ist; ein Ersatz des Willens Gottes durch menschliche Tradition (Mark. 7,6-9 Par.). Es dürfte deutlich sein, daß Jesus hier konkrete Mißstände des zeitgenössischen jüdischen Verhaltens geißelt. Es steht jedoch ebenso außer Frage, daß diese seine Kritik sich nicht grundsätzlich über die Einstellung erhebt, die auch sonst ernster jüdischer Frömmigkeit eigen war. Die Qumrangemeinde zum Beispiel warnt in ihren Texten ausdrücklich vor der Vorstellung, rechte Reinheit könne schon rituell zustande gebracht werden. In den genannten synoptischen Worten bleibt Jesus auf dem Niveau einer grundsätzlich auch jüdisch geübten Kritik an dem Mißbrauch ritueller Reinheitspraxis. Freilich ist es bedeutsam, daß Jesus nun nicht, wie die Qumrangemeinde, seinerseits die Reinheitsvorschriften verschärft. »Nichts, was von außerhalb des Menschen in den Menschen eingeht, vermag ihn unrein zu machen; sondern das, was aus dem Menschen herauskommt, das macht ihn unrein« (Mark. 7,15).

Das sind unerhörte Klänge, die nicht nur allem zeitgenössischen Judentum, gleich welcher Prägung, zuwiderlaufen; hier wird auch die alttestamentliche Gesetzgebung mit ihrer Unterscheidung von reinen und unreinen Tieren und Speisen außer Kurs gesetzt. Denn hier wird konstatiert: Unreinheit rührt überhaupt nicht von ritueller Unkorrektheit her, sie ist nicht auf formal rituellem Wege – durch Essen oder Berühren – übertragbar. Das extrem Unjüdische dieser Position sichert die Echtheit eines Jesuswortes wie Markus 7,15. So spiegeln die Debatten der palästinensischen Urgemeinde mit den Juden über die Reinheitsfrage in Markus 7 den Ursprung dieser freien Position eben in der Haltung Jesu selbst wider. Jesus scheint denn in dieser Weise sich auch selber anstößig verhalten zu haben. Gewiß, die einzelnen synoptischen *Texte* über Jesu Umgang mit den Sündern sind *spätere* Berichterstattung. Aber das gegen ihn gewendete Schimpfwort, er sei ein Freund von Zöllnern und Sündern (Matth. 11,19 Par.; vgl. S. 35), stellt es außer Frage: Jesus hatte Umgang mit den religiös Deklassierten. Dann aber war es für ihn unmöglich, eine ihn rituell verunreinigende Berührung auf jeden Fall zu vermeiden und in dieser rituellen Korrektheit den leitenden Gesichtspunkt seines Verhaltens zu erblicken. Sein rituell desinteressierter Wandel scheint dem soeben behandelten radikalen Wort (Mark. 7,15) entsprochen zu haben. Es gibt noch einen weiteren Beweis für die ursprüngliche Radikalität des Ansatzes bei Jesus. Daß die ersten jüdischen Anhänger durch die beschriebene Wertung der jüdischen Reinheitsgesetze schockiert waren, ist völlig verständlich. So wird für uns eine Tendenz in dem Verlauf der Tradierung wahrnehmbar – gerade im Matthäus-Evangelium –, welche besagt: Jesus ist *doch* ein treuer Jude gewesen. Seine Sendung hat den Sinn, daß das Gesetz auch bis zum kleinsten Häkchen seiner Buchstaben erfüllt wird (Matth. 5,17-19 Par.). Die Radikalität der Kultkritik Jesu wird hier abgefangen durch die Regel: rechtes Verhalten, Barmherzigkeit und Treue, soll man betätigen, aber die korrekte Verzehntung der Kräuter soll man nicht unterlassen (Matth. 23,23b Par.). Oder die radikale Position Jesu – der Mensch kann nicht von außen her verunreinigt werden (Mark. 7,15) – wird vom Matthäus-Evangelium wenigstens verengt auf die Frage der Speisen: »Nichts, was in den Mund eingeht, verunreinigt den Menschen« (Matth. 15,11). Diese im Verlaufe der Tradierung zutage tretende domestizierende Tendenz macht aber vollends deutlich: am Anfang der Entwicklung steht eine radikale Position, das Desinteresse Jesu selber an kultischer Reinheit und an ritueller Korrektheit.

Vielleicht wendet der Leser ein: Aber spricht für ein kultisches Engagement bei Jesus nicht doch die Tatsache, daß er Taufe und Abendmahl, also sakramentale Begehungen, eingesetzt hat? Darum ist ein klärendes Wort zu den beiden Sakramenten hier unerläßlich.

Die Urgemeinde hat im Namen Jesu getauft, das steht außer Frage; und die urchristliche Taufe ist zweifellos eine sakramentale Begehung. Die Gemeinde führt in einem sehr jungen Stück (Matth. 28,16-20) dies Taufen auf einen Befehl des Auferstandenen zurück. Daß der irdische Jesus bei seinen Lebzeiten die Taufe eingesetzt hat, behauptet allerdings kein Evangelientext. Die christliche Taufe ist also eine sehr alte urchristliche Gemeindetradition. Freilich hat Jesus sich selber vom Täufer Johannes taufen lassen (Mark. 1,9-11 Par.), das dürfte historisch sein. Und aus Mark. 11,27-33 Par. geht hervor, daß Jesus die Johannes-Taufe als Schlüssel zum Verständnis seiner selbst bezeichnet und demzufolge geschätzt hat. Aber ist diese Schätzung eine rituelle Schätzung, schließt sie ein betontes Ja zum kultischen Vollzuge ein? Die Johannes-Taufe, einmalig empfangen, war gedacht als Vorbereitung auf das nahe Endgericht. Darum galt sie – sicher auch im Sinne Jesu – als unwirksam und sinnlos dort, wo die Bereitschaft zum rechten Wandel und wahren Gehorsam fehlte (Matth. 3,7-10 Par.). Denn die Johannes-Taufe verleiht keine rituelle, keine kultische Reinheit. Der Zutritt zu ihr wird nicht, wie bei den wiederholten Waschungen der Qumrangemeinde, durch eine Noviziatszeit gehütet, während deren der Bewerber eine wachsende rituelle Reinigung erfährt. Der entscheidende Hinweis Jesu auf die Johannes-Taufe (Mark. 11,27-33 Par.) erfolgt gerade nicht auf der Ebene von Reinheitsdebatten, sondern dort, wo die Anerkennung der Autorität Jesu von der Anerkennung der Johannes-Taufe, das heißt von der Bejahung der Umkehr und des rechten Wandels abhängig gemacht wird. Das Ja Jesu zur Johannes-Taufe schließt nicht eine Minderung und Abschwächung seiner Kultkritik ein.

Wie aber steht es mit dem Abendmahl? Aus den synoptischen Speisungsgeschichten kann man entnehmen: Jesus hielt Mahle mit seinen Anhängern und seinen Hörern (Mark. 6,32-44 Par.; Mark. 2,15-17 Par.; Luk. 13,26). Diesen Mahlen eignet kein sakramentaler Charakter, der Zugang zu ihnen scheint nicht rituell beschränkt, es waren Sättigungsmahle, jedermann konnte offenbar teilnehmen. Nach Jesu Tode setzten die Anhänger diese Sättigungsmahle fort und blickten dabei voller Freude der nahen Ankunft Jesu entgegen (Apg. 2,46). Auch hier keine Einsetzungsworte, keine sakramentale Speise, kein spezieller Rückbezug auf Jesu Tod, sondern ein schlichtes »Brechen des Brotes«, wie die Apostelgeschichte öfter formuliert. Die palästinensische Gemeinde deutete dann den Tod Jesu speziell als Sühnetod, und die hellenistische Gemeinde verstand diese Mahle in der Art der Mysterienmahle der religiösen Umgebung (S. 23). Nun erhält dies ursprünglich als Sättigungsmahl gedachte Essen sakramentalen Charakter: Brot und Wein sind Leib und Blut Jesu; das Mahl weist auf die Sühnebedeutung des Todes Jesu, und die Einsetzung dieses hellenistisch empfundenen Sakramentes wird in die letzten Stunden des Lebens Jesu, vor seiner Verhaftung, zurückverlegt (Mark. 14,22-24 Par.); ja man setzt dies mysterienhafte Mahl mit dem jüdischen Passamahl gleich (Mark. 14,12-16 Par.). Wie wenig dies hellenistisch-christliche Sakrament mit den ursprünglichen, auf das Ende vorausblickenden urchristlichen Gemeinschaftsmahlen etwas zu tun hat, kann man sich an der einfachen Tatsache verdeutlichen: Jesus selber formte Menschen, welche die Königsherrschaft Gottes als kommend ausrufen, helfend eingreifen und einen gehorsamen Wandel vorleben und predigen sollten; er formte keine Priester, die durch eine spezielle Eignung zur Verwaltung von Sakramenten befähigt werden. Noch Paulus, der doch schon das hellenistisch-mysterienhafte Sakramentsverständnis sich angeeignet hat, war froh, daß er in eigener Person selten Gemeindeglieder getauft hat (1. Kor. 1,14.15). Der christliche Verkündiger als der Priester, diese Stufe der Entwicklung war freilich bald, schon gegen das Ende des ersten christlichen Jahrhunderts, erreicht. Jesus selber aber hat unrituell und unsakramental gedacht.

Wie steht Jesus zum Tempelkult? Die Schätzung des Tempels scheint vorausgesetzt, wenn Matth. 23,16-22 – die Urgemeinde oder zum Teil auch Jesus selbst – das Schwören beim Tempel oder bei den Einzelheiten seines Kultes verbietet. Die Tempelreinigung als Vorgang (Mark. 11,15 f. Par.) dürfte ein wirkliches Geschehen aus dem Leben Jesu selber sein. Die Deutung dieses Geschehens bereitet Schwierigkeiten. Jesu Vorgehen hätte, wäre es Grundlage einer neuen Praxis geworden, jeden jüdisch international bestimmten Opferdienst unmöglich gemacht; eben durch Verhinderung der für einen Diasporajuden unerläßlichen Möglichkeit von Währungswechsel. Wir erkennen nicht mehr klar: steht bei dem historischen Jesus eine Reserve gegenüber dem Opferdienst hinter der sogenannten Tempelreinigung? Wenn das der Fall war: sehr eindeutig kann dies Kontra bei ihm nicht gewesen sein. Denn die Urgemeinde, die Matth. 5,23 f. formulierte, stand nicht gegen die Praxis des jüdischen Tempelopfers, sondern nahm daran teil. Und die gelegentlichen Notizen, daß Jesus die Aufsicht der Priester über die Aussatzheilung anerkannte (Mark. 1,44 f. Par. u. ö.), scheinen eine grundsätzliche Ablehnung des jüdischen Priesterstandes durch Jesus auszuschließen. Es handelt sich wohl sicher um keine grundsätzliche Tempelablehnung; aber vielleicht um Reserve gegenüber dem Opferdienst. So ist der Tempel für ihn kaum etwas Unwesentliches gewesen. Er mied ihn nicht, er reinigte ihn; denn der Tempel war ihm doch auch unter den gegenwärtigen Umständen bedeutsam. Und er spricht über seine Zerstörung als über die drohende Katastrophe der bevorstehenden Endzeit (Mark. 13,2 Par.). Das Bild über Jesu Stellung zum Tempel kann mit Hilfe der Texte also nicht völlig eindeutig gezeichnet werden.

Wie steht Jesus zum Sabbat, zu dem zentralen jüdischen Kultinstitut? Wir haben nur ein Wort in den synoptischen Texten, welches die Sabbatobservanz positiv behandelt, sie nämlich auch für die Notzeit der eschatologischen Flucht einschärft (Matth. 24,20). Dies Wort ist als judenchristliche Gemeindebildung um so deutlicher zu erkennen, als die übrigen Texte durchweg nur Jesu kritische Stellung zum Sabbat berichten. Jesus heilt einen Mann mit einer atrophierten Hand (Mark. 3,1-6 Par.), er heilt eine verkrümmte Frau (Luk. 13,10-17), einen Wassersüchtigen (Luk. 14,1-6), und all diese Heilungen erfolgen am Sabbattage. Zwar werden diese Szenen, wie das Anwachsen des Details im Lauf der Traditionsgeschichte, also ein Vergleich mit den jüngeren Evangelien-Parallelen, dartut, keine konkrete Erinnerung enthalten. Die Szenen sind Gemeindebildungen, erwachsen aus Debatten der palästinensischen Judenchristen mit ihren jüdischen Gesprächspartnern. Man kann ihre Herkunft aus Gemeindedebatten besonders deutlich in denjenigen Szenen erkennen, in denen Jesus das Verhalten der *Jünger* verteidigt, etwa in Mark. 2,23-28, wo er das Ährenraufen der Jünger rechtfertigt: die palästinensischen Christen berufen sich für ihr unkorrektes Verhalten am Sabbat auf Sprüche *Jesu*. Insofern sind diese Szenen, was das Detail anlangt, keine verläßliche Beschreibung stattgehabter einzelner Vorgänge aus dem Leben Jesu. Gleichwohl haben sie für uns einen beträchtlichen historischen Wert. Die Entstehung dieser Szenen läßt nämlich erkennen: Jesus hat offenbar am Sabbat Heilungen ausgeführt. Und zwar ist unter den Kranken nicht *ein* Fall, der eine Aufschiebung der Heilung bis zum Sonnenuntergang nicht ohne Schaden für den Kranken vertragen hätte; wir lesen von keiner akuten Krankheit, die sofortige Behandlung erfordert hätte. Die Dringlichkeit der Notlage, die Lebensgefahr, ist in der jüdischen Sabbatgesetzgebung aber der einzige Ausnahmefall, in dem eine das Sabbatgebot verletzende Behandlung des Kranken gestattet ist. Jesus hat also, jüdisch gedacht, kein Recht, nicht akute Krankheiten unter Verletzung der Sabbatobservanz zu heilen. Noch schwächer ist das Argument für das Verhalten der Jünger, die am Sabbat Ähren raufen und so eine am Sabbat verbotene Handlung des Erntens vollziehen: ihr Hunger ist wahrlich keine Lebensbedrohung (Mark. 2,23-28 Par.). Jesus hat also am Sabbat Heilungen vollzogen offensichtlich unter Umständen, die sein Verhalten eindeutig als Sabbatverletzung stempelten. Dieser Tatbestand wird bestätigt durch die Argumente aus dem Munde Jesu, die sein Verhalten erklären. In ihnen haben wir mit großer Wahrscheinlichkeit alte echte Jesussprüche, die dann von der Tradition in die typisierten Sabbatszenen eingefügt wurden. Was besagen diese Argumente? »Bindet nicht jeder von euch am Sabbat seinen Ochsen oder Esel von der Krippe ab und führt ihn zur Tränke? Diese Frau aber, zumal sie eine Abrahamstochter ist, die der Satan volle 18 Jahre gebunden hatte, sollte von

dieser Fessel am Sabbattage nicht gelöst werden dürfen?«
(Luk. 13,15 f.). »Wem fällt sein Ochse (hier ist das andere
Tier, das in den alten Handschriften neben dem »Ochsen«
erwähnt wird, für uns nicht mehr eindeutig auszumachen) in
den Brunnen, und er wird ihn nicht auf der Stelle herausziehen am Sabbattage?« (Luk. 14,5). Jesus verhandelt also nicht,
wie die jüdischen Sabbatausleger, über die Voraussetzungen, die gegeben sein müssen, damit ein Tier am Sabbat
gewartet und im Notfalle gerettet werden darf. Er konstatiert: Ihr tut das doch. Die für die sabbatkorrekte Behandlung von Tieren erlassenen Regeln interessieren ihn nicht.
Das Gewohnheitsrecht, den Tieren gegenüber verwendet,
genügt ihm für den Schluß: dann ist das im Falle des Menschen doch doppelt recht. Nicht nichts tun am Sabbat, lautet
seine Parole, sondern das Rechte tun und das Schlechte
unterlassen. Das Rechte aber ist die Rettung, das Schlechte
die Zerstörung des Lebens (Mark. 3,4 Par.). Das ist eine für
jüdisches Denken sträfliche Außerachtlassung der Frage,
wieweit, im Blick auf die vorgegebenen Umstände, der
Mensch am Sabbat helfend und heilend eingreifen darf, um
sich doch noch sagen zu können, er habe den Sabbat nicht
verletzt. Hier wird alle Kasuistik, alles »Wenn« und »Aber«
souverän in den Wind geschlagen. Denn der Mensch steht
auf dem Spiele. »Der Sabbat ist um des Menschen willen da
und nicht der Mensch um des Sabbat willen« (Mark. 2,27).
Damit ist nun in der Tat das fromme jüdische Empfinden
schärfstens verletzt. In jüdischen Texten ist das Wort, daß
der Sabbat den Juden und nicht sie dem Sabbat übergeben
sind, ein einsamer Vogel auf dem Dach und hat nie ein
sabbatkritisches Verhalten gezeitigt. Erdrückend zahlreich
dagegen sind die jüdischen Zeugnisse für die religiöse Hoch-
schätzung des Sabbatgebotes (vgl. S. 17 f.). Und nun soll dieser Sabbat, den nach jüdischem Glauben Gott in der Himmelswelt zusammen mit allen Engeln rituell genau innehält,
um ihn dann dem von ihm erwählten Volke Israel als religiöse Observanz aufzuerlegen; eben dies Himmelswelt und
Erdenwelt in gleicher Weise durchwaltende Institut soll nicht
der vorzüglichste Dienst an der Gottheit sein, sondern soll
dem Menschen dienen?! Nicht die Unterlassung des Tuns,
sondern das Tun des Rechten soll den wahren Gottesdienst
ausmachen?! Schneidender kann die Antithese gegen jüdi-

sches Denken kaum vorangetrieben werden: der Sabbat und seine Beobachtung ist nicht religiöser Selbstzweck; der Mensch ist der Zweck des Sabbats. Daß die tradierenden Christen darüber erschrocken sind, ist nur zu verständlich. Nur Markus (2,27) bringt diese radikale Feststellung, und auch er nicht vollständig in allen Handschriften; Matthäus und Lukas lassen das Wort ganz fort.

Die Tradition hat aber auf Jesu radikale Sabbatkritik nicht nur durch Auslassungen, wie im Falle von Mark. 2,27, reagiert. Da betonen die Texte: auch David beging einen rituellen Verstoß, er und seine Begleiter aßen die nur den Priestern vorbehaltenen Schaubrote (Mark. 2,25 f. Par.). Oder Jesu Verhalten wird gerechtfertigt durch das Schriftwort (Hos. 6,6): Barmherzigkeit will ich und nicht Opfer (Matth. 12,7). Oder der Hinweis wird eingebracht: Auch die Priester verstoßen durch ihre rituellen Verrichtungen am Sabbat gegen die gebotene Sabbatruhe und gelten trotzdem als schuldfrei (Matth. 12,5). Es liegt ja auf der Hand: all diese Hinweise wollen die Anstößigkeit der Sabbatfreiheit Jesu abschwächen durch die Erklärung, Jesu unrituelles Verhalten besitze gleichwohl alttestamentliche und jüdische Vorbilder. Es ist aber ebenso klar: die Beweiskraft dieser Argumente ist lahm, sie leisten nicht das, um dessentwillen sie angeführt werden. Sie zeigen vielmehr, wie schwer die judenchristliche Haltung sich tat, Jesu Sabbatfreiheit zu akzeptieren. Das gewichtigste Argument zur Entlastung Jesu aber lautet: er verfügt über den Sabbat, weil er der Menschensohn ist (Mark. 2,28 Par.); er als der Messias ist mehr als der Tempel, in dessen Dienst die am Sabbat agierenden Priester nicht als Sabbatübertreter gelten (Matth. 12,6). Diese nachösterliche Beweisführung erklärt Jesu Sabbatfreiheit mit seiner Messiaswürde und mindert so die Radikalität der ursprünglichen Aussage, die nicht den Messias speziell, sondern den Menschen und seine Not generell über den Sabbat stellt (Mark. 2,27).

Das mit Jesus gleichzeitige Judentum ist religiös interessiert an der Frage, an welchem Termin die einzelnen Feiertage begangen werden sollen. Die synoptischen Texte zeigen Jesus, historisch zweifellos zutreffend, an Kalenderfragen in keiner Weise interessiert. Auch über die Innehaltung bestimmter Gebetszeiten handelt keiner seiner Sprüche.

An dieser Stelle fragen wir nun auch gleich nach der Stellung Jesu zum Beten. Ein Teil seiner Worte über das Gebet hält sich auf dem üblichen jüdischen Niveau: Gott erhört Gebete, er darf nicht gedankenlos, nicht bloß zum frommen Schein angerufen werden (Matth. 7,7-11 Par.; Matth. 6,5-13 Par.; Luk. 18,1-5). Auch das Vaterunser, dessen dritte und siebente Bitte vielleicht nicht zur Urform gehören, ist im Inhalt von frommem, jüdischem Denken nicht unterschieden: die Vater-Anrede ist – wenn auch nicht häufig – ebenso jüdisch bezeugt wie die Anliegen der Bitten, die Ehrung Gottes, das Kommen seines Reiches, die Nahrung, die Vergebung, die Hilfe in der Bedrängnis der Endzeit. Unjüdisch dagegen kann die Form des Vaterunsers insofern genannt werden, als sich seine Kürze von den sehr viel längeren jüdischen Gebeten – man denke an das 18-Bitten-Gebet! – abhebt. In Matth. 6,7.8 wird der Wortreichtum dann ja auch ausdrücklich verboten. Die dafür gegebene Erklärung, Gott kenne die Bedürfnisse des Beters und brauche durch das Gebet nicht erst informiert zu werden, hebt, konsequent genommen, die Notwendigkeit des Bittgebets*aktes* überhaupt auf. In die gleiche Richtung weist das Desinteresse an festen Gebetszeiten – erst im zweiten Jahrhundert in einer Kirchenordnung (Did. 8,3) erwartet man vom Christen das Beten von drei Vaterunsern am Tage – und vor allem die Aufforderung, immer zu beten (Luk. 18,1-5): hier liegt der Ton natürlich nicht auf dem Akt, es wird also nicht, in der Art der späteren mönchischen Gemeinschaften, ein nie aufhörender Gebetsgottesdienst gefordert, sondern es geht hier eindeutig um die *Haltung* des Gebets, also um das Wissen, daß der Mensch letzten Endes als ein Empfangender lebt. Von daher erklärt sich auch das Fehlen einer rituellen Präparation für das Beten in der Jesustradition.

Die von uns durchmessenen Bezirke – die rituelle Reinheit, der Tempel mit seinen Opfern und seinem Priestertum, der Sabbat, die Fest- und Gebetszeiten – bieten mehr oder weniger das gleiche Bild: Jesus tritt nicht für kultische Observanzen ein. Dabei wird man nicht sagen können, daß Jesus sich wie ein Bilderstürmer verhält. Der Tempel genießt weiter die Verehrung, die Priester bleiben in ihrer Rolle. Will man Jesu Stellung zur rituellen Reinheit und zum Sabbat charakterisieren, so wird man am zutreffendsten von Vergleichgültigung sprechen. Diese Vergleichgültigung hat aber – auch für uns noch klar erkennbar – ihren Sinn nicht in sich selber. Sie soll offenbar dem Menschen dienen. Der Mensch soll recht gehorchen können, er soll nicht mehr die Möglichkeit haben, vor dem wahren Gehorsam auszuweichen in die Unverbindlichkeit eines formalen und ohne innere Beteiligung ableistbaren Ritualismus. Der Mensch soll die Hilfe finden können, deren er bedarf; kein rituell gemeinter »Gottesdienst« soll das verhindern dürfen. Nur wer diesen Grundakkord in der Ritualkritik Jesu erfaßt, nur der versteht, warum Jesus nicht bilderstürmerisch abschafft, warum er vielmehr vergleichgültigt. Nun wird auch einsichtig, warum diese Vergleichgültigung, von den vorgegebenen jüdischen Grundsätzen her beurteilt, inkonsequent zu verfahren scheint. Jesus verstößt gegen Teile der nachalttestamentlichen Tradition, wenn er das Händewaschen, die Einzelheiten der Sabbatauslegung und die Innehaltung der Gebetszeiten für gleichgültig erklärt. Jesus verstößt aber auch gegen das Alte Testament selber, wenn er den Opferkult mit Reserve betrachtet, die Möglichkeit einer Verunreinigung von außen her bestreitet und nicht das sabbatliche Unterbrechen des Tuns, sondern das jeweils gebotene Tun des Rechten als die wahre Sabbatfeier proklamiert. Wo es notwendig ist, wird die Überlieferung der Ältesten, wird aber auch das alttestamentliche Gesetz selber von ihm außer Kurs gesetzt. Denn nur so – das scheint seine Meinung zu sein – lernt der Mensch wirklich gehorchen; nur so, bis hinein in die heilende Berührung, erfährt der Mensch wirkliche Hilfe und Liebe.

7. Das religiöse Recht

Ritus und religiöses Recht sind einander verschwistert. So besitzt das religiöse Recht auf dem Boden des für Jesus gleichzeitigen Judentums eine beträchtliche Bedeutung. Ja es überschreitet noch das Gewicht ausgesprochen ritueller Observanz; denn es gibt sozusagen keinen profanen Bereich, der im Judentum nicht rechtlich geregelt wäre. Jedes jüdische Recht ist aber immer letztlich religiöses, im Namen Gottes proklamiertes und vom Gesetz direkt oder indirekt abgeleitetes Recht. Wir wundern uns, nachdem wir das rituelle Desinteresse Jesu kennengelernt haben, nun nicht mehr, auch in Fragen des religiösen Rechtes Jesus seinen eigenen Weg gehen zu sehen.

»Mensch, wer hat mich zum Richter oder Erbschlichter über euch gesetzt?«, stellt Jesus gegenüber einem Manne fest, der seine Hilfe erbittet, weil er sich von seinem Bruder in Erbsachen benachteiligt fühlt (Luk. 12,14). Die Szene, in der dies Wort sich jetzt findet, ist natürlich Gemeindebildung. Aber das Wort selbst könnte ein alter, echter Jesusspruch sein. Denn sein Tenor ist typisch für das juridische Desinteresse Jesu. Wo Kinder mit ihrer Bereitschaft, sich beschenken zu lassen (vgl. S. 57f.), als die rechten Lehrmeister für den Eintritt in Gottes Königsherrschaft gelten (Mark. 10,15), da werden juristische Distinktionen uninteressant. Wo der Frager nach dem ersten Platz den Bescheid erhält, er solle, eben um ihn zu erreichen, die Rolle des Servierers und des dienenden Sklaven übernehmen (Mark. 9,34 f.) – so läßt die Gemeinde Jesus formulieren –, da dürfte ein abwägendes juristisches Denken sich nicht völlig richtig am Platze fühlen. Wo die im Tempel von Pilatus während einer Opferhandlung niedergemachten Galiläer, wo die achtzehn vom Siloam-Turm Erschlagenen nicht als schlimmere Sünder, im Vergleich mit den übrigen Juden (Luk. 13,1-5), – von der Urgemeinde oder vielleicht von Jesus selber – bezeichnet werden, wo also ein unglückliches irdisches Geschick – in durchaus unjüdischer Weise – nicht als eine besondere, dem schlechten Wandel des Menschen spezifisch angemessene Strafe betrachtet wird, da muß ein Vertreter des religiösen Rechtes in Verlegenheit geraten.

So lehnt denn Jesus den Schwur als Beglaubigung für die Wahrheit der Rede ganz ab; Ja und Nein sollen verläßlich genug sein (Jak. 5,12, wo vielleicht eine alte, von Jesus selber stammende Tradition erhalten ist). Die unjuristische Art Jesu geht auch aus dem richtigen Verständnis der extremen Formulierungen Jesu deutlich hervor. Sie bezeichnen nie das Gebiet, innerhalb dessen der Ungehorsam gegeben ist, während jenseits der Grenze der Ungehorsam nicht mehr zu befürchten wäre. Also nicht: der begehrliche Blick auf eine andere Ehefrau ist verboten, der begehrliche Gedanke an sie freilich noch nicht (Matth. 5,28 Par.). Also nicht: bei dem Schlag auf die linke Backe soll man zwar die rechte hinhalten; wenn man aber vor die Brust gestoßen wird, ist die Wiedervergeltung freilich erlaubt (Matth. 5,39 Par.). Also nicht: siebenmal bzw. neunundvierzigmal soll man vergeben, beim achten bzw. beim fünfzigsten Male ist es nicht mehr nötig (Luk. 17,4 Par.). Das wäre ein juristisches Verständnis der Weisungen Jesu, und gerade so sind sie nicht gemeint. Sie enthalten keine Definition von Einzelfällen, in denen so oder so zu verfahren wäre, sie bieten keine Kasuistik (vgl. S. 54 f.). Sie geben Beispiele, denen der Hörer das grundsätzlich Nötige entnehmen und es dann in den entsprechenden Situationen richtig anwenden soll. Darum mahnt Jesus, wenn er zum vollen Gehorsam ruft, nie in der Weise: haltet ja ausnahmslos *alle* Vorschriften! Das einzige Wort, das sich in dieser Richtung ausspricht (Matth. 5,17-19; vgl. S. 62) – kein Häkchen vom Gesetz wird vergehen, auch das unbedeutendste der Gebote muß beachtet werden und weiter in Kraft bleiben, *dazu* ist Jesus gekommen –, ist schon seit langem als eine Deutung des ersten Evangelisten erkannt, der in betont judenchristlicher Weise Jesus als den Erfüller des alttestamentlichen Gesetzes wiederholt zu schildern bestrebt ist. Bei Jesus selber dagegen meint der wahre Gehorsam nicht die ausnahmslose Beobachtung aller in einem System zusammengefaßten Vorschriften. Wo es um Einzelpunkte geht, haben wir meist ein späteres Stadium der christlichen Tradition vor uns, die in eine gewisse Kasuistik zurückfällt; wir werden später diese rückläufige Bewegung noch eingehender zu bedenken haben. Jesus selber dagegen steht in seiner Gehorsamsforderung solch einer Aufsplitterung des Gehorsams in detaillierte Einzelakte fern. Ein Vergleich zwischen Luk. 12,58.59 und dem parallelen Text in Matth. 5,25.26 ist für den uns hier beschäftigenden Gesichtspunkt besonders aufschlußreich. Im Lukastext mahnt – wahrscheinlich – der historische Jesus selbst: wie ein irdischer Beklagter noch auf dem Wege zum Richter alles daransetzt, von seinem Prozeßgegner loszukommen, so soll der Mensch sich hüten vor der drohenden Anklage des Endgerichts. Das ist ein unkasuistischer Appell zu rechtem Verhalten angesichts des nahen Endgerichtes; die juristische Situation ist hier nur Bild. Matthäus nimmt die juristische Situation hinein in den Inhalt der Ermahnung, die nun – in fast allen Ausdrücken – dazu aufruft, klug zu handeln und noch auf dem Wege zum irdischen Richter die Sache mit einem im Recht befindlichen irdischen Ankläger in Ordnung zu bringen. Hier, in Matth. 5,25.26, spricht also eine Klugheitsregel von der Rechtzeitigkeit der Versöhnung in einem bestimmten Fall; hier ist die Kasuistik am Werk. Aus Luk. 12,58.59 aber kann man ersehen: Jesus selbst hat keinen Einzelfall im Auge, *er* lehrt unkasuistisch. In diese unkasuistische Art des Lehrens Jesu paßt es hinein, daß er seinen Nachfolgern keinen Eid bei dem Eintritt in seinen Kreis abverlangt zu haben scheint. Die sekundär ausmalenden synoptischen Berufungsgeschichten (Mark. 1,16-20 Par.), die von einer eidlichen Verpflichtung der Nachfolger nichts berichten, erlauben, für sich genommen, zwar kein letztes Urteil. Aber auch sonst enthält die synoptische Tradition nichts, was auf einen Eintrittseid der Nachfolger oder auf eine juristisch geregelte Probe- und Noviziatszeit der Jünger schließen ließe. Der eine geladene Gast im Gleichnis, der die Eintrittsbedingung für die Hochzeitsfeier, die entsprechende Kleidung, nicht erfüllt und hinausgewiesen wird (Matth. 22,11-14), unterstreicht zwar: von den Nachfolgern wird ein sachentsprechendes Verhalten erwartet. Aber ein Vergleich mit dem parallelen Lukastext (14,16-24) zeigt, der Einzelzug von dem nicht korrekt gekleideten Gast ist eine Einfügung des ersten Evangelisten: nun, in der sich erstreckenden Geschichte der Urgemeinde, meldet sich das Bedürfnis nach moralischer Ausgrenzung der Nicht-Gehorsamen. Die älteste Schicht hat aber diese Sorge noch nicht. Jesus selber warnt zwar schneidend vor der Ablehnung seines Rufes. Er bringt aber keine Kautelen ein für diejenigen, die den Ruf annehmen. Das religiöse Recht, die Kasuistik spielt für ihn so gut wie keine Rolle.

So werden die Evangelien recht haben in der Art, wie sie die Stellung Jesu zu den jüdischen juristischen Instanzen zeichnen. Jesus akzeptiert, wie wir oben feststellten (S. 65), zwar das Aufsichtsrecht der Priester über den Aussatz (Mark. 1,44 u. ö.). Aber nirgends finden wir Texte, die ein Interesse Jesu an den juristischen Instanzen seiner Umwelt verraten. Der spitzfindigen Unterscheidung, ein eidliches Gelübde binde noch nicht, wenn der Gelobende sich auf Tempel und Altar, sondern erst, wenn er sich auf das Gold im Tempel und auf die Opfergabe auf dem Altar bezieht, setzt Jesus seinen ganzen Sarkasmus (Matth. 23,16-19) und erst die Gemeindetradition eine etwas nüchterne Belehrung (Matth. 23,20-22) entgegen. Bei dieser Ablehnung eines religiösen Eidrechtes befindet Jesus sich sogar noch auf einer Ebene mit der Qumrangemeinde und dem rigorosen Flügel der Rabbinen. Das Bild dieser Analogie zerbricht aber sofort, wenn wir aus rabbinischen und auch qumranischen Texten erfahren, welche juristischen Fragebereiche auf jüdischem Boden intensiv verhandelt werden: das Erbrecht; der Flucheid; der Schwur, der ein Gebot aufheben soll; die Beschränkung des Schwörens auf das Gerichtsforum; die Qualifikation und das Alter der Zeugen; die Strafordnung für den Eidbruch. Keines dieser Themen wird bei Jesus hinsichtlich der damit zusammenhängenden juristischen Einzelheiten verhandelt. Vielmehr wird der Eid ebenso grundsätzlich abgelehnt wie der Schwur, mit dem ein Sohn sich der Verpflichtung den Eltern gegenüber entzieht (Mark. 7,10-13 Par.). Diesem Desinteresse an Fragen des religiösen Rechtes entspricht bei Jesus seine Stellung zur Kopfsteuer; sie mag ruhig entrichtet werden, ihre Entrichtung ist unwesentlich, gemessen an der Wichtigkeit des rechten Gehorsams gegen Gott (Mark. 12,14-17 Par.). Ja gelegentlich scheint dies Desinteresse Jesu an juristischen Fragen hinüberzuspielen in eine ausgesprochene Ablehnung dieses ganzen Bereichs. Der pharisäischen Verzehntung der von Jesus sarkastisch sorgsam aufgezählten Küchenkräuter wird schneidend entgegengesetzt das Fehlen eines wahren Gehorsams (Matth. 23,23 Par.). Die juristisch exakte Verzehntung erscheint in synoptischen Texten nur als negativer Kontrast zu dem, was Jesus für notwendig und wichtig hält. Die Verhandlung des Sanhedrin über die Todesstrafe für Jesus ist historisch zwar fraglich (vgl. S. 42). Immerhin scheint sich in das Bild von dem Desinteresse des historischen Jesus an dem religiösen Recht die Tatsache zu fügen, daß die den Ablauf der Ereignisse legendär ausschmückende christliche Gemeindetradition nun unterstreicht: alle Sanhedristen sprachen die Verurteilung gegen ihn aus (Mark. 14,64). Die Ausnahme, der Sanhedrist Joseph von Arimathäa (Mark. 15,43; Luk. 23,50), bestätigt die Regel: er hatte, nach der natürlich späten Darstellung des Lukas (23,51), dem Todesbeschluß und seiner Durchführung nicht zugestimmt. Auf die Vergleichgültigung des religiösen Rechtes beim historischen Jesus folgt also die vergröbernde und darum kaum historische Darstellung seitens der christlichen Tradition: die höchste jüdische Instanz religiösen Rechtes hat en bloc Jesus zum Tode verurteilt.

Daß diese Vergröberung die Art und Weise, wie der historische Jesus das religiöse Recht vergleichgültigt, nicht völlig getreu aufnimmt, zeigt sich auch noch an einem anderen Phänomen. Der einseitigen generellen Belastung der jüdischen Juristen seitens der christlichen Tradition entspricht die Unfähigkeit dieser gleichen Tradition, den Standpunkt Jesu, sein Desinteresse am religiösen Recht, wirklich durchzuhalten: auf das Desinteresse Jesu am religiösen Recht folgt nun eine freilich zögernde und noch umfangarme Wiedereinführung der Kasuistik, also des religiösen Rechtes. Allerdings ist es nun eine »christliche« Kasuistik, die ihre Autorität von Jesus ableitet, in dessen Munde die Regeln dieses christlichen Rechtes gelegt werden. Jesus selbst verbietet – wie schon das Judentum – den Zorn (Matth. 5,22a). Die nachfolgende Tradition (V. 22bc) nennt, kasuistisch, die einzelnen Schimpfworte gegen den Nächsten – »Hohlkopf«, »gottloser Mensch« –, die speziell als verboten gelten und darum einer nach Instanzen sich abstufenden Bestrafung – durch den Sanhedrin und durch Gott im Endgericht – unterliegen. Jesus selbst verbietet dem Mann die Scheidung von seiner Frau bedingungslos (Luk. 16,18; Mark. 10,11). Matthäus (5,32; 19,9) durchbricht diese Bedingungslosigkeit durch eine Ausnahme, bei der dem Manne die Scheidung gleichwohl gestattet ist, nämlich bei einem Ehebruch seitens der Frau: die kasuistische Behandlung der Frage hat begonnen. Jesus verbietet das Schwören bedingungslos (Matth. 5,34a; vgl. S. 72). Die Tradition, die daran anschließt, nennt die einzelnen Wendungen, durch die beim Schwören der Gottesname nicht ersetzt werden darf, Himmel, Erde, Jerusalem, das eigene Haupt (Matth. 5,34b-36): wieder ist es die kasuistische Behandlung, die hier dem Schwurverbot widerfährt. Die einfache Regel Jesu besagt, analog jüdisch-religiösem Denken: dem Nächsten, der etwas Böses gegen jemanden begeht, soll der Betroffene seine Verfehlung vorhalten, und wenn der Täter von seiner Verfehlung absteht, soll der Betroffene ihm vergeben (Luk. 17,3). Bei Matthäus (18,15-17) ist aus diesem einfachen Verfahren, vielleicht in Anlehnung an eine entsprechende Praxis in der Qumrangemeinde, ein geregelter Instanzenweg geworden, dessen Stationen durchlaufen werden sollen, wenn die Beilegung des Konfliktes auf der untersten privaten Stufe mißglückt ist: erst unter vier Augen, dann aber in Gegenwart von ein oder zwei Zeugen, schließlich vor der Gemeinde. Das religiöse Recht beginnt die Beilegung von Zwistigkeiten zu regeln. Die Erklärung des Oberzöllners Zacchäus über die Art und Weise, wie er nun, von Jesus berufen, mit dem widerrechtlich zusammengerafften Besitz verfährt, erstellt ein kasuistisches Modell für künftige Fälle: die Hälfte an die Armen und eine vierfache Erstattung an die Übervorteilten (Luk. 19,8). Auch die Übertretungen werden nun wieder gemessen und in der Weise des religiösen Rechtes verschieden hoch bewertet: der wissentlich Übertretende empfängt mehr Schläge als derjenige, der ununterrichtet den gleichen Verstoß begeht; das heißt: die Unwissenheit entlastet (Luk. 12,47 f.). Nannte eine ältere Stufe der Tradition die Lästerung gegen Jesus unvergebbar, weil in ihr die Gotteswirklichkeit, der heilige Geist, selber angetastet wird (Mark. 3,28-30), so beginnt eine jüngere Stufe der Tradition Unterscheidungen einzubringen: gegen Jesus kann ein Außenstehender ununterrichtet lästern und begeht dann gleichwohl nicht eine unvergebbare Sünde; wer aber über Jesus unterrichtet ist und ihn trotzdem lästert, wer also gegen seine eigene Überzeugung und eben damit gegen den heiligen Geist handelt, wenn er lästert, der findet keine Vergebung (Matth. 12,31 f.; Luk. 12,10). Ich meine, das Vorrücken des religiösen Rechtes auch auf dem Boden der Jesustradition ist deutlich geworden. Diese Beobachtung empfängt ihre Bestätigung, wenn wir darauf achten, wer nun, auf der Ebene der Jesusnachfolger, die Autorität handhabt. Bei Jesus selber ist die Autorität kein Vorgang, der von rechtlicher Begründung lebt: wer sich zur Umkehr, wie schon der Täufer sie fordert, rufen läßt, der wird auch die Autorität Jesu bejahen (Mark. 11,27-30 Par.). Danach, im Verlaufe der Tradition, erscheinen nun doch wieder Instanzen, die den Wandel verbindlich festsetzen und über Zugehörigkeit und Nichtzugehörigkeit des einzelnen zur Heilsgemeinde entscheiden; also Instanzen, die eine religiös-rechtliche Funktion ausüben. In einer lokalen Einzeltradition ist es Petrus, der als bevollmächtigt gilt (Matth. 16,19); in einer jüngeren Tradition ist es der Kreis der Jünger (Matth. 18,18 Par.). Die Zahl der wirklichen Autoritäten wird beim Verfasser des dritten Evangeliums und der Apostelgeschichte dann auf die Zwölf beschränkt, die nun allein den Titel »Apostel« führen; und zwar so, daß nach Ausscheiden des Judas nun das Los – in einer gewissen Analogie zu einem Brauch in der Qumrangemeinde – den leeren Platz in der angemessenen Weise zu besetzen ermöglicht (Apg. 1, 17.26). Dem anwachsenden religiösen Recht innerhalb der christlichen Tradition entspricht die neue Etablierung von Instanzen, deren Autorität religiös-rechtlichen Charakter trägt.

Diese weitere Entwicklung, deren erste, zwar noch unausgebildete, aber gleichwohl unverkennbare Anzeichen uns im Neuen Testament selber begegnen, sollte uns jedoch nicht den Blick dafür verdecken, daß der Anfang bei Jesus selber gekennzeichnet ist durch das Desinteresse am religiösen Recht. Uns wird dies Desinteresse verständlich, wenn wir erkennen: es geht Jesus gar nicht um das religiöse Recht selber. Sondern: der *Mensch* soll aus dem konkreten Anspruch nicht entweichen dürfen in die garantierende Sicherheit eines Paragraphen. Der Gehorsam des freien Sohnes ist etwas anderes als die rechtlich geregelte Verpflichtung familienfremder Menschen (Matth. 17,26).

8. Mann und Frau

Innerhalb des hier zu behandelnden Fragenkreises ist Jesus in den Grundvoraussetzungen besonders eindeutig bestimmt von den alttestamentlich-jüdischen Voraussetzungen seiner Umgebung (vgl. S. 19). Gleichwohl zeichnet sich seine eigene, diese vorgegebene jüdische Tradition in typischer Weise umbiegende Linie auch hier deutlich ab. Methodisch werden wir gerade in diesen Abweichungen echte alte Jesussprüche anzunehmen haben (vgl. S. 25 ff.). Das braucht aber nicht zu bedeuten, daß Jesus die Eheanschauungen, die in den Gemeindebildungen jüdisch-konventionellen Niveaus enthalten sind, nicht selber auch geteilt haben wird.

Das Judentum lehnt einen freien Geschlechtsverkehr außerhalb der Ehe rigoros ab. Dieser Standpunkt ist von der synoptischen Jesustradition so vollständig übernommen worden, daß er als selbständiges Thema auf dem Boden der drei ersten Evangelien ausdrücklich gar nicht erst verhandelt zu werden braucht; als so selbstverständlich gilt die Sache. Lediglich Mark. 7,21 Par. erwähnt ausdrücklich die Fälle von Hurerei als etwas, was den Menschen – im Unterschied zur rituellen Unreinheit – in Wirklichkeit unrein macht; aber diese Erwähnung geschieht im Rahmen eines hellenistisch-christlichen Lasterkataloges, der dem älteren palästinensisch-christlichen Stadium der Tradition von Mark. 7 erst sekundär hinzugewachsen ist.

Wie das gesamte Judentum lehnt die Jesustradition den Ehebruch ab. Die »ehebrecherische Generation« in den alten Jesusworten (Matth. 12,39; Matth. 16,4) hebt zwar nicht auf das spezielle sexuelle Delikt ab, sondern meint, in Anlehnung an alttestamentliche Redeweise, den Abfall von Gott überhaupt. Aber Gott ist derjenige, der die Eheleute zusammengefügt hat (Mark. 10,9 Par.). Der Ehebruch verstößt gegen den Dekalog, den die christliche Tradition, sicher zu Recht, Jesus in den Mund legt (Mark. 10,19 Par.). Bereits der begehrliche Blick auf die andere Ehefrau ist solch ein Ehebruch (Matth. 5,27 f.). Angesichts der drohenden Verdammnis ist ein rigoroses Vorgehen das einzig angemessene Verhalten gegen Auge und Hand, die dies Delikt vermitteln (Matth. 5,29 f.). Solch ein rigoroses Vorgehen wird allerdings auch dort gefordert – und das ist wahrscheinlich der ursprünglichere Zusammenhang –, wo nicht sexuelle Delikte drohen, sondern wo man zum Beispiel Gefahr läuft, Kinder oder Urteilsschwache zur Sünde zu verführen (Mark. 9,43-48 Par.). Alle diese Inhalte sind nicht typisch für Jesus; sie sind allgemein-jüdisch. Die Ablehnung des Ehebruchs, die die christliche Tradition von dem Judentum übernommen hat, besagt auf jüdischem Boden für Mann und Frau freilich etwas Verschiedenes. Die Ehefrau bricht, durch Eingehen auf einen anderen Mann, ihre eigene Ehe, und wenn dieser andere Mann verheiratet ist, auch dessen Ehe. Der Ehemann bricht eine Ehe nur dann, wenn er seine Wünsche auf eine andere *verheiratete* Frau richtet; er bricht nämlich deren Ehe. Gelten die Wünsche des Ehemanns einer anderen nichtverheirateten Frau, so kann er sie neben seiner schon vorhandenen Ehefrau heiraten, weil das Judentum zur Zeit Jesu – mit Ausnahme der qumranischen Kreise – die Polygamie bejaht. Der Ehemann kann also nie seine eigene Ehe brechen. Die synoptische Tradition spricht sich gegen diese für jüdisches Denken selbstverständliche Fassung des Begriffs »Ehebruch« nicht aus, sondern scheint diesen derart gefüllten Begriff auf juden-christlichem Gebiet vorauszusetzen, während die Monogamie im Heidenchristentum ausdrücklich (1. Thess. 4,4; 1. Kor. 7,2) gefordert wird.

So jüdisch Jesus in Sachen des Ehebruchs urteilt, so unjüdisch ist seine Stellungnahme zur Ehescheidung. Nach der laxeren Auffassung der Rabbinen (deren Meinung hier also geteilt ist) war für einen jüdischen Ehemann die Scheidung unter leichtesten Bedingungen rechtlich erreichbar. Jesus spricht sich rigoros gegen die Ehescheidung und eine nachfolgende zweite Eheschließung aus (Luk. 16,18; Mark. 10,11). Hiermit steht Jesus gegen eine jüdische Theorie und offenbar auch gegen eine zu seiner Zeit geübte jüdische Praxis. Dieser Rigorismus Jesu ergreift, wie die Lage des jüdischen Eherechtes damals war, eindeutig Partei für die in Ehesachen rechtlich empfindlich benachteiligte Frau. Denn das Scheidungsverbot Jesu ergeht einseitig an die Adresse des jüdischen *Mannes*; die jüdische Ehefrau hatte gar nicht die Möglichkeit, eine Scheidung rechtlich einzuleiten. Erst auf einer anderen soziologischen Ebene, wo statt des jüdischen das römische Eherecht vorausgesetzt ist, läßt die Gemeinde Jesus sich auch an die Frau wenden: sie darf nicht aus der Ehe fortlaufen bzw. nicht ihrerseits die Scheidung einleiten (beide Versionen werden in den verschiedenen Lesarten der Handschriften in Mark. 10,12 bezeugt). Matthäus erweicht dies rigoristische Scheidungsverbot Jesu: wenn die Frau die Ehe bricht, darf der Ehemann die Scheidung betreiben (Matth. 5,32; 19,9). Diese Erleichterung erinnert an die strengere Auffassung jener Rabbinen, die auch ihrerseits sich gegen die laxe allgemein-jüdische Scheidungspraxis äußern. Man muß sich dabei nur klarmachen: Scheidung nur im Falle des Ehebruchs der Frau, das ist für rabbinisches Denken schon ein Höhepunkt des Rigorismus, auf dem Boden der Jesustradition aber bereits eine erleichternde Erweichung eines ursprünglich bedingungslosen Scheidungsverbotes. Denn Jesus selbst denkt hier hart rigoristisch; er nennt – für jüdisches Empfinden unmöglich – Ehescheidung und erneute Heirat des Mannes einfach »Ehebruch« (Luk. 16,18; Mark. 10,11); und noch die auf römisches Eherecht eingehende Gemeindetradition bei Markus (10,12) legt ihm das gleiche herbe Urteil »Ehebruch« auch gegenüber einer sich scheiden lassenden und sich wieder verheiratenden Ehefrau in den Mund. Ja Jesus verbietet – wieder denkbar unjüdisch –, eine geschiedene Frau überhaupt zu heiraten (Luk. 16,18; Matth. 5,32). All diese Rigorismen Jesu widersprechen dem gängigen jüdischen Eherecht. Sie wenden sich ausdrücklich nicht gegen die Polygamie, wohl aber gegen die Ehescheidung. Das steht nun freilich im Gegensatz zu der alttestamentlichen Gesetzgebung, die ja die Scheidung durch die Praxis des Scheidebriefs regelt und demzufolge als möglich voraussetzt (5. Mose 24,1). Die das Scheidungsverbot Jesu tradierende Urgemeinde kann nicht gut zugestehen, daß Jesus hier in der Tat gegen das Gesetz verstößt. Sie legt sich den Tatbestand folgendermaßen zurecht (Mark. 10,5-9): Der Scheidebrief ist eine Konzession des Moses, der auf diese Weise also entlastet wird, an die herzensharten Juden; ursprünglich aber schuf Gott, wie die Schrift sagt (1. Mose 1,27; 2,24), Mann und Frau, so daß die beiden eine von Gott zusammengefügte Einheit darstellen, die zu trennen Menschenwerk wäre. Das Scheidungsverbot Jesu stellt mithin nur den im Alten Testament angezeigten Urstand wieder her. Dieser Rückgriff auf 1. Mose 1,27 läßt an jüdisch-qumranische Argumentation denken, wo das Verbot der Polygamie ähnlich begründet wird. Daß damit das Scheidungsverbot Jesu als wirklich dem Alten Testament entsprechend erwiesen ist, davon kann allerdings nicht die Rede sein; denn für beide Schriftstellen, 1. Mose 1,27 und 2,24, liegt die Frage der Scheidbarkeit einer Ehe außerhalb ihres Horizontes.

Hat Jesus den Eheverzicht von den Menschen oder seinen Nachfolgern gefordert? Generell sicher nicht; keines der Jesusworte, die in der synoptischen Überlieferung enthalten sind, deutet darauf hin. Von dem Eheverzicht in einem speziellen Sinne freilich spricht Matth. 19,12, wenn dort von Menschen die Rede ist, die sich um der Königsherrschaft Gottes willen zu Eunuchen gemacht haben. Man wird bei der letzteren Wendung nicht an körperliche Selbstverstümmelung zu denken haben, sondern an einen willentlichen Eheverzicht, der den Menschen frei machen soll für die Aufgaben und die Nöte, die das nahe Ende (vgl. S. 45ff.) mit sich bringt. Diese Haltung ist eminent unjüdisch, was das offizielle Judentum anlangt. Man mache sich nur klar, wie ein unverheiratet gebliebener Rabbi sich in einem jüdischen Text äußert: er entschuldigt sich ausdrücklich für seine Ehelosigkeit. Der Eheverzicht ist aber nicht schlechterdings unjüdisch; die Qumrangemeinde übte ihn ebenfalls, jedenfalls in einem bestimmten Stadium ihrer Geschichte. Das Jesuswort dagegen läßt in seiner Formulierung erkennen: der Eheverzicht in der Nachfolge Jesu stellt eine individuelle Ausnahme dar, er ist nicht ein vorbildliches Modell für die Jüngerschaft überhaupt. Die hocheschatologische Stimmung dieses Wortes, die der qumranischen Naherwartung verschwistert ist, und der gleichzeitig individuelle Ton, der von jeder Schablonisierung, anders als in Qumran, absieht – all das läßt es mir doch denkbar erscheinen, daß dies Wort nicht erst von der Gemeindetradition, sondern von Jesus selbst stammt.

Äußert Jesus sich in Fragen der Ehescheidung und des Eheverzichts – summarisch gesprochen – antijüdisch, so tritt die eigene Linie Jesu auch darin zutage, daß eine Reihe von Fragestellungen, die für jüdisches Ehedenken wichtig sind und die darum in jüdischen Texten intensiv verhandelt werden, für Jesus gar nicht zu existieren scheint. Wir haben in der synoptischen Jesustradition keine Äußerung, welche für Verwandte eines gewissen Grades die Ehe untersagt. Denn das dem Täufer zugeschriebene Wort (Mark. 6,18 Par.) tadelt den König Herodes Agrippa, weil er Herodias, seine Schwägerin, geheiratet und damit seinem Bruder seine Frau weggenommen hat; der Tadel blickt aber nicht auf die freilich an sich bestehende Tatsache, daß Herodias zugleich die Nichte ihres zweiten Mannes ist, also einen Verwandtschaftsgrad repräsentiert, der in qumran-jüdischen Kreisen verpönt ist. Ebenso steht es mit der sogenannten Sadduzäerfrage, der Szene von Mark. 12,18-27 Par. Die Gegner beziehen sich auf die Gesetzesvorschrift, ein Bruder müsse die kinderlos gebliebene Witwe seines Bruders heiraten, und dann setzen die Gegner den Fall, sieben Brüder sterben nacheinander weg und heiraten nacheinander die kinderlos bleibende Witwe. Dies Beispiel soll mit der Frage, für wen der sieben Brüder diese Frau bei der Auferstehung die Ehefrau sein wird, den Auferstehungsglauben ad absurdum führen. Auch hier wird der – in diesem Falle nicht verbotene, sondern gerade – gebotene Verwandtschaftsgrad für die Eheschließung weder bestritten noch besonders eingeschärft, sondern einfach akzeptiert; nur die aus ihm abgeleitete Bestreitung der Auferstehung wird abgelehnt. Der Verwandtschaftsgrad selber genießt in diesem Traditionsstück kein eigenes Interesse. Anderen Einzelheiten jüdischer Ehegesetzgebung geht es ebenso. Die rituellen Fragen für die Regelung des ehelichen Verkehrs bleiben außer Betracht: kein spezielles Wort bedenkt, wie in jüdischen Texten, die Geeignetheit oder Ungeeignetheit für den Verkehr, die der Frau aus dem Ablauf ihres körperlichen Rhythmus erwächst. Kein Spruch verbietet, wie in einem qumranischen Text, den Verkehr in der heiligen Stadt Jerusalem. Auch hier bewährt sich die unrituelle und unkasuistische Art Jesu (vgl. S. 61 ff.). Schließlich ist hier noch einer Eigenart des Jesusbildes zu gedenken, die sich in merkwürdiger Weise von dem gleichzeitigen Judentum abhebt. Die jüdischen Texte sind voll von einer deutlichen Animosität gegen die Frau; so wird etwa empfohlen, man solle nicht viel mit der eigenen, geschweige denn mit einer fremden Frau sprechen. Diese Animosität fehlt der synoptischen Jesustradition völlig. Sicher sind die biographischen Details legendär und geben uns daher keine exakte Auskunft über die Lebensweise Jesu im einzelnen. Es bleibt aber, unter dem uns hier beschäftigenden Gesichtspunkt, doch bedeutsam, daß die Tradition offenbar keine Bedenken getragen hat, immer wieder die Verbindung Jesu mit Frauen zu malen: sie haben von Jesus Heilung erfahren und dienen ihm und dem Jüngerkreis (Luk. 8,1-3), sie salben ihn (Mark. 14,3-9 Par.; Luk. 7,36-50), sie sehen seinem Sterben oder der Grablegung zu (Mark. 15,40 f. Par.; Mark. 15,47 Par.), sie werden Zeugen des leeren Grabes und empfangen die Engelsbotschaft von Jesu Auferstehung (Mark. 16,1-8 Par.). Kein Hauch der jüdischen Animosität gegen die Frau findet sich in diesen Texten.

Bei einem Rückblick auf die Inhalte dieses Kapitels werden wir den Abstand unseres Denkens und Fühlens gegenüber dem Eherigorismus Jesu deutlich empfinden; eine Übernahme der Einzelheiten so, daß wir davon überzeugt würden, wird heute manchem von uns schwerfallen. Wir sollten dabei aber nicht vergessen: gerade wo Jesus über die vorgegebenen jüdischen Voraussetzungen hinausgeht, ist sein Rigorismus doch auch mit der zeitbedingte Ausdruck für den Schutz und die Achtung, die auf diese Weise der im jüdischen Eherecht ungeschützten und verachteten Frau zugewandt werden soll.

9. Hab und Gut

Die Stellung des für Jesus gleichzeitigen Judentums zum Besitz ist nicht einheitlich (vgl. S. 19). Man kennt zwar die Gefahr des Reichtums. Aber ein solider Besitz wird bei den jüdischen Frommen gleichwohl geschätzt. So kommt es in dem offiziellen Judentum nicht zu einer Entgegensetzung von Mammon und Gott, von irdischen und himmlischen Schätzen. Die jüdische sprichwörtliche Wendung »einen Elefanten durch ein Nadelöhr gehen lassen« charakterisiert einen spitzfindigen Einwand, bezeichnet aber nicht die Unmöglichkeit der Heilserlangung für einen Reichen. So begegnet auf dem Boden des offiziellen Judentums der Besitzverzicht lediglich als eine Ausnahme, als ein Grenzfall; und zwar als ein gezielter Schritt, etwa um die Mittel zu einem Studium des Gesetzes zu gewinnen.

Ganz anders liegen die Dinge in der jüdischen Qumrangemeinde. Sie hat zwar nicht zu allen Zeiten ihrer Entwicklung die gleiche Stellung zu Hab und Gut eingenommen. Aber in der Periode, in der das »Handbuch«, ein das Leben der Gemeinde detailliert regelnder Text, entstand, muß jeder Novize, der den Eintritt in diese Gemeinde beabsichtigt, seinen gesamten Besitz der Gemeinde zur Verfügung stellen. Erst wenn die volle Aufnahme des Novizen erfolgt ist, macht die Gemeinde von diesem ihr abgelieferten Besitz Gebrauch: sie gibt ihren Gliedern Nahrung und Kleidung; beides auf einer sehr schlichten und anspruchslosen Basis. Hinter dieser Handhabung der Besitzfrage steht die Vorstellung: Besitz ist für den Menschen geistlich gefährlich. So gilt seine Ablieferung, zumal im Lichte des als nah erwarteten Endes, als dringlich. Hier findet sich die radikale Formel, die von der Ablieferung des gesamten Besitzes spricht; hier die Wendung von dem »unrechten Besitz«, die den Besitz als solchen abwerten will. Der Besitz wird schlechthin verneint, die Armut betont geschätzt. Man vergleiche meine Ausführungen S. 191 ff. des vorliegenden Buches.

Mit dem Gedanken dieser jüdischen Sondergruppe befinden wir uns in einer deutlichen Nähe zu Jesus von Nazareth. »Heil euch Armen, denn euch gehört die Königsherrschaft Gottes«; diese Fassung, die Lukas (6,20) bringt, dürfte ein altes Wort Jesu selber sein, während die Formulierung des Matthäus, »die in ihrem Innenleben Armen« (5,3), nicht mehr erkennen läßt, daß hier ursprünglich von soziologischer Armut die Rede war. Jesus spricht das Endheil den Besitzlosen, den von Not gezeichneten Menschen, zu. Sie bilden keine in sich geschlossene Gruppe. Aber sie gelten dem jüdischen Denken als fromm; schon im alttestamentlichen Psalter setzt der Arme, der Bedrückte in besonderer Weise seine Hoffnung auf Gott. Ihre Not ist in den Augen Jesu ihre Chance. Die »Zöllner und Sünder«, mit denen Jesus umgeht (vgl. S. 145 ff.), sind materiell keineswegs arm; im Gegenteil. Aber sie sind in der vom pharisäischen Frömmigkeitsideal geprägten jüdischen Öffentlichkeit verachtet. Ihre religiöse Deklassiertheit, das ist *ihre* Not, und so können wir verstehen, daß die Zuwendung Jesu wie den religiös Deklassierten, so den soziologisch Armen gilt. »Wie schwer werden die Begüterten in die Königsherrschaft Gottes hineingelangen!« (Mark. 10,23 Par.). »Es ist leichter, daß ein Kamel durch ein Nadelöhr hindurchgeht, als daß ein Reicher in die Königsherrschaft Gottes hineingelangt« (Mark. 10,25 Par.). Hier handelt es sich sicher um alte echte Jesusworte. Ihre Radikalität ist eindeutig. Man kann verstehen, daß die Christen gelegentlich Abschwächungsversuche unternahmen: das griechische Wort für »Kamel« meine ein Schiffstau; oder: mit »Nadelöhr« werde auf eine Türöffnung hingewiesen. Aber solche Abschwächungsversuche mit ihren Künsteleien sind in ihrer Tendenz zu durchsichtig, um glaubhaft zu wirken. Jesus meint ganz einfach: Besitz und Teilnahme am Endheil schließen sich so gut wie immer aus. Reichtum ist geistlich gefährlich.

Wie haben wir uns denn nun die Praxis Jesu zu denken, die aus dieser Schätzung der Armut und aus dieser Verdächtigung des Reichtums hervorging? Hat er von seinen Nachfolgern und Hörern den Besitzverzicht strikt und ohne Ausnahme, als ein fraglos geltendes Gesetz, gefordert? Wir können die gleiche Frage auch anders formulieren: Wie soll man einen Text wie Mark. 10,17-22 Par verstehen? Ein Mann, der besonders reich ist, fragt Jesus nach dem Verhalten, mit dem er das ewige Leben gewinnen kann. Jesus weist den Frager auf die Gebote der zweiten Tafel, also auf das rechte Verhalten zum Nächsten. Der Frager versichert, das alles seit seiner Jugend befolgt zu haben. Jesus liebkost ihn und erklärt: »Eins fehlt dir«, und fordert von ihm, er solle seinen ganzen Besitz verkaufen, den Erlös den Armen schenken und dann Jesus nachfolgen. Da verfinstert sich der Frager und geht betrübt davon, denn er hatte viele Besitztümer. Wie soll man diesen Text verstehen? Doch wohl kaum so, daß dem Frager im Grunde zugestanden wird, er habe eigentlich die Hauptsache schon geleistet, er brauche dieser Leistung den Besitzverzicht nur noch hinzuzufügen. Wahrscheinlich hat die tradierende Gemeinde es so verstanden; wir kommen auf die Weiterbildung des bei Jesus selber vorliegenden Ansatzes in der anschließenden Gemeindetradition später noch zu sprechen. Jesu Art selber wäre das jedoch nicht. »Eins fehlt dir« – das meint nicht einen Punkt *neben* anderen. Dies *eine* ist wie das Vorzeichen vor einer Klammer. Solch ein Vorzeichen, sofern es negativ ist, bewirkt, daß diejenigen Werte, die innerhalb der Klammer stehen und für sich genommen einen positiven Wert besitzen, nun durch das Vorzeichen einen negativen Wert erhalten. Das eine ist nicht ein Zufälliges, es ist das Ganze. Die Forderung des Besitzverzichtes deckt den Frager in seiner wahren Existenz auf. Man kann diese Forderung »pädagogisch« nennen; sie markiert den Punkt, an welchem der Frager gefährdet ist und der Hilfe bedarf. Darum darf man, sofern man bei dieser von der Gemeinde gebildeten Szene an das Verhalten des historischen Jesus in einer vergleichsweisen Situation denkt, diese »pädagogische« Forderung Jesu auch nicht so erklären, als werde von dem Manne nicht ein wirkliches Wegschenken seines Besitzes gefordert. Diese Forderung ist kein »Als ob«; ihre »Pädagogik« ist für diesen Mann wirklich so gemeint, wie die Formulierung lautet. Der betreffende Mann ist also in eine tiefer greifende materielle Unsicherheit hineingestellt als etwa der seinen Besitz bei seinem Eintritt an die Qumrangemeinde abliefernde jüdische Fromme. Ich sage: der betreffende Mann. Denn wir haben genug Anzeichen dafür, daß Jesus in konkreten Fällen schneidend fordern konnte. Ebenso sicher aber ist, daß er die Forderung des Besitzverzichtes nicht generell, nicht starr, nicht abgesehen von einer individuellen Situation erhoben hat. Es gibt eine breit gestreute Gemeindetradition, die Jesus den Besitzverzicht nicht grundsätzlich fordern läßt. Die Regeln für den Besitzstand der Missionare, die die Gemeindetradition Jesus in den Mund legt, schwanken, was das Ausmaß des Besitzverzichtes anlangt: das Mitnehmen von Geld wird in allen Fällen verboten (Mark. 6,8 Par.); dagegen wird der Besitz von Wanderstab und Sandalen teils erlaubt (Mark. 6,8 f), teils verboten (Matth. 10,10; Luk. 9,3; 10,4). Matthäus läßt Jesus vom reichen Jüngling den Besitzverzicht fordern nur für den Fall, daß der Jüngling vollkommen sein will; worin sich zweierlei Stellung zum Besitz innerhalb der Gemeinde widerspiegelt, der als wertvoller geltende Verzicht und die weniger hoch geschätzte Beibehaltung (Matth. 19,21). Alle Evangelien deuten gelegentlich an, daß Jesu Anhänger ein Haus ihr eigen nennen: Petrus (Mark. 1,29 Par.), Levi (Mark. 2,15 Par.), Maria und Martha (Luk. 10,38). So fällt denn auch in dem Gleichnis von der Frau, die nach der einen verlorenen Drachme sucht, kein Wort des Tadels gegen den Geldbesitz der Frau (Luk. 15,8-10). Ebenso verrät die Legende von der Salbung Jesu durch eine Frau zu Beginn der Passionsgeschichte keinerlei asketische Tendenzen gegenüber dem Luxus (Mark. 14,3-7 Par.). Jesus und ein Teil der Gemeindetradition denken über den Besitz kritisch; aber eine Ausweitung in einen generell geforderten Besitzverzicht liegt in Mark. 10,17-22 nicht vor.

Das gleiche gilt allerdings nicht von einem anderen Teil der Gemeindetradition, speziell aber nicht von dem dritten Evangelisten und dem Verfasser der Apostelgeschichte. Diese Tradition berichtet die soeben behandelte typische Szene von dem reichen Frager doch wohl in der Tendenz, nicht einen konkreten Frager aus dem Leben des historischen Jesus abzumalen, sondern eine allgemein verbindliche Auskunft über das durch Jesus geforderte rechte Verhalten in Sachen des Reichtums wiederzugeben. Denn alle drei Evangelien stellen sich die Lage der Jesus hinterhergehenden Jünger so vor, wie sie es Petrus formulieren lassen: die Jünger haben beim Beginn der Nachfolge ihren Besitz hinter sich gelassen; und zwar, wie Markus und Matthäus unterstreichen, ihren Besitz in vollem Umfange (Mark. 10,28 Par.).

So läßt, anders als das offizielle Judentum, Matthäus Jesus irdische und himmlische Schätze gegenüberstellen (Matth. 6,19-21). Bei Matthäus und Lukas schließen der Dienst für Gott und für den Mammon sich aus (Matth. 6,24 Par.; der für sich Schätze sammelnde Christ entbehrt des Reichtums bei Gott (Luk. 12,21). Bei Lukas wird diese Tendenz besonders drastisch greifbar. Wir haben uns zwar kaum vorzustellen, daß die christliche Gemeinde zu der Zeit, als dieser Schriftsteller das dritte Evangelium und die Apostelgeschichte verfaßte, also in dem letzten Jahrzehnt des ersten Jahrhunderts, durch einen generellen Besitzverzicht charakterisiert war. Gleichwohl schildert Lukas die Anfänge der Urgemeinde in diesem Sinne. Dabei können wir auch seiner jetzigen Form der Darstellung noch deutlich anmerken: ausdrücklich kann er nur *einen* konkreten Fall von Besitzverzicht, bei dem es gut abging, nennen, nämlich Barnabas von Cypern (Apg. 4,36 f.); daneben stehen an konkreten Namen noch Ananias und Sapphira, aber hier war schon ein Betrugsversuch im Spiel (Apg. 5,1-11). Wenn wir also in Apg. 2,44 f. von einer generellen Gütergemeinschaft der Urgemeinde lesen, so haben wir eine idealisierende Überhöhung von Einzelfällen durch den Schriftsteller vor uns. In Apg. 4,32-35 bringt er diese seine Idealisierung der Verhältnisse in der alten Urgemeinde noch deutlicher zum Ausdruck: das kraftvolle Zeugnis der Apostel von der Auferstehung Jesu bewirkt in der Urgemeinde den Verzicht auf Einzelbesitz und formt eine Gütergemeinschaft der Liebe. Ja Lukas läßt diesen generellen Besitzverzicht in der Urgemeinde ausdrücklich auf die entsprechenden Weisungen Jesu zurückgehen. Er erreicht dies Ziel teils durch eine rigoristische Umformulierung tradierter Jesussprüche, teils durch Neubildungen, die nun den auf Jesus zurückgeführten totalen Besitzverzicht drastisch aussprechen. Die in die Nachfolge berufenen Jünger verlassen bei Markus (1,18.20) und Matthäus (4,20.22) die Netze, das Fischerboot und den Vater Zebedäus, bei Lukas (5,11) ausdrücklich »alles«. Der Jesus der Bergpredigt fordert dazu auf, das Reich und die Gerechtigkeit an erster Stelle, vor den Dingen des täglichen Bedarfs, zu erstreben (Matth. 6,33); Lukas (12,31) macht aus der erstrangigen eine ausschließliche Forderung. Bei Matthäus (22,10) werden in der Parabel vom Hochzeitsmahl die sich versagenden Erstgeladenen ersetzt durch »Böse und Gute«; Lukas (14,21) nennt als die Zweitgeladenen Arme, Krüppel, Blinde und Lahme, und das ist ihm so wichtig, daß er vorher Jesus an die Mahlteilnehmer die Aufforderung richten läßt, eben solche Arme und Kranke und nicht Freunde und Verwandte einzuladen (Luk. 14,12-14). Der Jesus des Matthäus-Evangeliums (6,19 f.) warnt vor irdischen Schätzen und ruft auf zur Sammlung von himmlischen Schätzen; Lukas (12,33 f.) verschärft das zu dem Aufruf, die irdische Habe zu verkaufen und an die Armen zu verschenken. Denn dem Jesus des Lukas-Evangeliums (14,33) folgt man nach durch einen Verzicht auf den gesamten eigenen Besitz. In der Beispielerzählung vom Reichen und vom Armen (Luk. 16,19-26) kommt der Reiche als Reicher an den Ort der Qual, der Arme als Armer empfängt in Abrahams Schoß die Kompensation für seine irdische Armut. So nimmt es nicht wunder, daß nur bei Lukas (16,9.11) Jesus den Reichtum eine ungerechte Sache nennt; im Sinne des Evangelisten ist damit nicht speziell ein in ungerechter Weise erworbener Besitz gemeint, sondern der Besitz als solcher ist, wie in der Qumrangemeinde (vgl. S. 193), damit als böse und gefährlich bezeichnet.

Es liegt für einen, der die Synoptiker vergleichend liest, auf der Hand, daß diese verschärfte Verneinung des Besitzes nicht auf den historischen Jesus zurückgeht, sondern speziell von dem dritten Evangelisten eingebracht ist. Man darf deswegen aber nicht verkennen, daß der historische Jesus wie die verschieden akzentuierenden Strömungen der Gemeindetradition einig sind in der Überzeugung: der Besitz ist eine geistlich gefährliche Sache; die materielle Armut ist nicht etwas Schlimmes, sondern im Grunde etwas Begrüßenswertes.

Zwei Fragen stehen noch an. Diese Stellung zum Besitz, wie sie bei Jesus und in der anschließenden Tradition vorliegt, entspricht – jedenfalls summarisch genommen – nicht der Haltung des alttestamentlichen Frommen. Hat Jesus damit nun bewußt gegen das Alte Testament Front machen wollen? Man wird diese Frage für ihn wie für die Tradition verneinen müssen. Der Heilruf an die Armen (Luk. 6,20) nimmt ein Stichwort aus dem dritten Teil des Propheten Jesaja (61,1) auf. Und auch der dritte Evangelist mit seiner radikalen Besitzablehnung *meint* jedenfalls, sich in der Linie des Moses und der Propheten zu bewegen (Luk. 16,29). Unser Urteil muß hier also, wie schon bisher in den Fragen des Kultus und des religiösen Rechtes (S. 69f.; S. 77), differenzieren: Jesus will grundsätzlich das alttestamentliche Gesetz nicht sprengen; er tut es aber faktisch, wo der rechte Gehorsam des Menschen ein Hinausgehen über das alttestamentliche Gesetz nötig macht.

Von diesem leitenden Gesichtspunkt her wird auch deutlich – und das ist die zweite Frage –, wodurch Jesus und die Qumrangemeinde hinsichtlich der Stellung zum Besitz sich voneinander unterscheiden. Eine gleiche kritische Haltung gegenüber dem Besitz auf beiden Seiten hat sich uns bisher ja öfters aufgedrängt; die gelehrte Forschung der letzten Jahrzehnte hat auf diese Analogie denn auch immer wieder hingewiesen, und qumranische Einflüsse auf Jesus und die Synoptiker in diesem Bereich sind daher auch durchaus erwägenswert. Gleichwohl sind die Unterschiede beträchtlich und zeigen eine sehr selbständige Verarbeitung eines etwaigen qumranischen Erbes an. Die Qumrangemeinde verlangt in ihrer Gemeinderegel die Besitzablieferung von allen Gliedern starr und ausnahmslos. Der historische Jesus fordert den Verkauf des Besitzes von Fall zu Fall, nicht starr und ausnahmslos; auch hier (vgl. S. 54ff.) wird der Mensch als einzelner genommen und nicht einer generellen Regel unterstellt. Auch der stärker an die Qumrangemeinde erinnernde Armutsrigorismus des Lukas bleibt auf der Ebene einer die Urgemeinde idealisierenden Geschichtsdarstellung und hat in der Gemeinde, für die Lukas schreibt, keine soziologischen Konsequenzen gehabt, die mit der Armutsstruktur der Qumrangemeinde vergleichbar wären. Wo der Qumranfromme seinen Besitz an die Gruppe abliefert, empfängt er eine, wenn auch bescheidene, materielle Sicherung eben auf dem Boden dieser seiner Gemeinde. Wo der Jesus-Nachfolger – nicht jeder, aber der in einem konkreten Fall dem Rufe Jesu gehorchende Nachfolger – seinen Besitz verschenkt, da steht er, anders als der Qumranfromme, ohne äußere Sicherheit da. Jesus fordert nicht summarisch; Gesichtspunkte einer erhöhten rituellen Penibilität leiten ihn nicht. Wo er aber konkret fordert, da ist seine Forderung ungleich radikaler.

Wir mögen heute gegen Jesu Armutsideal soziale Bedenken haben. Wir sollten dabei aber nicht vergessen: arm
sein ist für Jesus nicht primär eine soziologische Angelegenheit; es bedeutet für ihn, Gottes unendlich zu bedürfen. Der
Arme ist der radikal Abhängige und Preisgegebene.

10. Der Nächste

Wer die Evangelien gründlich durchforscht nach dem Verhalten, das Jesus dem Nächsten gegenüber fordert, macht eine merkwürdige Entdeckung: der in diesen Bereich gehörende Vokabelschatz findet sich in den Synoptikern in einem geradezu spärlichen Umfange. Jeder Leser kann mittels einer Konkordanz diese Feststellung selber treffen. Das Hauptwort »Liebe« im Sinne der Liebe zum Nächsten begegnet ein einziges Mal in einer Gemeindebildung (Matth. 24,12). Das entsprechende Tätigkeitswort »lieben« findet sich in dem echten Jesuswort Matth. 5,44 f. Par., in der auf jüdisch-theologischer Ebene liegenden, das Alte Testament zitierenden Kombination von Gottes- und Nächstenliebe (Mark. 12,28-34 Par.) und in einem speziell auf Matthäus (19,19) zurückgehenden alttestamentlichen Zitat. Das rechte Verhalten (Luthertext: das »Gericht«), die Barmherzigkeit und die Treue (Luthertext: der »Glaube«) werden, in einem echten Jesuswort (Matth. 23,23), in den Synoptikern im ganzen je einmal erwähnt; dazu kommt noch die von Matthäus zweimal (9,13; 12,7) genannte »Barmherzigkeit«, die beide Male auf ein Hoseazitat zurückgeht. Der »Nächste« wird genannt fast ausschließlich nur dort, wo die Texte 3. Mose 19,18 zitieren: »Du sollst deinen Nächsten lieben wie dich selbst«, in Matth. 5,43; 19,19; Mark. 12,31 Par.; Mark. 12,33. Nur die von Lukas überlieferte Beispielserzählung vom barmherzigen Samariter macht da eine Ausnahme (Luk. 10,29.36). Etwas häufiger findet sich in den drei ersten Evangelien der »Bruder«, eine ebenfalls jüdische Formulierung für den Glaubensgenossen; auf Jesus selbst dürfte dies Wort in Matth. 18,35 zurückgehen. Das ist dann aber auch alles.

Diese spärliche Vokabulatur der Nächstenliebe könnte zu dem Schluß führen: hier liegt nicht das Eigenste der Jesusverkündigung, hier übernimmt Jesus alttestamentlich-jüdische fromme Überzeugungen. Daß diese Schlußfolgerung in keiner Weise zutrifft, wird die nachfolgende Darstellung erweisen. Diese Darstellung wird dann aber nicht derart vorgehen können, daß sie sich auf die soeben erwähnte Terminologie der Nächstenliebe beschränkt. Sie wird eingehender zu fragen haben und wird viele Sprüche einbeziehen müssen, in denen die übliche Terminologie der Nächstenliebe im ausdrücklichen Sinne fehlt. Erst so kann sich das Bild über das, was Jesus und die an ihn anschließende Tradition an Nächstenliebe fordert, wirklich runden. Infolge dieser Art des Vorgehens ist es unvermeidlich, daß manches aus den vorigen Kapiteln – was unter »Kult«, »religiöses Recht«, »Mann und Frau«, »Hab und Gut« behandelt wurde – hier wiederholt wird; nun wiederholt aber unter dem Gesichtspunkt: Welche Rolle spielt in diesen bereits behandelten Stellungnahmen der Nächste?

Ein breiter Teil der synoptischen Jesustradition verlangt die Nächstenliebe in der Weise und Intensität, wie die offiziellen jüdischen Kreise – also abgesehen von den Texten der Qumrangemeinde – das ebenfalls tun. Der Kreis dieser Worte ist untypisch für Jesus; wir werden, im allgemeinen, nicht mit ihrer Echtheit zu rechnen haben. Immerhin können unter ihnen durchaus auch alte, echte Jesusworte sich befinden; die Einzelfälle, in denen ich mit Echtheit rechne, werde ich in der nachstehenden Übersicht kurz kenntlich machen (zu der grundsätzlichen Seite der Echtheitsfrage vgl. S. 28 ff.). Öfter sind diese zur Nächstenliebe mahnenden, auf jüdisch-theologischer Ebene liegenden Gemeindebildungen gekennzeichnet durch ein naives, ungebrochenes Lohndenken. Immerhin ist es bezeichnend, daß die Gemeinde auch allgemein-jüdische Verhaltungsweisen der Nächstenliebe Jesus in den Mund legt. Man erkennt aus diesem Übertragungsprozeß: Jesus gilt der Gemeinde als auf diesem Gebiet in besonderer Weise engagiert. Unsere weiteren Ausführungen werden dies Verständnis Jesu seitens der tradierenden Gemeinde auch als zutreffend dartun.

Zunächst aber verschaffen wir uns einen Überblick über die breite Vielfalt der Inhalte, die schon das offizielle Judentum kennt und die nun in den Jesusworten als Ruf zur Nächstenliebe vertreten werden.

Wie die Rabbinen, warnt die Jesustradition vor dem verletzenden Wort und vor dem Zorn, aus dem solch ein Wort erwächst (Matth. 5,21 f.). Dem Opfer im Tempel soll die

Versöhnung mit einem Glaubensgenossen, der dem Opfern-
den etwas nachträgt, vorangehen (Matth. 5,23 f.). Noch auf
dem Wege zum Richter ist es besser, dem Prozeßgegner
gegenüber Versöhnungsbereitschaft walten zu lassen (Matth.
5,25 f.). Man soll die sogenannte »goldene Regel« beachten,
die da besagt, man solle den Mitmenschen so behandeln,
wie man selber von ihm behandelt zu werden wünscht
(Matth. 7,12 Par.); auch in dieser positiven Form ist diese
Regel dem Judentum bekannt, nicht nur in der negativen
Form, die da mahnt, Verhaltungsweisen zu unterlassen, die
man selber nicht gern erfahren möchte. Man darf die »Kleinen« nicht verachten, sondern soll sie aufnehmen; schon ein
ihnen gereichter Becher kalten Wassers wird nicht unvergol-
ten bleiben (Matth. 18,10; 10,42; Mark. 9,37 Par.; Mark. 9,41).
Wer diese »Kleinen« zur Sünde verleitet, für den wäre es
besser, er würde, mit einem Mühlstein um den Hals, er-
tränkt (Mark. 9,42 Par.). Wer diese letztgenannten Sprüche
in ihren verschiedenen Parallelformen genau durchgeht, wird
wahrnehmen: es ist in ihnen die Rede von den »Kleinen«,
aber auch von den mit »ihr« angeredeten Jüngern. Das hilft
uns zu verstehen, wer in diesen Sprüchen mit den »Kleinen« gemeint ist: ursprünglich wohl wirklich Kinder, dann
unbedeutende, leicht gefährdbare Jünger. Ihre rechte Behandlung wird gefordert im Namen Jesu oder im Hinblick
darauf, daß sie Jünger sind; aber in der ältesten Form dieser
Worte hat diese auf Jesus weisende Begründung wahrscheinlich genauso gefehlt wie in der Urform des Spruches vom
Verlieren und Gewinnen des Lebens (Luk. 17,33; vgl. S.
54). Wie das Judentum, warnt auch die Jesustradition vor
der Verachtung und Gefährdung der Umkehrwilligen (Matth.
18,10-14 Par.). Wahrscheinlich Jesus selber schärft ein: dem
fehlenden Bruder soll man schrankenlos (vgl. S. 72 ff.) vergeben (Luk. 17,3 f.). Die Parabel vom bösen Knecht (Matth.
18,23-35) unterstreicht diese Verpflichtung nachdrücklich,
und im Vaterunser ist sie ausdrücklich enthalten unter Hinweis darauf, daß Gottes Vergeben abhängt vom Vergeben
des Menschen (Luk. 11,4 Par.). Schon der jüdische Glaube
verknüpft das Vergeben Gottes mit dem des Menschen.
Sonst aber wird die Schrankenlosigkeit der Vergebungspflicht
in der Jesustradition doch wohl energischer betont als im
damaligen Judentum. Jesus selber warnt vor räuberischer

Ausbeutung materiell und soziologisch abhängiger Menschen (Matth. 23,25 Par.; Mark. 12,40), und auch die Gemeindetradition verbietet die Lohnentziehung (Mark. 10,19; Luther, fehlübersetzend: »du sollst niemand täuschen«). Wie das Judentum mahnt die Gemeindetradition zur Mildtätigkeit (Luk. 11,41; Matth. 6,2-4). Vielleicht Jesus selber tadelt die Ehrsucht der Pharisäer (Luk. 11,43), und die Gemeinde macht aus diesem Tadel eine Jüngerbelehrung (Matth. 23,6-8 Par.). Wie das Judentum die Demut als den wahren Weg zur Größe kennt, so mahnt auch die Jesustradition: wer der Erste, der Größte sein will, der soll die Rolle des Servierers, des Sklaven, der für alle da ist, übernehmen (Mark. 10,43 f. Par.; Mark. 9,35 Par.). Ja bei dieser demütigen Wahl des untersten Platzes kann von der Jesustradition ausdrücklich die Erwägung empfohlen werden: wer den obersten Platz wählt, riskiert die Blamage der Degradierung; wer sich nach unten setzt, hat die Chance des Aufstiegs (Luk. 14,7-10). Ebenso kann der Spruch, der auf die Selbsterhöhung die Erniedrigung und auf die Selbsterniedrigung die Erhöhung folgen läßt (Luk. 14,11 Par.), in dem Sinne eines wirklichen Verzichtes auf die Erhöhung, aber auch in dem dem jüdischen Denken gemäßen Sinne einer Berechnung verstanden werden, welche die Selbsterniedrigung wählt, gerade um die Erhöhung zu gewinnen. Auch die Mahnung, nicht Freunde und Verwandte, sondern Arme und Kranke einzuladen (Luk. 14,12-14; vgl. S. 90), ist von diesem Verdacht einer im Grunde doch wieder eigennützigen Lohnrechnung nicht frei, wie denn ja auch jüdische Texte diese Praxis empfehlen können. Es entspricht ferner jüdischem theologischem Denken, Gottesliebe und Nächstenliebe zusammenzuordnen, wie die Jesustradition (Mark. 12,28-31 Par.) es tut. Für all diese auf jüdischem Niveau liegenden, in der Jesustradition gebotenen Taten der Nächstenliebe gilt das gleiche: sie können im Sinne eines nach Lohn und Verdienst strebenden Handelns, also jüdisch (vgl. S. 20 ff.), verstanden werden; sie können aber auch so aufgefaßt werden, daß die Gemeinde, die die Einzelheiten dem jüdischen Verhaltenskodex entlehnte, dabei die grundsätzliche Durchstreichung des Lohndenkens durch Jesus (vgl. S. 56 ff.) gleichwohl nicht auf der ganzen Linie vergessen hat.

Solch eine Annahme ist immerhin möglich angesichts der

Tatsache, daß der Ruf Jesu zur Nächstenliebe an zentralen und wichtigen Punkten das offiziell jüdische Niveau übersteigt. Diese Überwindung des jüdischen Niveaus kann partiell erfolgen; nämlich dort, wo Jesu Forderung der Nächstenliebe dem Menschen zwar mehr zumutet, als es in den offiziell-jüdischen, den rabbinischen Texten, geschieht, wo aber diese Forderung Jesu mit besonderen, radikalen jüdischen Gruppen wie der Qumrangemeinde gleichwohl noch Hand in Hand geht. Daneben aber gibt es bei den Synoptikern Weisungen, die Nächstenliebe in einem Sinne verstehen, der das diesbezügliche rabbinische wie auch das qumranische jüdische Denken überflügelt und überwindet. Wir gehen nacheinander diese beiden Konzeptionen von Nächstenliebe innerhalb der synoptischen Texte durch.

Die Jesustradition fordert mehr als die Rabbinen, bleibt dabei aber gleichwohl auf der Ebene qumranischer Forderungen in den folgenden Punkten: Jesus selber verbietet die Ehescheidung (Luk. 16,18); wir bedachten das bereits oben (S. 82 ff.) in einem Zusammenhang, der sich mit der Ehe- und Sexualethik Jesu beschäftigte. Hier ist eine Rückerinnerung an diese Forderung Jesu geboten, weil das Verbot der Ehescheidung angesichts der gemeinjüdischen Theorie und wohl auch angesichts der damaligen Praxis die juristisch und menschlich bedrohte Stellung der jüdischen Frau aufwertet. Die Frau kann nun aufhören, Objekt legalisierter männlicher Willkür zu sein. Die Qumrangemeinde proklamiert nicht die Unscheidbarkeit der Ehe wie Jesus. Gleichwohl muß man die Überbietung jüdischer Eheethik durch Jesus hier als nur partiell bezeichnen, weil auch die Qumrangemeinde die jüdische Eheethik immerhin verschärft, sei es durch die Forderung einer ehelosen, mönchischen Existenz, sei es durch das Verbot der Polygamie und der Nichtenehe. Freilich wird man feststellen müssen, daß der humane, dem schwachen Partner zu Hilfe kommende Gesichtspunkt in dem Ehescheidungsverbot Jesu an einem besonders neuralgischen Punkt und in einer ausgesprochenen Intensität zum Tragen gelangt. Schon oben (S. 95) stellten wir fest, daß die Vergebungspflicht gegenüber dem schuldig gewordenen Bruder für Jesus, wie für das damalige Judentum, wichtig ist. Hier ist dem nun hinzuzufügen, daß schon Jesus diese Vergebungspflicht verbindet mit der Weisung, dem, der sich schuldig gemacht hat, den helfenden Dienst, die offene Benennung seines Fehls, nicht zu versagen (Luk. 17,3). Und die Gemeindetradition hat diese Weisung Jesu dann entwickelt zu einer Lehre von den verschiedenen Instanzen, die die Zurechtweisung durchlaufen soll: unter vier Augen, vor ein oder zwei Zeugen, vor der Gemeinde (Matth. 18,15-17; vgl. S. 77). Dieser energische seelsorgerliche Impuls, der auf die Gewinnung des schuldig Gewordenen und auf die Bereinigung des zwischenmenschlichen Klimas aus ist, findet sich in den üblichen jüdischen Texten nicht in dieser Weise. Er hat freilich seine Entsprechung an einer im qumranischen Handbuch wiedergegebenen seelsorgerlichen Regel, die fast wörtlich mit Matth. 18,15-17 übereinstimmt. Die in der Jesustradition unterstrichene Notwendigkeit seelsorgerlichen Bemühens hebt Jesus also über das übliche jüdische Niveau hinaus; freilich nur teilweise, wenn man an die auch in der Qumrangemeinde intensivierte Seelsorge denkt. Ähnlich steht es mit dem, was Jesus selber über den Zehnten sagt (Matth. 23,23). Die Penibilität der Pharisäer in der Verzehntung der Küchenkräuter wird gegeißelt, weil diese so akkuraten Frommen die wichtigen Dinge des Gesetzes, rechtes Verhalten, Barmherzigkeit und Treue, vermissen lassen. Wir bekamen diese Kritik Jesu bereits zu Gesicht, als wir die Stellung Jesu zum jüdischen religiösen Recht bedachten (S. 74 f.). Hier interessiert diese Kritik Jesu unter dem Gesichtspunkt, wem sie faktisch zugute kommt: nicht die fromme religiöse Pflicht gegenüber dem Tempel und der Priesterschaft, sondern das rechte Verhalten gegenüber dem Nächsten ist für Jesus die Hauptsache. Er steht mit dieser Parteinahme für den Nächsten zwar generell gegen das damalige Judentum. Freilich auch hier mit Ausnahme der Qumrangemeinde, die nun doch von Gesichtspunkten sich leiten läßt, die an Jesus erinnern. Zwar setzen die Qumrantexte nicht Zehntenregeln und Forderung der Nächstenliebe gegeneinander. Sie betonen aber immerhin, die kultische Reinheit, die im sonstigen Judentum (vgl. S. 16 f.) und besonders auch in Qumran eine zentrale Rolle spielt, sei wertlos, wofern ein rechtes Verhalten mit ihr nicht Hand in Hand geht. Mit dieser qumranischen Überzeugung hat die Parteinahme Jesu für den Nächsten, der nicht durch eine Zehnten-Kasuistik ins Hintertreffen geraten darf, eine gewisse Verwandtschaft.

Auch hier ist der Vorsprung Jesu gegenüber dem Judentum im Eintreten für den Nächsten also nur graduell. Schließlich haben wir an die Weisung zu denken, Arme durch den Verkauf der gesamten eigenen Habe zu unterstützen (Mark. 10,17-22 Par.). Die Gemeinde hat, wie wir schon feststellten (S. 86 ff.), diese Szene natürlich überliefert, weil die hier von Jesus erhobene Forderung ein Modell abgeben soll für das rechte Verhalten der Christen in Fragen des Besitzes. Für uns hier ist dieser Text insofern bedeutsam, als in ihm die tätige Unterstützung des armen Nächsten in einem Ausmaß gefordert wird, wie es dem offiziellen Judentum sonst fremd ist. Die jüdische Qumrangemeinde allerdings kennt etwas Ähnliches. Sie vertritt, im Stadium ihrer »Gemeinderegel«, eine durch Besitzablieferung ihrer Glieder finanzierte Gütergemeinschaft (vgl. S. 85) bzw., im Stadium der sogenannten »Damaskusschrift«, eine intensivierte, durch eine hohe Abgabequote ihrer Gemeindeglieder finanzierte Armenunterstützung. Auch hier ist die von der Jesustradition geforderte Nächstenliebe, wie in allen diesem Abschnitt angehörenden Einzelpunkten, dem Judentum insgesamt nur partiell überlegen.

Überblickt man sämtliche bisher behandelten Einzelstücke dieses Kapitels, so wird deutlich: die in dem jüdischen Glauben liegenden Intentionen, für den Nächsten in vielerlei Beziehung einzutreten, werden von Jesus bzw. von der Gemeindetradition in energischer Weise aufgenommen. Dieser Eindruck vertieft sich beträchtlich, wenn wir nun auf diejenigen Verhaltensweisen zu sprechen kommen, in denen Jesus mit dem Judentum nicht nur gleichzieht bzw. in denen er das Judentum nicht nur partiell übertrifft, sondern in denen er die Nächstenliebe in einer klar antijüdischen Ausrichtung vertritt.

Das für Jesus gleichzeitige Judentum hat eine intensiv geübte juristische Praxis ausgebildet; in der Qumrangemeinde kommt es sogar zu einer betonten äußerlichen Separation gegenüber den religiös anders Denkenden. Die in der Gemeindetradition (Matth. 7,2-5 Par.) vertretene Warnung, man dürfe eigene Fehler nicht dem Nächsten vorwerfen, kann man zwar auch in jüdischen Texten finden. Aber das schlechthinnige Verbot des Richtens, das Jesus erläßt (Matth. 7,1 Par.), ist nicht nur ohne jüdische Analogie, es widerspricht auch der breiten jüdischen Theorie und Praxis. In diesem Verbot Jesu wird das Eigenrecht des anderen in einer unüberbietbaren Schärfe proklamiert: der Nächste untersteht nicht meinem Urteil; er steht oder fällt nur sich selber. Darum entfällt die Widerstand leistende Selbstwehr gegenüber dem Nächsten: schlägt er mich auf die rechte Backe, so soll ich ihm die linke auch darbieten; prozessiert er mit mir um den Leibrock, so soll ich ihm sogleich auch den Mantel überlassen; erpreßt er mich um die Begleitung für eine Meile, so soll ich sogleich zwei Meilen mit ihm gehen (Matth. 5,39-41). Die jüdischen Texte können auch zur Nachgiebigkeit und zur Willigkeit bei Dienstleistungen mahnen. Sie legen dann aber das Maß, bis zu dem zu gehen solch eine Willigkeit verpflichtet ist, kasuistisch fest, und sie denken nicht daran, das Darbieten der anderen Wange und den Verzicht auf die juristische Selbstwehr zu empfehlen. Sie schränken die Selbstwehr, wie das Alte Testament und überhaupt das antike Rechtsbewußtsein, nur auf einen gerechten Umfang ein: für ein Auge nur ein Auge, für einen Zahn nur einen Zahn (Matth. 5,38). Für Jesus dagegen ist typisch das Fehlen jeglicher Grenze. Die Einzelformulierungen seines Spruches markieren nicht etwa das Maß – die linke Wange, die zweite Meile, den Mantel –, nach dessen Ableistung die Gemütlichkeit denn doch aufhört und die Selbstwehr beginnen darf (S. 72). Jesus meint vielmehr: das Ja auch zu dem mich einengenden Nächsten kann nur ein Ja ohne Grenze und Maß sein. Das Judentum kann den Haß gegen die Geschöpfe gelegentlich verbieten und die Fürbitte für Gegner und die Nachahmung des Böses mit Gutem vergeltenden Gottes gelegentlich empfehlen. Aber der Haß gilt den Rabbinen doch als relativ erlaubt, und die Feindesliebe wird von ihnen nicht wirklich geboten. Ja im »Handbuch« der Qumrangemeinde wird, neben der Liebe zum Glaubensgenossen, der Haß gegen die Außenstehenden, gegen die »Söhne der Grube«, ausdrücklich befohlen und als Pflicht auferlegt. Jesus dagegen will den Feind nicht gehaßt, nicht gleichgültig behandelt, er will ihn geliebt wissen (Matth. 5,43.44). Die Gemeinde (Luk. 6,28) hat es recht begriffen: dann tritt das Segnen an die Stelle des Verfluchens. So läßt sie den gekreuzigten Jesus für seine Feinde Fürbitte tun (Luk. 23,34). Das ist zwar ein ganz junger Text, also eine ziemlich spät einge-

brachte Einfügung. Verglichen mit jüdischen Märtyrerge-
schichten, in denen der Märtyrer nie für seine Peiniger bittet, zeigt dieser christliche Zusatz im Lukas-Evangelium,
man hat die Art Jesu wohl verstanden. Denn: die von Jesus
befohlene Feindesliebe meint den persönlichen, sie meint
aber gerade auch den religiösen Feind. Daß damit der Begriff des Nächsten durch Jesus in einer unerhörten Weise
umgedacht, nämlich erweitert wird, soll am Ende dieses
Kapitels noch ausdrücklich erwogen werden. Weil der Nächste so wichtig ist, darum stellt Jesus, wo es um das Gehorchen geht, nicht nur die Tat über das Wort (S. 53). Darum
ist er nicht nur ein Gegner der peniblen Kasuistik, die mit
ihren haarspalterischen Einzeldefinitionen das Wesentliche
am wirklichen Gehorchen verdirbt (S. 74f.). Darum tadelt er
den Widerspruch zwischen Lehren und Tun bei den Schriftgelehrten und Pharisäern auch nicht einfach deswegen, weil
er eine Heuchelei darstellt, sondern deswegen, weil die Gesetzeslehrer mit diesem ihrem widersprüchlichen Verhalten
die Liebe gegen die von ihnen Belehrten vermissen lassen:
»Sie binden schwere Lasten und legen sie auf die Schultern
der Menschen, sie selber aber wollen sie nicht mit dem
Finger bewegen« (Matth. 23,4 Par.); »Wehe euch, ihr Schriftgelehrten und Pharisäer, denn ihr verschließt die Königsherrschaft Gottes vor den Menschen; denn ihr geht nicht hinein,
und auch diejenigen, die hinein wollen, laßt ihr nicht hineino-
gehen« (Matth. 23,13 Par.). Wenn Jesus hier diesen konkreten Mißstand in der Praxis jüdischer Schriftgelehrsamkeit
brandmarkt, so tut er damit dar: es geht ihm – ähnlich wie
bei der Sabbatbeobachtung (vgl. S. 65ff.) – nicht um das Gebot als solches. Das wäre die jüdische Art, Kasuistik zu
betreiben. Ihm aber geht es um die Hilfe, die der angefoch-
tene und gefährdete Mensch durch die rechte Einübung in
den Gehorsam erfährt. Die Gemeinde führt diese so betont
für den Nächsten eintretende Art Jesu weiter. Auf dem Boden der hellenistischen Gemeinde, wo die von Jesus ver-
gleichgültigte kultische Reinheit (vgl. S. 62) nicht mehr in
der gleichen Weise wie in einer jüdischen Umgebung religiös aktuell war, läßt die Tradition in einer auch für griechische Christen verständlichen und aktuellen Weise Jesus sagen, worin denn nun – auch für sie – rechte Reinheit besteht.
Sie besteht in dem Vermeiden des bösen Wandels (Mark.

7,21 f.; Matth. 15,19). Gewiß, hier haben wir ein ethisch etwas primitives Niveau vor uns: der Leser wird leicht empfinden, das Schlimme an diesen Verhaltungsweisen liegt ja nicht erst darin, daß sie, wie der Text sagt, aus dem Herzen *heraus*kommen, sondern bereits darin, daß sie im Herzen drin sind. Aber es ist doch bedeutsam: von den zwölf Gliedern des Lasterkataloges bei Markus sind nur drei (Lästerung, Hochmut, Torheit), von den sieben Gliedern bei Matthäus ist nur eins (die Fälle von Lästerung) nicht direkt auf den Nächsten bezogen. Die von Jesus vertretene Wichtigkeit der Nächstenliebe hält sich in der Gemeindetradition also einigermaßen durch. So kann man das große Gleichnis vom Weltgericht (Matth. 25,31-46) direkt als ein Denkmal bezeichnen, welches die Gemeindetradition dem Anwalt der schrankenlosen Nächstenliebe errichtet: man dient Jesus in der Weise, daß man Hungernde, Dürstende, Herbergslose, Frierende, Kranke und Gefangene betreut, und dann merkt man es nicht einmal, daß man *Jesus* dient; man verfehlt den Dienst an Jesus in der Weise, daß man sich um solche Hilfsbedürftigen nicht kümmert, und dabei wird einem nicht einmal klar, daß es *Jesus* ist, den man verfehlt hat. Es ist eine großartige Vision, die hier, verschlüsselt unter dem Mythos vom aufdeckenden Weltgericht, vor uns entrollt wird: Jesus ist der Weltenrichter derart, daß er keine personale Verehrung wünscht, daß er sich vielmehr nur dort finden läßt, wo man sich auf das einläßt, was er will (Luk. 6,46); das heißt, sich finden läßt jeweils in einem seiner geringsten Brüder (Matth. 25,40). Die Gemeinde hat Jesus begriffen, wenn sie ihn – entgegen den eiferischen Zügen in der pharisäischen und qumranischen Frömmigkeit – so abmalt, daß er die Jünger bedroht, die über die Samariter wegen ihres ungastlichen Verhaltens ein exemplarisches Strafgericht vom Himmel herabbeschwören möchten (Luk. 9,51-56). Ebenso zeugt es von einem tiefen Verständnis der Gemeindetradition, wenn die Judenchristen, vielleicht in Anlehnung an diesbezügliche Äußerungen Jesu selber, gegen das jüdische sogenannte Korban-Institut auftreten. Diese Einrichtung sieht die rechtliche Möglichkeit vor, daß ein Jude sich einer materiellen Verpflichtung entzieht durch eine Gelöbnisformel, die den in Frage stehenden materiellen Wert dem Tempelschatz weiht. Die tatsächliche Übereignung an den Tempel braucht gar nicht in Wirklichkeit zu erfolgen; bereits das Aussprechen der Gelöbnisformel entnimmt den Gelobenden aus der betreffenden materiellen Verpflichtung. Die Härte dieser Praxis gegen diejenigen, die einen berechtigten Anspruch haben, liegt zutage. Es gab jüdische Schriftgelehrte, die diese Härten einzudämmen versuchten. Die Qumrangemeinde hat diese Praxis ausdrücklich verboten, wo es sich um die Ansprüche eines Lohnarbeiters handelt. Die Gemeindetradition aber bekämpft diese Praxis an einem Punkte, der infolge der Dauer und Höhe der Verpflichtung besonders neuralgisch ist, in der Verpflichtung des Sohnes gegenüber den unterhaltsbedürftigen Eltern (Mark. 7,9-13 Par.; vgl. S. 74): Jesus, der Anwalt des vierten Gebotes, der Anwalt der tätigen Liebe gegenüber den Eltern, einer Liebe, die nicht ersetzt werden darf durch eine tatsächliche oder gar durch eine zum Schein vorgewendete Verpflichtung, welche man Gott und dem Tempel gegenüber eingeht. Eine ähnliche Intention – die Verpflichtung gegenüber Gott darf nicht die Verpflichtung gegenüber den Mitmenschen zerstören – liegt den Sabbatheilungen zugrunde, die die Gemeindetradition von Jesus berichtet; wir lernten die diesbezüglichen Texte schon in einem früheren Zusammenhange kennen (vgl. S. 65ff.). Hier finden sich in den Szenen gelegentlich echte Jesussprüche, die darauf hinauslaufen: der Mensch ist wichtiger als der Kulttag (Mark. 2,27). Das Judentum kennt nur ganz gelegentliche Ansätze, um menschliche Härten einer strengen Sabbatbeobachtung einzudämmen; so, wenn die Damaskusschrift, ein Text der Qumrangemeinde, die Tötung des Sabbatverletzers untersagt. Die von Jesus bezogene und in der Gemeindetradition sich spiegelnde Stellungnahme besitzt aber einen viel grundsätzlicheren Charakter: daß gerade das zentrale Gebot jüdischen *Gottes*dienstes nun für den Dienst am *Menschen* vereinnahmt wird, bedeutet eine, wenn auch noch nicht durchreflektierte, revolutionäre Absage an das, was im Judentum herkömmlich Gottesdienst heißt. Nicht der Mensch dient, koste es, was es wolle, Gott; die Weisung Gottes will vielmehr dem Menschen helfen und dienen.

Wer ist nun bei Jesus und in der Gemeindetradition der Nächste, dem die Liebe zugewendet werden soll? Der Mitjude oder der Mitmensch schlechthin? Es entspricht jüdischer Denkart, daß man in den Synoptikern nach einer theoretischen Definition des Nächsten vergebens sucht. Also muß man die Texte von Fall zu Fall befragen. Es geht sehr wahrscheinlich auf Jesus selber zurück, daß er seine Sendung als auf die Juden beschränkt bezeichnet (Matth. 15,24). Grundsätzlich scheinen die Heiden, in jüdischer Weise als »Hündlein« im Vergleich mit den Juden, den »Kindern«, apostrophiert, außerhalb seines Gesichtskreises zu liegen. Wo dann Nichtjuden zur Gemeinde gehören, werden sie, an Stelle der Jesus ablehnenden Juden, den Erzvätern eben hinzugefügt; die Sicht Jesu ist also auch noch in der judenchristlichen Urgemeinde erhalten geblieben (Matth. 8,11.12 Par.). Eine alte Gemeindetradition untersagt den urchristlichen Sendboten denn auch die Mission an Heiden und Samaritanern (Matth. 10,5). Für diese ganze Periode muß man definieren: die Offenheit für den Nächsten als Nichtjuden ist noch nicht grundsätzlich gewonnen; sie bleibt grundsätzlich im Bereich der jüdischen Beschränkung, sie geschieht von Fall zu Fall und ist relativ. Diese relative, nicht grundsätzliche Offenheit für den nichtjüdischen Nächsten geht aber doch wohl auf Jesus zurück. Die Beispielerzählung vom barmherzigen Samariter, in der ein von den Juden abgelehnter religiös Andersgläubiger das seitdem in der Weltgeschichte nicht mehr vergessene Modell für wirkliche Nächstenliebe abgibt (Luk. 10,30-37), stammt von Jesus selber oder ist, als Gemeindebildung, völlig von seinem und nicht von jüdisch-religiösem Denken bestimmt. Und das Gebot der Feindesliebe hat nicht nur den persönlichen, sondern auch den religiösen Gegner im Auge, erweitert also den Begriff des Nächsten ebenfalls nach der Seite der allgemeinen Mitmenschlichkeit hin. Wenn man aber bedenkt, daß auch jüdische Texte zu Beginn des zweiten Jahrhunderts, also etwa 100 Jahre nach Jesus, den Nächsten als das Geschöpf Gottes bestimmen und ihn daher einfach als Mitmenschen verstehen können, so wird man ermessen: hier, in der *theoretischen* Ausweitung des Begriffes des Nächsten, liegt nicht die eigentliche Bedeutung Jesu. Nicht die Definition, sondern die konkrete Andringlichkeit ist das Zentrum der Predigt Jesu von der Nächstenliebe.

Die Art und Weise, wie Jesus die Nächstenliebe fordert, liegt nur zum Teil auf dem Niveau des Judentums und der

Qumrangemeinde. An wesentlichen Punkten gehen Jesus wie die Gemeindetradition über vorgegebene jüdische Konzeptionen hinaus. Das heißt aber: Jesus verstößt dann gegen die religiöse jüdische Tradition. Ja er verstößt gelegentlich gegen das Alte Testament selber; so im Verbot der Ehescheidung, im Verbot der Wiedervergeltung und im Gebot der Feindesliebe. Freilich darf man sich diesen Widerspruch Jesu gegen das Alte Testament, wie schon in den bisher behandelten Bereichen, auch hier nicht als grundsätzlich vorstellen. Jesus will nicht per Definition den volkhaft-religiös beschränkten alttestamentlichen Begriff des Nächsten sprengen. Er will zum rechten Gehorsam rufen. Das heißt aber für diese Thematik, er will zeigen, der eigentliche Feind des Menschen, die Adresse, an die der Haß mit Recht zu richten ist, ist nicht der Nächste, sondern das eigene ungehorsame Ich. Der Jesusjünger, der im Gehorsam sich von den nächsten Angehörigen trennt (vgl. S. 53 f.), »haßt« diese Angehörigen nicht als der fromme und gehorsame Mensch, der die Unfrommen und Ungehorsamen wegen ihrer Bosheit und Gefährlichkeit meidet; er haßt vielmehr in solch einem »Haß« sich selbst (Luk. 14,26). Der Nächste dagegen hört auf, *die* Gefahr zu sein. Die Hinwendung zu ihm ist nun möglich, sie kann nun geschehen.

Unser Kapitel zeigt die unerhört wichtige Bedeutung der Nächstenliebe in der Predigt Jesu schon durch die Ausführlichkeit der Darlegung an. Die Ausführlichkeit entspringt nicht dem Belieben des Autors. Sie war unvermeidlich, wenn das diesbezügliche Material der Texte auch nur einigermaßen zum Zuge kommen sollte. Fast noch aufschlußreicher für das Gewicht der Nächstenliebe in der Jesustradition ist eine andere Tatsache. Immer wieder erwies es sich in diesem Kapitel als unumgänglich, auf die vorher behandelten Fragenkreise – die Fragen des Kultes, des religiösen Rechtes, der Ehe und des Besitzes – zurückzugreifen. Denn die in diesen Bereichen von Jesus und von der Gemeindetradition getroffenen Entscheidungen und bezogenen Stellungnahmen sind meist geprägt durch die Rücksicht auf den Menschen. Der Nächste regiert in ihnen als der geheime König. Die Nächstenliebe ist in der Tat das Zentrum des von Jesus gebotenen Wandels.

11. Die Gnade

Wer die Synoptiker mit der Konkordanz nach der Vokabel »Gnade« durchforscht, macht eine wunderliche Entdeckung. Er stellt fest, nur der dritte Evangelist benutzt diese Vokabel. Sie findet sich bei ihm allermeist in Zusammenhängen, die nicht ein ursprüngliches altes Jesuswort enthalten. Eine Ausnahme davon macht nur Luk. 7,42 f. In dieser wohl auf Jesus selber zurückgehenden Parabel von den beiden Schuldnern begegnet aber nicht das Hauptwort, sondern das Tätigkeitswort in der Bedeutung »schenken«, »erlassen«. Es ist sehr bezeichnend für Jesus und die an ihn anschließende Tradition: man sucht, jedenfalls der benutzten Vokabulatur nach, hier vergeblich nach einer für Jesus typischen, theologisch ausgearbeiteten Lehre von der Gnade. Denn daß Gott vergibt, glaubt auch der fromme Jude (vgl. S. 99). So enthält das Vaterunser die mit solchem jüdischen Glauben zusammenstimmende fünfte Bitte (Luk. 11,4 Par.), und diese jüdische Herkunft erkennt man deutlich an der Mehrzahl »Sünden«, mit der die Wörter »Vergebung« und »vergeben« verbunden werden. Jüdisch ist ebenfalls die in der fünften Bitte und auch sonst (Mark. 11,25) vorliegende Verkoppelung: der betende Mensch vergibt seinem Schuldner, damit Gott auch dem Beter vergibt (vgl. S. 95). Auch die im Gebet benutzte Anrede Gottes als »Vater«, Vater des einzelnen oder als »unser Vater«, gehört in diesen gesamtjüdischen Hintergrund. Mit alledem bleibt das, was die Synoptiker über Gnade und Vergebung sagen, durchaus noch auf jüdischem Boden.

Gleichwohl drängt sich uns, nachdem wir nun den Kreis der Forderungen Jesu abgeschritten haben, unausweichlich die Frage auf: Ja, wer kann das denn aber wirklich befolgen? Wie legitim solch eine Frage angesichts der verschärften Gesetzesauslegung Jesu ist, ersieht man aus der Tatsache: auch die Tradition läßt, angesichts der radikalen Stellung Jesu zum Besitz, die Jünger entsetzt fragen: »Und wer kann gerettet werden?« (Mark. 10,26 Par.). Die Antwort Jesu ist gleichfalls radikal: »Bei den Menschen ist es unmöglich, aber nicht bei Gott« (Mark. 10,27 Par.). Der Jünger, das ist doch gerade hier der Zusammenhangssinn, ist unausweichlich zu einem vollen Einsatz gefordert, und doch ist die Annahme im Endgericht, das wirkliche Gelingen, ein reines Geschenk. Zweierlei müssen wir beachten. Hier wird ja klar von Gnade geredet, sogar von einer sehr radikal verstandenen Gnade, die dem Menschen bei aller intensiven Tätigkeit eine rein empfangende Rolle zuweist. Gleichwohl geschieht dies Reden nicht in der herkömmlichen Vokabulatur: »Gnade«, »Barmherzigkeit« und »Vergebung« werden als Ausdrücke nicht genannt. Die synoptischen Texte reden von der radikalen Gnade vielmehr so, daß dem Hörer die Erweisung solch einer Gnade meist im Vollzuge vorgeführt wird. Daher findet sich die auf die Gnaden-Vokabulatur verzichtende radikale Gnadenpredigt Jesu sehr oft in Gleichnissen und Parabeln, und nicht die zur Sache gehörigen Hauptwörter, sondern allenfalls die entsprechenden Tätigkeitswörter – »schenken«, »erlassen«, »vergeben« – begegnen dem Leser darin. Das ist das eine. Sodann müssen wir uns klarmachen: in jenem Wort, das die dem Menschen unmögliche Rettung Gott zuschreibt, stehen das dem Menschen abgeforderte Tun und das von Gott gewirkte Heil einfach noch beziehungslos nebeneinander. Wir werden noch mehreren Texten begegnen, die durch solch ein unreflektiertes Nebeneinander von menschlicher Aktivität und göttlicher Heilswirksamkeit den Menschen zu einem Empfänger mit leeren Händen machen. Das Nebeneinander des souverän wirkenden Gottes und des gleichwohl tätigen Menschen entspricht jüdisch frommem Denken. In der Jesustradition wird daraus das Nebeneinander des souverän schenkenden Gottes und des gehorchenden Menschen. Es gibt aber auch Texte, die lassen uns deutlich erkennen, dies Nebeneinander ist kein naives Nebeneinander. Denn in dieser zweiten Gruppe von Texten steht der Gehorsam nicht bloß neben der radikalen Gnade Gottes, sondern er entwächst ihr. Wir werden im folgenden beide Arten, von Gnade und Gehorsam zu reden, in den Blick bekommen.

Wie redet Jesus von Gnade? Da ist ein Mann, der mietet Arbeiter für die Einbringung der Ernte seines Weinbergs.

108

Frühmorgens engagiert er sie, aber auch noch später im Verlauf der einzelnen Tagesstunden. Er hat einen Denar, die übliche Höhe, als Tageslohn versprochen. Abends, bei der Lohnauszahlung, sind Leute darunter, die erst am späten Nachmittag eingestellt wurden. Aber auch sie empfangen den allgemeinen Lohn, den einen Denar. Nun denken die Langarbeiter, die schon am Morgen die Arbeit aufnahmen, ihr Lohn werde höher sein. Als aber auch sie sich mit dem einen Denar entlohnt sehen, werden sie böse auf den Arbeitgeber. Sie murren gegen die Ungerechtigkeit der Lohnhöhe. Der Arbeitgeber aber entgegnet ihnen: er habe die verabredete Lohnhöhe eingehalten; den Kurzarbeitern jedoch etwas zu schenken stehe ihm wohl frei, und aus ihrem Murren spreche nur der Neid, der sich gegen seine Freundlichkeit richtet (Matth. 20,1-15). Diese auf Jesus selber zurückgehende Parabel zeigt deutlich: Gnade ist hier das souveräne Geschenk, das dem Menschen ohne Anspruch und Verdienst zufällt. Sie ist anstößig, weil ihr Empfang die Geltendmachung eigener Leistung und wohlbegründeter Ansprüche ausschließt. Gerade so aber, meint der Text, lernt der Mensch wirklich gehorchen; als einer, der das Verdienstrechnen aufgibt, als einer, der in diesem Sinne sich bekehrt (S. 56ff.). Das hieße dann aber: nur der Niedrige, der Bescheidene, der Anspruchslose begreift das. Das Ja zu dieser anstößigen Niedrigkeit ist das Portal, durch das man eintritt, wenn man den Weg der Weisungen Jesu gehen will. Der Jubel darüber, daß der Weg Jesu – wir wissen nicht genau, was das verborgene und offenbarte »solches« in Matth. 11,25 Par. ist – den Weisen und Verständigen verborgen und den Niedrigen und Schlichten einsichtig ist, enthält vielleicht doch ein altes, echtes Wort Jesu, das von dem Ja des Menschen zu dieser Anstößigkeit spricht. Diese radikale Gnade ist deshalb anstößig, weil sie kein Luxus ist, der das Leben des Menschen lediglich bereichert. Sie ist das tägliche Brot, ohne dessen Empfang der Mensch verhungert. Aber der Mensch braucht nicht zu verhungern. Der Vater in der Parabel läuft dem verlorenen Sohn, schon als er noch fern ist, voller Mitleid entgegen, und nun gibt es kein Strafgericht, sondern ehe der Sohn noch sein Schuldbekenntnis stammeln kann, fällt der Vater ihm um den Hals und küßt ihn, und dann werden Festkleid und Fingerring und Sandalen hervorgeholt, und das Mastkalb muß heran, und die Feier für die Rückkehr *dieses* Sohnes hebt an (Luk. 15,11-24). Das ist Gnade, Gnade im Vollzug, und nun kann der Sohn mit dem vertanen Leben wieder leben, nun hat er wieder Zukunft. *So* lernt der Mensch den Gehorsam, der im schrankenlosen Dasein für andere besteht: als ein schrankenlos Angenommener; als einer, der nichts beanspruchen kann und doch leben und wirken darf.

Es gibt Texte, die den Zusammenhang zwischen dem, was der Mensch empfängt, und dem, was er weitergeben kann, ausdrücklich deutlich machen. Da ist ein Gläubiger, der hat zwei Schuldner. Der eine ist fünfhundert, der andere fünfzig Denare schuldig. Beide können nicht zahlen. Der Gläubiger besteht nicht auf seinem Recht; er erläßt beiden die geschuldete Summe. »Wer von beiden wird den Schenker mehr lieben?« fragt Jesus am Ende dieses wahrscheinlich echten Gleichnisses (Luk. 7,41 f.). Es liegt auf der Hand, die Dankbarkeit und Liebe erwächst daraus, daß man beschenkt ist. So ist es bei der Feindesliebe. »Gott läßt seine Sonne aufgehen über Böse und Gute, er läßt regnen über Gerechte und Ungerechte« (Matth. 5,45). Jeder Mensch hat Anteil an den Grundgaben des Lebens: er genießt die Freude und Segnung des Lichtes und des Regens. Jeder, der Böse und der Gute, der Gerechte und der Ungerechte. Es ist, als wolle Jesus durch seinen Hinweis auf diese Grundgenerosität, auf diese Generosität Gottes, die Menschen anstecken. Wer hätte da nicht Lust, in den gleichen Rhythmus sich einzureihen? Die Grundgenerosität soll den Menschen zu gleicher Generosität verlocken und ihm dazu Lust machen: »Liebet eure Feinde und betet für die, die euch verfolgen, damit ihr Söhne eures himmlischen Vaters seid; denn er läßt seine Sonne aufgehen über Böse und Gute und läßt regnen über Gerechte und Ungerechte« (Matth. 5,44 f.). Ist es nicht eine Lust für den Sohn, Beauftragter solch einer Generosität des Vaters zu sein? Die Feindesliebe erwächst aus dem Geschehen weltweiter Generosität. Sie sollte erwachsen, wenn der Mensch es recht bedenkt. Aber nicht immer geschieht das *wirklich*. Da ist ein König, der macht sich daran, mit seinen Sklaven abzurechnen. Einer ist unter ihnen, der schuldet die gewaltige Summe von zehntausend Talenten und sieht sich außerstande, sie abzuzahlen. Der König verfügt den Verkauf dieses Sklaven mit Weib und Kindern und sämtlichem Besitz, damit so die Schuld gedeckt wird. Der Sklave bittet kniefällig um Geduld und Aufschub, bis er zu zahlen imstande ist. Da tut er seinem Herrn leid: die Strafe wird aufgehoben und die Schuld ihm außerdem noch erlassen. Eben dieser Sklave trifft, nun er von seinem Herrn zurückkommt, einen seiner Mitsklaven, der ihm hundert Denare schuldet. Er packt ihn und fordert: Zahle ab, was du schuldest! Der Schuldner bittet kniefällig um Aufschub, dann wolle er zahlen. Aber der Gläubiger ist zum Aufschub nicht bereit, sondern läßt den Schuldner in Schuldhaft nehmen. Die Mitsklaven sind sehr betroffen und berichten den Vorfall dem Herrn. Der Herr zitiert den Sklaven: »Du böser Sklave, jene gesamte Schuld habe ich dir erlassen, weil du mich batest. Hättest nicht auch du gegenüber deinem Mitsklaven Barmherzigkeit walten lassen müssen, wie ich an dir Barmherzigkeit walten ließ?« Voller Zorn übergibt der Herr den Sklaven nun dem Strafvollzug (Matth. 18,23-34). Dies Gleichnis Jesu mahnt zwar zu aufrichtiger Vergebungsbereitschaft. Zugleich wird hier aber deutlich, daß diese Forderung dem Menschen nicht einfach abverlangt wird. Er ist dazu bereits ermächtigt, wenn die Forderung an ihn herantritt. Er lebt bereits aus großer Vergebung, wo kleine Vergebung zu gewähren eine Situation ihm abverlangt. Der Mangel an Vergebungsbereitschaft wurzelt im Verkennen der eigenen Lage. Die Art dieser Selbsttäuschung wird drastisch deutlich aus dem Selbstverständnis des älteren Bruders in der Parabel Luk. 15,25-32. Dieser Sohn war, im Unterschied zu dem jüngeren Bruder, immer korrekt geblieben. Er war dem Vater nicht entlaufen und hatte sein Erbteil nicht verbracht. Nun der jüngere gescheiterte Bruder von dem Vater bedingungslos und überschwenglich als Sohn wieder aufgenommen wird, da versagt der Ältere dem Jüngeren den Brudernamen, da versagt er dem Vater und dem Bruder die Mitfreude, da erweist er, der Ältere, sich als der wahrhaft verlorene Sohn. Nie entlaufen und doch verloren. Was ist denn sein Fehler? Sein Fehler ist alt; er hat sich jetzt nur erst richtig herausgestellt. Immer hat er dem Vater gedient in der heimlichen Meinung, er tue damit etwas Besonderes, und in der heimlichen Erwartung, es werde sich eines Tages schon in besonderer Weise auszahlen. Bisher unterdrückte er die Enttäuschung darüber, daß der Vater ihm nicht einmal ein Böckchen gab, damit er mit den Freunden feiern könnte. Nun aber, da der jüngere unordentliche Bruder bei seiner unrühmlichen Heimkehr ein großes Fest bekommt, nun ist es mit seiner abwartenden Haltung zu Ende. Wo liegt denn der Fehler in dieser ganzen Haltung? Er liegt darin, daß der Ältere auf Lohn *wartete*; daß er nicht einsah, wie sehr er einfach dazugehörte; daß er nicht begriff, er war ja beim Vater, und der Besitz des Vaters war ja sein Besitz. Der Ältere verstand sich nicht als dazugehörig; *das* war seine Sünde, und aus ihr brach seine Lieblosigkeit gegen Bruder und Vater wie eine reife Frucht hervor. *So* spricht Jesus von der Möglichkeit rechten Gehorsams: er wird nicht aus dem Eigenen geleistet; sondern er geschieht dort, wo Menschen Liebe empfangen, und er unterbleibt dort, wo dem Menschen der Blick auf empfangene Liebe verbaut ist. Die Liebe wird nicht gewonnen durch die Leistung des Gehorsams; sondern der Empfang der Liebe setzt die Möglichkeit wirklichen Gehorsams überhaupt erst frei. Diese Reihenfolge war allerdings für das damalige Judentum durchaus ungewöhnlich (vgl. S. 20 ff.). So nimmt es nicht wunder, daß die alte Reihenfolge – erst Leistung, dann Gnade – in den Synoptikern anklingen kann. Im Sinne dieser alten Reihenfolge muß man doch wohl Luk. 7,47a verstehen: »Ihre vielen Sünden sind vergeben, *weil* sie viel geliebt hat.« Denn hier ist gemeint: die Liebestaten der Frau an Jesus sind der wirkliche Grund dafür, daß Jesus ihr die Vergebung zuspricht. Es wäre künstlich zu erklären: von ihren Liebestaten gegen Jesus kann man ablesen, daß sie die Vergebung empfangen hat. Aber diese Reminiszenz an das alte Schema »Leistung-Gnade« wird auch hier umklammert durch die umgekehrte Reihenfolge, wie sie in dem Gleichnis selber enthalten ist (Luk. 7,41-42), das zu dieser Szene gehört und das wir schon oben (S. 110 f.) bedacht haben. In dem Gleichnis nämlich kommt das von Jesus gebrachte Neue klar zum Ausdruck: *weil* der Gläubiger die Schuld erlassen hat, deswegen lieben ihn die Schuldner. Darum zeigt Jesus: der Zöllner wird angenommen, nicht weil er sich gebessert hat oder Besserung wenigstens verspricht, sondern weil er sich als verloren weiß und in seiner Verlorenheit hofft (was sein Gebet drastisch zum Ausdruck bringt, Luk. 18,10-14). Darum spricht die

Gemeinde von der Annahme des Zacchäus durch Jesus und läßt diesem Zöllner Rettung widerfahren sein, *ehe* er die Wiedergutmachung an den von ihm ausgebeuteten Menschen ankündigen, geschweige denn mit der Tat durchführen kann (Luk. 19,1-10). *So* sprechen Jesus und Jesustradition von der Gnade und dem aus ihr hervorwachsenden Gehorsam der Liebe.

Hier erhebt sich nun freilich eine wichtige Frage: Hat Jesus von Nazareth diese Souveränität der Gnade lediglich *verkündigt*? War er nur der *Ansager* dieser neuentdeckten Reihenfolge: der Mensch kann lieben nur dort, wo er Liebe empfängt, wo er sich geliebt weiß? Oder gehört Jesus mit seiner Person in die von ihm gebrachte Verkündigung hinein? Bildet seine Person und die Stellung des Menschen zur Person Jesu einen unveräußerlichen Bestandteil der von ihm verkündigten Gnade? Bei dem Durchdenken dieser Frage wird deutlich werden: in unserer bisherigen Darstellung der Art und Weise, wie Jesus und die Gemeindetradition von der Gnade sprechen, fehlt noch etwas Wichtiges.

Die Bedeutung der Person Jesu für das, was er den Menschen an Befreiung bringt, darf man freilich nicht aus einer unterschiedslosen, unkontrollierten und naiven Übernahme des gesamten synoptischen Materials herleiten. Wir erkannten ja schon früher, die Gemeinde und die verschiedenen Evangelisten haben ihr Bild Jesu gezeichnet von der Basis ihres Osterglaubens her (S. 33 ff.). Die Darstellung des Weges Jesu nach seinem Tode soll später (S. 117 ff.) noch besonders bedacht werden. Wenn wir hier also verstehen wollen, welchen Zusammenhang die Person des historischen Jesus mit seiner Botschaft hat, so müssen wir sowohl von der Messianität, die die Gemeinde ihm zuschrieb und die er selber wohl nicht beanspruchte (vgl. S. 34), wie auch von dem Osterglauben zunächst (weiteres S. 117 ff.) absehen. Denn Jesus selbst hat von der sühnenden Heilsbedeutung seines Todes und von seiner Auferstehung wohl nicht gesprochen; die zwei einzigen synoptischen Worte von der Sühnekraft seines Todes (Mark. 10,45 Par. und die Abendmahlsworte Mark. 14,24 Par.) sowie die dreifachen Ansagen seines Todes und seiner Auferstehung (Mark. 8,31 Par.; Mark. 9,31 Par.; Mark. 10,33 f. Par.) sind spätere Bildungen, in denen die Gemeinde ihren Glauben an die Sühnekraft seines Todes und an seine Auferstehung nun Jesus selber verkündigen läßt. Gibt es Texte, die nicht bloß dem vom Osterglauben her geprägten *Bild* Jesu, sondern die der Wirklichkeit seines realen Lebens angehören und die uns die Bedeutung seiner Person für seine Verkündigung erschließen können?

Es gibt in der Tat solche Texte. Ehe wir sie durchdenken, müssen wir aber zunächst noch eine doppelte Vorüberlegung anstellen. Wir sollten zunächst der Neigung den Abschied geben, in möglichst jedes Wort und jedes Gleichnis Jesu die Bedeutung seiner Person hineinzulesen und hineinzugeheimnissen. Der barmherzige Samariter ist eben ein Samariter und nicht Jesus; der Vater in der Parabel von den beiden Söhnen ist eben ein Vater, und sein Handeln ist eben nicht von vornherein eine verhüllte Darstellung des Verhaltens Jesu. Das heißt, wir haben damit zu rechnen, daß Jesus Verhaltungsweisen wie die des Samariters, der dem gefährdeten Manne hilft, oder wie die des Vaters, der dem gescheiterten Sohn die Tür auftut, auch bei Menschen für möglich hält, die in keiner direkten Verbindung zu seiner Person stehen. Darum sollten wir nicht danach streben, die Bedeutung der Person Jesu möglichst mit jedem seiner Worte und Sprüche zu verbinden. Die Gemeindetradition innerhalb der Synoptiker ist freilich zunehmend von diesem Bestreben, für uns deutlich erkennbar, geleitet. Sie vergrundsätzlicht und läßt, entgegen älteren Spruchformen in der Tradition, Jesus die Nächstenliebe fordern – wie die Formulierung lautet – »um meinetwillen«. Die Gemeindetradition läßt Jesus rückblickhaft und programmatisch die Bedeutung seines Kommens dahin formulieren, Jesus sei gekommen, das Verlorene zu suchen und zu retten (Luk. 19,10). Diese und ähnliche verallgemeinernde Formulierungen gehen über das, was der historische Jesus wirklich sagte, hinaus und helfen uns nicht, den historischen Zusammenhang zwischen seiner Person und seiner Lehre klar zu erkennen. Solche Verallgemeinerungen können uns vielmehr die Einsicht in die Bedeutung der Person Jesu erschweren und verdecken. Das ist das Eine.

Die zweite hier notwendige Überlegung beruht auf der Tatsache, daß die Texte, die von einem Verhalten Jesu reden und uns so von der Bedeutung seines Tuns erzählen, keine konkreten Erinnerungen darstellen, sondern uns ein Bild des Lebens Jesu in modellhafter, legendärer Vereinfachung zeichnen (vgl. S. 33 ff.). Ich meine jene Texte, die, wie das Zöllnergastmahl (Mark. 2,14-17 Par.), den helfenden und freundlichen Verkehr ausmalen, den Jesus mit den Zöllnern und Sündern, den religiös und gesellschaftlich Deklassierten, pflegt. Wenn diese und ähnliche Texte nicht Einzelerinnerungen bringen, sondern das Typische an Jesu Verhalten herausstellen wollen, erhebt sich die Frage: Können wir verläßlich wissen, ob Jesus wirklich so gelebt hat; ob dies sein Bild der historischen Wirklichkeit seines Lebens entspricht? Diese Frage muß man – ganz abgesehen von einem gläubigen oder ungläubigen Standpunkt – historisch bejahen. Denn das im Blick auf Jesus überlieferte Schimpfwort der Gegner – »siehe ein Fresser und Weintrinker, ein Freund von Zöllnern und Sündern« (Matth. 11,19 Par.) – ist sicher keine Gemeindebildung, sondern *alte* Überlieferung. Jesus *hat* gelebt als der Freund der religiös und gesellschaftlich Deklassierten. Die Berichte, die ihn in dieser Weise zeichnen, hören deswegen nicht auf, typisierte Bilder zu sein; die ihm in den Mund gelegten rückblickhaften Äußerungen, die als den Zweck seines Kommens die Einladung der Sünder (Mark. 2,17 Par.), die Rettung des Verlorenen (Luk. 19,10) nennen, hören deswegen nicht auf, Gemeindebildungen zu sein. Aber wir können nun ermessen: all diese vergrundsätzlichenden Texte unterstreichen in der Tat ein Charakteristikum, das dem wirklichen Verhalten des historischen Jesus eigen war. Jesus predigte nicht bloß, er übte die von ihm geforderte Offenheit und Liebe gegenüber den Mitmenschen; und zwar gerade denen gegenüber, deren Leben bedroht war und die keine Zukunft hatten. Jesu Person gehört mit seiner Predigt also nicht zusammen in dem Sinne, daß er von seinen Hörern die Zuerkennung eines Titels – etwa »Messias« oder »Gottessohn« – von vornherein verlangte, oder daß er sie zu einer Anerkennung seiner messianischen Würde wenigstens hinzuführen bestrebt war. Gleichwohl gehört das Handeln, das Verhalten Jesu mit seiner Predigt durchaus zusammen. Denn Jesus lebte nicht nur vor, was er unter rechter Offenheit gegenüber dem Mitmenschen versteht. Sein Verhalten ermächtigte und ermutigte zu rechter Nächstenliebe diejenigen, die sich selber aufzugeben drauf und dran waren. Es wird historisch sein, daß er solchen Existenzen in ihre konkrete Situation hinein, »auf Erden« (Mark. 2,10), die Vergebung der Sünden zusprach, wie es in Mark. 2,5-10 Par. nun zu einem typischen Zug seines Wirkens gemacht wird. In dieser Weise *predigt* Jesus nicht bloß die Gnade, er *betätigt* sie.

12. Die Autorität Jesu

Wie kommt Jesus dazu, dem Menschen so, wie es die bisherigen Ausführungen darlegten, Gehorsam abzuverlangen und die Menschen zu solch einem Gehorsam zugleich zu ermächtigen und zu ermutigen? Woher nimmt er die Autorität zu einer so hochgradigen Forderung der Nächstenliebe und zu solch einem zugleich anstößigen und helfenden, die Schwachen und Deklassierten ermutigenden Verkehr mit den Menschen? Die übliche Antwort ist ja bekannt: er konnte das, weil er Gottes Sohn war, was sich daran zeigte, daß er auferstanden ist; er konnte das als eben *diese* Person, die eben *diesen* Weg vom Himmel über die Erde und dann wieder in die Himmelswelt zurücklegte. Man kann dieselbe Frage auch in einer andern Weise stellen. Wir haben bisher über den *historischen* Jesus gesprochen, über eine Größe der vergangenen Geschichte; die Tätigkeitswörter unserer Darstellung wechselten daher zwischen der Vergangenheits- und Gegenwartsform. Inwiefern kann Jesus uns in unserer heutigen Gegenwart in Verantwortung nehmen und uns heute Hilfe leisten, er, die Gestalt einer um neunzehn Jahrhunderte zurückliegenden Vergangenheit? Wiederum scheint die übliche und bekannte Antwort sich anzubieten: weil er, als der Sohn Gottes, den der Tod nicht halten konnte, überzeitliche Mächtigkeit besitzt. Wer in dieser Richtung denkt, gründet die Autorität Jesu auf seine der Zeit entnommene Göttlichkeit.

Und doch läßt sich, scheint mir, zeigen: eine in dieser Weise begründete Autorität Jesu entspricht nicht dem wirklichen Begriff von Autorität überhaupt; die Autoritätsgewinnung ist im Falle Jesu denn auch nicht in dem Sinn dieser üblichen Antwort verlaufen.

Eine Autorität, die wirklich das ist, was der Name besagt, bindet den Menschen nicht bloß durch Sitte, Gewohnheit und Recht. Sie ist Autorität dadurch, daß sie dem Menschen, jedenfalls dem Erwachsenen, ungezwungen Zustimmung abgewinnt und abnötigt. Das geschieht dadurch, daß sie einen Inhalt vertritt. Dieser Inhalt ist imstande, den Hörenden ohne Zwang zu binden und so dem Sprechenden Autorität zu verschaffen. Autorität lebt also von dem Inhalt, den sie vertritt. Eine Begründung für sie außerhalb des von ihr vertretenen Inhaltes gibt es nicht. Ist die Autorität nicht kraft der von ihr vertretenen Inhalte vorhanden, so gibt es keine Gründe außerhalb ihrer, mittels deren sie aufgerichtet werden könnte. Autorität lebt davon, daß sie als Autorität tätig ist. Ein Verweis auf etwas außerhalb ihrer kann sie weder zustande bringen noch sie außer Kurs setzen.

So verhielt es sich historisch auch mit der Autorität, die Jesus unter seinen Anhängern und Hörern gewann. Er vertrat und lebte all die Dinge, über die wir bisher sprachen. Das gewann ihm Herz und Gewissen seiner Hörer. Sie konnten sich dem, was er wollte, nicht entziehen. Wer sich dem, was er wollte, entgegensetzte, tat es um den Preis, daß die innere Stimme nicht zum Schweigen zu bringen war, die da sagte: Er hat aber *doch* recht. So stellen es auch die Evangelien dar, wenn sie die Betroffenheit der Hörer zeichnen: »Er lehrte wie einer, der Vollmacht besitzt« (Matth. 7,29 Par.).

In dieser Weise kann Jesus auch heute dort, wo das zum Ausdruck kommt, was er will, Autorität werden. Er wird es nicht dadurch, daß man ihn anpreist. Es muß nur das, was er zu sagen hat und was sein Tun ausmacht, richtig zu Worte kommen. Darum kann es sich nicht um eine Pauschal-Autorität handeln, die seiner Person oder auch nur dem gesamten Umkreis seiner eigenen und der späteren unter seinem Namen überlieferten Worte zukäme. Es ist eine Autorität, die den Hörer hier und da bindet; ihn aber dort und anderswo – zum Beispiel auf dem Gebiet seiner End- und Naherwartung – nicht binden kann, ja nicht binden darf. Gerade wenn von wirklicher, das heißt von einer überzeugte Zustimmung einschließenden Autorität die Rede ist, kann das Ja des Hörers zur Autorität Jesu kein Blankoscheck sein, in den jedes beliebige Jesuswort eingesetzt werden darf. Gerade wenn es um echte Autorität gehen soll, bleibt es eine Autorität im Dialog, eine Autorität mit Auswahl. Die Kirche sollte der vorzügliche Ort sein, an dem solch eine Autorität Jesu entsteht. Die Aufgabe der Kirche ist es, die Autorität Jesu heute in rechter Weise zu Worte kommen zu lassen und, im tätigen mitmenschlichen Ja zu den Schwachen und Deklassierten, zu einem Hören hier und da auf diese Autorität und zu einem Wandel in der Offenheit für den schwachen Mitmenschen zu ermutigen und zu ermächtigen. So sollte die Kirche keine Furcht davor haben, daß es sich dabei um eine Autorität mit Auswahl handelt; also um eine Autorität, die im Dialog jeweils neu bejaht und auf Grund ihrer inhaltlichen Überzeugungskraft gewählt wird. Der Mensch lebt nicht von einem kompletten und durchdachten System ethischer Werte; er lebt davon, daß er hier und da in schlichter Mitmenschlichkeit, allem Bösen und allen Miseren zum Trotz, zum Weiterleben immer wieder ermutigt wird. Wo das geschieht, da wird der Wille und das Verhalten Jesu vollstreckt. Da wird Jesus – in aller Bruchstückhaftigkeit – auch heute zur Autorität.

Jede Autorität schafft sich Bezeichnungen, Titel und Vorstellungsreihen, durch die die Anwesenheit von Autorität angezeigt werden soll. Man muß hier nur sehr genau achtgeben. Nicht die Titel schaffen die Autorität, sondern die Autorität benutzt Bezeichnungen und Titel. Für einen gewissen Zeitraum können zwar Titel und Bezeichnungen eine scheinbare Autorität auch dort hervorbringen, wo die Träger der wirklichen Autorität entbehren. Aber von Dauer ist solch eine geborgte Autorität nicht; in Kürze bricht sie zusammen, wo nicht eine wirkliche Autorität hinter der Fassade steht. Kein Lehrer gewinnt dadurch, daß er Lehrer ist, anhaltende Autorität; besitzt er selber aber Autorität, so wird er sie als Lehrer ausüben können. Man muß also genau unterscheiden zwischen der Autorität, die vorhanden ist, und zwischen der jeweiligen Ausdrucksform, in die die Anwesenheit einer Autorität gekleidet wird.

Diese Vorüberlegungen können uns dazu verhelfen, den Entwicklungsprozeß zu verstehen, in dessen Verlauf die Autorität Jesu Ausdruck und Form gewann. Das Ursprüngliche, die Betätigung der Autorität, liegt auf der Ebene des historischen Lebens Jesu. In diesem Stadium gab es für die Autorität Jesu keine außergewöhnlichen Titel (wie Messias oder Gottessohn) und Vorstellungsreihen (wie Auferstehung und Rückkehr in die Himmelswelt). Da war einfach einer da, der lehrte »mit Vollmacht«. Mit wachsendem Abstand von dieser Ebene des historischen Lebens werden für die Autori-

119

tät Jesu dann aber immer höher greifende Ausdrucksformen gewählt. Wir gehen diese Formen nun nacheinander durch.

Die älteste Berichterstattung nimmt die Autorität Jesu als einfach gegeben noch so selbstverständlich hin, daß sie ihn noch zeichnen kann als einen, der die Bezeichnung »gütig« als Anrede abweist (Mark. 10,17 f.; Luk. 18,18 f.). Dann aber wird die Person Jesu – als Ausdruck seiner Autorität – so wichtig, daß der erste Evangelist diese Abweisung im Munde Jesu nicht mehr ertragen kann (Matth. 19,16 f.). Der Jesus der älteren, der Markus-Tradition, vollzieht seine helfenden Taten noch in einer magienahen Atmosphäre. Dann aber wird diese Unbefangenheit als für seine Autorität schädlich empfunden; nun, im ersten Evangelium, heilt er durch das Wort, und das massiv Magische verschwindet aus den Texten (vgl. S. 38). Die Autorität wird von der Ebene tätigen Handelns auf seine Person übertragen. Der Jesus der ältesten Traditionsschicht fordert den rechten Gehorsam bis zur Drangabe des Lebens, ohne seine Person als Begründung in diese Forderung einzubringen. Die Späteren formulieren: es ist eine Drangabe des Lebens um Jesu willen gemeint (vgl. S. 114). Der Jesus, der hilft und fordert und ermächtigt, wird zu dem Jesus, der dies Tun programmatisch als den Sinn seiner Sendung proklamiert (vgl. S. 115). Die Wichtigkeit und Bedeutungsschwere des Lehrens und Tuns Jesu, die zunächst einfach da ist, wächst sich aus zur Wichtigkeit und Bedeutung seiner Person. Die Bedeutung seiner Person, das ist jetzt der Ausdruck für seine Autorität; die Autorität ist bei dieser Verschiebung nun natürlich auf dem Wege, einen umfassenden, ausnahmslosen Charakter zu gewinnen. Sie hört auf, Autorität im Dialog, Autorität mit Auswahl zu sein.

Im Laufe dieser Entwicklung wird die Autorität Jesu in zweierlei Weise ausgedrückt: man spricht einmal von dem Weg Jesu, den er nach seinem Tode ging, dann auch von der Existenz, die vor seinem irdischen Leben lag; und man bejaht zweitens seine Autorität in der Weise, daß man ihm bestimmte Titel und Würdebezeichnungen verleiht. Beide Ausdrucksformen für Jesu Autorität hängen eng miteinander zusammen. Wenn wir sie hier *nach*einander durchdenken, so dient dies Nacheinander lediglich dem Zweck besserer Einsichtigkeit.

Der Weg Jesu wird nun zum Ausdruck für seine Autorität. Die entscheidende Wende ist die Überzeugung seiner Anhänger, Jesus sei nach seinem Kreuzestode nicht im Tode geblieben. Eine alte Tradition, die auf die jüdischen Christen zurückgehen wird, berichtet von Visionen, in denen der Auferstandene seinen Anhängern erschien (1. Kor. 15,5-8). Es werden Einzelvisionen (Kephas – Petrus, Jakobus und Paulus) sowie Gruppenvisionen (die Zwölf, fünfhundert Gläubige, alle Apostel) genannt. Die Tradition über eine Vision des Jakobus ist im Neuen Testament sonst ganz verschwunden; die über die Vision des Petrus hat im Neuen Testament sonst nur noch geringe Spuren hinterlassen (Luk. 24,34; Joh. 21,1-14; Luk. 5,1-11). Der Zeitpunkt der einzelnen Visionen bleibt in 1. Kor. 15,5-8 völlig unbestimmt. Wir werden nicht fehlgehen, wenn wir für das Nacheinander dieser sechs Visionen einen Zeitraum von mehreren Jahren annehmen. Denn als Paulus seine Christusvision hatte, die sechste in 1. Kor. 15,5-8, existierte die Urgemeinde schon eine längere Zeit. Vor allem aber: das, was dem Paulus in dieser seiner Vision widerfuhr, war nach der Darstellung der Apostelgeschichte (9,3) eine Vision vom Himmel her, über die er selber auch in nicht massiver Weise als über einen Vorgang »in ihm« (Gal. 1,16) sprechen kann. Das heißt aber, in diesen Berichten von dem erscheinenden lebendigen Jesus spielt das Grab Jesu, seine Öffnung und das Geschick des Leichnams Jesu keine Rolle. Mit dieser Visionstradition ist zwar die Tradition verknüpft, Jesus sei nach seinem Tode auferstanden (1. Kor. 15,4). Aber die Datierung schwankt zwischen »am dritten Tage« (1. Kor. 15,4; Matth. 16,21; 17,23; 20,19; Luk. 9,22; 18,33) und »nach drei Tagen« (Mark. 8,31; 9,31; 10,34); was nicht unbedingt einen Widerspruch darstellen muß, wenn man, nach antiker Weise, den ersten Tag mitzählt. Auch in dieser Tradition von Jesu Auferstehung wird zunächst nicht ausdrücklich berichtet, daß der Leichnam Jesu aus dem Grab verschwunden sei. Ja es scheint eine alte Tradition gegeben zu haben, die spricht – unter Übergehung des Grabes und der drei Tage – davon, daß der Gekreuzigte erhöht worden sei (Phil. 2,9; Hebr. 1,3 und im Hebräerbrief öfter), ohne daß seine Auferstehung dabei ausdrücklich erwähnt wird. Erst im weiteren Verlauf der Tradition gewinnt das Grab für die Auferstehungsbotschaft Be-

deutung, Jesus sagt in allen drei Synoptikern dreimal seinen
Tod und seine Auferstehung voraus (vgl. S. 113), die Frauen
finden das Grab leer, erzählen das aber nicht weiter (Mark.
16,1-8). Nach dem Lukas-Evangelium berichten die Frauen
es dann doch weiter (24,1-11), und Matthäus (28,1-10) verknüpft die Geschichte von den Frauen, die das Grab leer
finden, sogar mit einer Vision Jesu vor eben diesen Frauen
am leeren Grabe, ja mit der Teilnahme einer römischen
Grabeswache, also Jesus fernstehender Dritter, an den Be-
gleitumständen von Jesu Auferstehung. Für Paulus ist, entgegen den Evangelienschlüssen, die Auferstehung Jesu wichtig, weil sie, als Ereignis der Endzeit, die nahe Auferstehung
der Glaubenden einleitet; Jesus ist für ihn das Urbild des
Menschen (in der theologischen Fachsprache: der Urmensch), der den Weg der Seinen, ihnen vorausgehend, bestimmt. Schließlich bleibt es nicht bei der Auferstehung,
nachdem sie im Verlauf der Tradition als Hervorgehen aus
dem Grabe verstanden ist. Denn nun wird einer so verstandenen Auferstehung das Verlassen der Erde noch hinzugefügt. Nach dem Lukas-Evangelium (24,50-53) fährt Jesus in
die Himmelswelt auf noch am Auferstehungstage; nach dem
jetzigen, vielleicht nicht ursprünglichen Anfang der Apostelgeschichte (1,3) findet die Himmelfahrt statt, nachdem der
Auferstandene noch vierzig Tage lang mit den Seinen Umgang gehabt und sie unterwiesen hat.

Es liegt auf der Hand, daß der Entwicklungsweg dieser
vielfach verschlungenen Tradition von uns historisch im einzelnen nicht genau und verläßlich nachgezeichnet werden
kann. Wir werden uns diese ganze in sich nicht widerspruchs-
freie Vorstellungswelt der alten Christen nach der weltanschaulichen Seite hin heute kaum zu eigen machen können.
Und dies um so weniger, als wir wissen, ähnliche Dinge
wurden in der Antike von Naturgottheiten, Heroen, großen
Philosophen und bedeutenden Herrschern berichtet (vgl. S.
23). Original christlich ist nicht der Umstand, daß *diese*
Vorstellungswelt von Auferstehung und Auffahrt auf Jesus
angewendet wird. Bedeutsam ist vielmehr, daß diese Vorstellungswelt auf *Jesus* angewendet wird. Der Glaube an die
Auferstehung ist eine altchristliche Ausdrucksform, und
zwar eine umweltbedingte Ausdrucksform, für die Autorität, die Jesus über jene Menschen gewonnen hat. Wir heute

werden diese Ausdrucksform nicht als für uns verbindlich empfinden können. Die mit dieser Ausdrucksform gemeinte Autorität Jesu kann für uns aber sehr wohl verbindlich werden.

Der Weg Jesu kann im Neuen Testament nun auch noch für die Zeit vor seinem Erdenleben ausgemalt werden; sozusagen nach der entgegengesetzten Richtung hin wie bei Auferstehung und Auffahrt. Über die im Neuen Testament nur vereinzelt begegnende Vorstellung von seiner wunderbaren Geburt aus der Jungfrau sprachen wir schon (S. 33 f.). Ja der Weg Jesu kann nun zurückverfolgt werden bis in die Himmelswelt: vor seiner Menschwerdung war er dort bei Gott und stieg, von Gott entsendet, zur Erde herab, seine himmlisch-göttliche Wesenheit ablegend (Phil. 2,6-7; Gal. 4,4). Vor seiner Menschwerdung war er das göttliche Wort, der »Logos«, durch den die Welt geschaffen wurde (Joh. 1,3; Hebr. 1,2), der dann, als das Licht der Welt, Mensch wird und die rechte Kunde von Gott bringt (Joh. 1,1-18). Auch für diese Vorstellungsreihe stehen religiöse Vorstellungen der urchristlichen Umwelt Modell (vgl. S. 23 f.).

Neben diesem Weg Jesu – aus der Himmelswelt durch den Tod zurück in die Himmelswelt – als einem Ausdruck für die Autorität Jesu begegnet eine sichtbar immer höher greifende Titulierung Jesu. Sie dient dem gleichen Ziel: man will die Autorität Jesu mittels der gewichtigsten Titel, die man zur Verfügung hat, unterstreichen. Den Anfang der Entwicklung machen jüdische Hoheitstitel; die ersten Anhänger Jesu waren ja Judenchristen. So wird Jesus hier, zugleich mit der Entstehung des Osterglaubens, mit dem höchsten Titel benannt, den das Judentum zu vergeben hat: er ist der Messias. Zunächst nicht der Messias, der schon da war; sondern *der* Messias, der in Bälde, am nahen Ende der Tage (vgl. S. 45 ff.), kommen wird. Als Messias ist er dann der Davidssproß, in Bethlehem geboren; ja er kann, nach jüdischem Glauben, eben als Messias auch Gottessohn heißen. Er wird mit dem Menschensohn gleichgesetzt, auf den er, predigend, zunächst als auf eine andere, von ihm unterschiedene Person hinwies (vgl. S. 46 f.). Als die Botschaft dann hellenistisch-orientalischen, nichtjüdischen Menschen verkündigt wurde, änderten sich auch die Ausdrucksformen für die Autorität Jesu. Alte Formen fielen fort: Paulus zum Beispiel spricht nicht mehr von Jesus als dem Menschensohn. Andere alte Formen gewannen einen neuen Inhalt: aus dem Bekenntnis »Jesus ist der Messias« wurde auf griechischem Boden, mittels der Übersetzung von »Messias« durch »Christus«, nun der Eigenname »Jesus Christus«. Der Gottessohn, im jüdischen Glauben mit dem Messias gleichgesetzt und Gott untergeordnet, gewinnt nun auf griechischem Boden, in Anlehnung an religiös außerchristliche Denk- und Sprechweise, stärkere göttliche Würde. Vor allem treten nun neue Titel auf: Jesus als der Kyrios, der Herr, ist jetzt, entsprechend der hellenistisch-religiösen Denkweise, ein gottheitliches Wesen; »Herr« besagt nun mehr als die alte jüdische Höflichkeitsanrede »Herr«, die Jesus zunächst nur als Richter oder König bezeichnet. Ähnlich wie Kyrios ist »Logos« in Joh. 1,1 solch eine gottheitliche Bezeichnung. Die Auswechselbarkeit der verschiedenen Titel, je nach der religiösen Umwelt, in welcher die Sache Jesu vertreten wird, zeigt aber klar an: es hängt nicht an der mit den Titeln verbundenen Vorstellungswelt im einzelnen. Die Titel sind Hinweise, sind Ausdrucksformen. Sie können die Autorität Jesu nicht begründen; sie wollen die Autorität Jesu aber aussagen und auf sie hinweisen.

So kommt also alles darauf an, einen Unterschied zu machen zwischen der Autorität, die Worte und Verhaltungsweise Jesu über einen Menschen gewinnen können, und den mancherlei Möglichkeiten, in denen solch eine Autorität Jesu zu den Zeiten des Neuen Testamentes und später ihren Ausdruck gefunden hat. Diese Unterscheidung zwischen dem Vorhandensein der Autorität und ihren Ausdrucksformen ist angesichts unserer heutigen geistigen Situation eminent wichtig. Wo ein Mensch der Antike von dem, was Jesus will, überzeugt wurde, konnte er für diese seine Überzeugung ohne Denkschwierigkeiten zu den Ausdrucksmitteln greifen, die Neues Testament und Kirche ihm damals darboten; das heißt zu den Titulaturen für Jesus und zu den Vorstellungen über den Weg, der Jesus von der Himmelswelt über die Erde durch Tod und Auferstehung in die himmlische Existenz zurückführte. Wir heute können nun zwar genauso wie die alten Christen von der Autorität eines Wortes oder einer Verhaltensweise Jesu überzeugt werden. Wir sind heute aber nicht mehr imstande, solche unsere

Überzeugung in den religiösen und weltanschaulichen Formen des Neuen Testamentes auszudrücken. Daher sollten wir uns hüten, die Christlichkeit eines Menschen danach zu befragen und zu beurteilen, ob er – um die beiden beliebtesten Testfragen herauszugreifen – Jesus für Gottes Sohn hält und ob er an Jesu Auferstehung glaubt. Und selber in dieser Weise befragt, sollten wir nicht ängstlich zurückweichen, sondern sollten klar antworten: In dem wörtlichen Sinne, in dem diese Titel im Neuen Testament gebraucht werden, kann ich sie nicht übernehmen. Das Neue Testament verpflichtet mich dazu auch gar nicht, denn schon auf seinem eigenen Boden findet eine Entwicklung statt – wir skizzierten sie ja soeben kurz –, die von einer Anerkennung der Autorität Jesu ohne jede Titulierung führt zu einer Reihe einander ablösender oder ergänzender Titulaturen und zu einem immer durchgebildeteren System von Vorstellungen über den Weg Jesu. Wollte ich sie annehmen, so müßte ich mit ihnen antike Denk- und Vorstellungsformen annehmen. Und das kann ich nicht. Ich kann aber verstehen, daß man damals diese Ausdrucksformen für die Autorität Jesu wählte. Und ich bin mit jenen alten Christen darin einig, daß Jesu Handeln und Worte – nicht pauschal, aber in bestimmten und wichtigen Punkten – für mich Autorität geworden sind.

Solch ein Bekenntnis wird der Einrede ausgesetzt sein: Das ist aber zu wenig. Der Einreder will sicher in guter Absicht der Autorität Jesu beistehen. Gerade darum sollte er hier innehalten. Das, was er als die notwendige Komplettierung jenem angeblichen »Zuwenig« gern hinzugefügt sähe, ist nämlich eine geistlich nicht ungefährliche Sache. Der Einreder möchte den Schritt von der hier und da akzeptierten Autorität des Handelns und Redens Jesu zu einer Total-Anerkennung Jesu vollzogen sehen, die sich in den neutestamentlich vorgegebenen dogmatischen Formen ausspricht. Er passe aber auf, daß er bei diesem seinem Bestreben nicht an entscheidender Stelle mit dem Neuen Testament selber in Konflikt gerät! Es gibt eine Pauschalanerkennung des Kyrios, des Herrn Jesus, die in seinem Namen predigt, religiöse Erlebnisse weitergibt und Hilfe spendet, die aber gleichwohl nichts wert ist, weil sie am Tun des Rechten vorbeigeht: so läßt die Gemeinde Jesus warnen (Matth. 7,21-23). Es gibt eine dogmatisch korrekte Anerkennung Jesu und des Evangeliums, die bei aller Korrektheit einen »andern Jesus« und ein »anderes Evangelium« im Sinne hat, weil solch eine Anerkennung von dem eigenen religiösen Kraftgefühl lebt; so stellt Paulus gegenüber den Irrlehrern des zweiten Korintherbriefes (11,4) fest. Das Neue Testament weiß um die geistliche Gefährdung derer, die den Unterschied nicht wahrhaben wollen zwischen einer dogmatisch korrekten Pauschalanerkennung Jesu und jener Autorität, die Wort und Handeln Jesu konkret über den Menschen gewinnen können.

13. Gott

Der nachdenkliche Leser mag an diesem Punkte unserer Überlegung fragen: Wenn es zu unterscheiden gilt zwischen einer sich ereignenden Autorität und zwischen den Ausdrucksformen für solch eine Autorität, soll solch eine Unterscheidung denn nun statthaben und Anwendung finden auch dort, wo wir »Gott« sagen? Anders formuliert: Was ist dann Gott?

Wir können die rechte Einsicht in solche Frage gewinnen durch einen Text wie Mark. 11,27-33. Die Verse 31-33 werden eine Gemeindebildung sein; denn die in diesen Versen vermerkte Abweisung des Täufers durch seine Gegner schient der erzählenden Gemeinde bereits festzustehen und eine ausgemachte Sache zu sein. Es ist kein echter Dialog mehr, sondern hier wird auf eine bekannte und abgeschlossene Stellungnahme zurückgeblickt. In Vers 27-30 dagegen wird Jesus nach seiner Autorität gefragt. Seine Gegenfrage lautet: Stammt die Autorität des Täufers von Gott oder von Menschen? Hier dürfte ein altes, echtes Jesuswort vorliegen. Jesus weicht in ihm der an ihn gerichteten Frage nicht aus, indem er etwas nicht zur Sache Gehöriges fragt, das die Gegner nur in Verlegenheit bringen soll. Seine Gegenfrage ist vielmehr eine sehr präzise Antwort auf die an ihn gerichtete Frage; nur eine indirekte Antwort. Sie nennt den Weg, auf dem man seine, Jesu, Autorität – er meint natürlich seine Autorisierung durch Gott – wirklich erkennen kann. Wer den Weg des Täufers und seiner Taufe geht, wer die vom Täufer gepredigte Umkehr annimmt, wer also alles von der schenkenden Güte Gottes und nichts von der frommen Pracht der eigenen Leistung erwartet, der wird Jesu Autorisierung durch Gott bejahen und verstehen und wird nach ihr erst gar nicht mehr zu fragen brauchen.

Warum verweigert Jesus hier eine direkte Antwort? Warum sagt er nicht einfach: Meine Autorität stammt von Gott? Weil in dieser Situation ein »von Gott« nichts besagen würde. Denn die Gegner und Jesus legen Gott verschieden aus, wie es für uns in allen vorhergehenden Abschnitten ja auch zutage trat; beide Seiten meinen, wenn sie »Gott« sagen, also je etwas Verschiedenes. Jesus denkt, wenn er »Gott« sagt, an die Bekehrung, an den radikalen Gehorsam, an die totale Gnade. Wer dazu ja sagt, der dürfte die Autorität Jesu auch als »von Gott« stammend bezeichnen. Aber solch ein »von Gott« bringt zu dem radikalen Gehorsam und zu der totalen Gnade nicht noch etwas Wesentliches hinzu, sondern ist dann darin enthalten; das »von Gott« ist dann der Ausdruck für den radikalen Gehorsam und für die totale Gnade. Jesus weigert sich also offensichtlich, von Gott anders als indirekt dort zu sprechen, Gott direkt als Begründung seiner Autorität dort zu nennen, wo dieser Gehorsam, dies bescheidene Wissen um die Gnade, wie bei den Gegnern, nicht vorliegt. Ein »von Gott« würde ihnen für die Autorität Jesu dann ja auch nichts besagen; es wäre wie eine Kompromißformel, in die jede Seite dann doch wieder die *ihr* genehmen Inhalte hineindenkt und hineinliest. Das hieße dann für unsere Situation und Fragestellung: der Verweis auf Gott ist unangemessen überall dort, wo Jesus nicht Gehorsam findet und wo seine Gnadenverkündigung nicht angenommen wird. Denn solch ein Verweis auf Gott kann den rechten Gehorsam nicht begründen. Gott ist im rechten Gehorsam vielmehr immer schon enthalten. Gott garantiert nicht Autorität, hier die Autorität Jesu; er ist Ausdruck dieser Autorität. Über Gott kann man nur im Vollzuge sprechen; im Vollzuge des Gehorchens und der Demut.

Der Leser wird hier wohl fragen: Ist denn Gott nicht eine Größe für sich? Auch hier vermögen die Evangelien zur Klärung zu verhelfen. Der wahrscheinlich auf Jesus selber zurückgehende Einzelspruch formuliert: der Mensch ist nicht um des Sabbats willen, sondern der Sabbat um des Menschen willen da (Mark. 2,27; vgl. S. 67). Wir müssen uns die in solch einem Spruch vorliegende ungeheure Horizontverschiebung klarmachen. Gott feiert nach jüdischer Vorstellung selber mit allen Engeln in der Himmelswelt den Sabbat; das erwählte Volk Israel darf daran teilhaben, ihm ist mit dem Sabbatgebot also in vorzüglicher Weise die rechte Verehrung Gottes anbefohlen. Hier ist wirklich der Mensch dazu da, um Gott in diesem Kult, durch Befolgung des wichtigsten Gebotes, wie jüdische Texte erklären, zu dienen. Hier ist Gott als eine Größe für sich in eminentem Sinne gedacht; der Mensch aber ist in den Dienst dieser Größe eingespannt, der Mensch ist um des Sabbats, um Gottes willen da. Dieser Horizont wird in dem Spruche Jesu erschreckend verschoben. »Der Sabbat ist um des Menschen willen da.« Was ist hier geschehen? Gott ist nun nicht mehr derjenige, dem man durch Kult, durch Sabbatbeobachtung dient. Der Dienst richtet sich nicht mehr auf Gott als auf eine Größe für sich. Der richtige Dienst an Gott ist Dienst am Menschen, am Menschen in seiner Not. Das ist die rechte Sabbatobservanz, das ist der rechte Gottesdienst. Nach Jesus *darf* nicht bloß, sondern *muß* der rechte Dienst an Gott Dienst am Menschen sein.

Wo bleibt dann aber, so höre ich den besinnlichen Leser fragen, die Liebe zu Gott? Wo bleibt das Gebet zu Gott? Der Leser mache sich hier, wo es ja um eine wahrhaftig zentrale Frage geht, einmal die Mühe, eine neutestamentliche Konkordanz über die Stellen zu befragen, die in Hauptwort und Tätigkeitswort von der »Liebe zu Gott« und von »Gott lieben« sprechen. Er wird dann eine bestürzende Beobachtung verzeichnen müssen. Das Hauptwort findet sich nur in Luk. 11,42, und dort in einer späteren, jüngeren Fassung des gleichen Wortes, das Matthäus (23,23) in der Urfassung bringt; die Urfassung aber spricht von rechtem Verhalten, Barmherzigkeit und Treue gegenüber dem *Menschen*. In Mark. 12,28-34 Par. stellen alle drei Synoptiker Liebe zu Gott und Liebe zum Menschen als die beiden wichtigsten Gebote, wie schon das hellenistische Judentum es tut, nebeneinander und gebrauchen dabei das Tätigkeitswort »Gott lieben«. Das sind in der Tat in den drei ersten Evangelien dann aber auch alle Stellen, die von der Liebe zu Gott handeln. Diese sehr auffällige Zurückstellung der »Liebe zu Gott« hat natürlich ihren theologischen Grund. Der Grund liegt in der Art und Weise, wie Jesus und die Jesustradition über die Liebe zu Gott denken und sie auslegen. Die Gemeinde läßt Jesus dem reichen Frager, der den Weg zum ewigen Leben wissen möchte, die Antwort geben, er solle die Gebote halten (Mark. 10,17-22 Par.; vgl. S. 86f.). Bei der Aufzählung der Gebote fehlt dann aber das erste bis dritte Gebot, die Liebe zu Gott, die sogenannte erste Tafel, der spezifisch religiöse Teil der Gebote. Nur der zweite Teil der Gebote, also die Regeln für das rechte Verhalten dem Nächsten gegenüber, wird aufgezählt. Das ist offenbar kein Zufall. Die große Zusammenstellung im Matthäus-Evangelium (5,21-48), in der für Zwecke des kirchlichen Unterrichts die Forderung Jesu in ihrer Radikalität der Forderung der Vergangenheit, der Forderung »an die Alten«, entgegengesetzt wird, nennt ausschließlich Verhaltungsweisen, die auf den Nächsten blicken, und auch in Matth. 6 und 7 finden sich die spezifisch religiösen Themen, Beten und Fasten, in einer deutlichen Minderzahl. Der Grund für diesen auffälligen Tatbestand kann natürlich nicht darin liegen, daß Jesus und die an ihn anschließende Tradition »Gott« einfach übergehen und heraushalten möchten; die »Königsherrschaft Gottes« ist ja einer der Zentralbegriffe in der Verkündigung Jesu (S. 45 ff.). Die Meinung der Texte muß vielmehr diejenige sein: von Gott ist in den Worten Jesu der Sache nach dauernd die Rede, auch wenn die Liebe zu Gott ausdrücklich gar nicht erwähnt wird. In diesem Sinne hätten wir dann über die rechte Liebe zu Gott hier schon die ganze Zeit nachgedacht und gesprochen; nämlich dort, wo die Bekehrung, die Vergleichgültigung von Kult und religiösem Recht, wo die Ehe und der Besitz, kurz wo der Nächste und das rechte Verhalten gegen *ihn* zur Debatte stand. Jetzt wird klar, warum die Liebe zu Gott in den Synoptikern ausdrücklich so wenig begegnet: weil sie, dem mit ihr gemeinten Tatbestand nach, nicht ausdrücklich, aber in Wirklichkeit sozusagen auf jeder Seite begegnet. Gott wird, nach Meinung der Texte, geliebt nicht in Versenkung und Verzükkung, sondern in gehorsamem Wandel. Und zwar in solch einem Wandel, der dem Nächsten in aller Konkretheit dient. Der Leser prüfe in aller Ruhe das Material der Jesustradition und halte dann der Frage stand, ob das Gefälle, das von der Vergleichgültigung der Sabbatbeobachtung und rituellen Reinheit bis zum Preise des barmherzigen Samariters geht, nicht tatsächlich zutreffend in dem apokryphen Jesuswort beschrieben ist: Hast du deinen Bruder gesehen, dann hast du deinen Gott gesehen (Clemens Alexandrinus, Stromateis I 19). Das in Mark. 12,28-34 Par. verkündigte Nebeneinander der beiden Hauptgebote, der Gottesliebe und der Nächstenliebe, ist also nur ein scheinbares *Nebeneinander.* Vergleicht

man die Materialfülle der Seiten 53 bis 92 mit ihrer Konzen-
tration auf die Nächstenliebe (S. 93 ff.), welch anderes Verständnis der Gottesliebe, die ausdrücklich *ein* Mal erwähnt
wird, bleibt dann übrig als die Erklärung: Jesus und die
Jesustradition legen die Liebe zu Gott aus als die Liebe zum
Nächsten? Noch in einer bekannten Kirchenordnung aus
dem Anfang des zweiten Jahrhunderts, der sogenannten
»Lehre der zwölf Apostel«, spiegelt sich dieser Tatbestand:
die Liebe zu Gott und zum Nächsten wird zwar ausdrücklich gefordert (1,2); aber die Liebe zum Nächsten macht
dann den Hauptteil der nachfolgenden Auslegung aus
(1,3-5,2). Natürlich heißt das für das Gebet nun nicht, daß an
den Nächsten das Beten des Menschen sich richtet. Aber
diejenigen Züge, die auch in den Synoptikern das Beten aus
einem speziell kultischen Bereich auf die Ebene einer stän-
digen Haltung zum mindesten ansatzweise zu verlegen im
Begriffe sind (vgl. S. 69 f.), weisen in die gleiche Richtung:
der Dienst an Gott geschieht nicht als besonders betonter
Akt, sondern sozusagen interlinear auf dem Felde konkreten
Handelns. Oft hört man gegen solch eine These einen Einwand, der da meint, er führe ein besonders gewichtiges, jene
These vernichtend treffendes Argument ins Feld: das alles
sei doch nur Humanismus. Man braucht dann die Vokabel
»Humanismus« aber lediglich durch die neutestamentliche
Vokabel »Nächstenliebe« zu ersetzen, dann wäre es ja den
Versuch wert, ob demjenigen, der diesen Einwand vorbringt,
das »nur« vor der Vokabel »Nächstenliebe« nicht etwas mühsam aus dem Munde käme, sofern er sich der Jesustradition
und – hier darf man getrost ausweiten – den paulinischen
und, eingeschränkter, auch noch den johanneischen Texten
des Neuen Testamentes stellt. Zudem zeugt solch ein Einwand von keiner sehr klaren Vorstellung dessen, was der
»Humanismus« zur Zeit des Neuen Testamentes über Liebe
zu Gott und zum Nächsten nicht nur feststellt, sondern predigt. Eine so liebenswerte Gestalt wie Epiktet lehrt einen
Gehorsam gegen die Gottheit, der darin besteht, daß der
Mensch nur das erstrebt, worüber er wirklich verfügt, und
sich nicht von seinen Gefühlen zu Verhaltensweisen hinrei-
ßen läßt, die ihn nur unglücklich machen, weil er sich da auf
Gebieten bewegt, die seiner Verfügungsmöglichkeit entnommen sind. Zu solchen Gefühlen gehört für Epiktet aber aus-

drücklich ein barmherziges Mitempfinden mit dem Unglück des Nachbarn. Hier bei dem »Humanisten« Epiktet ist die Offenheit für den Nächsten allerdings nicht die Auslegung der Liebe zu Gott.

Wenn nun Gottesdienst auf dem Boden der Jesustradition Dienst an dem konkreten Nächsten ist, wie kann dann aber von der Gnade Gottes gesprochen werden? Auch hier hilft die Jesustradition uns zu weiterer Klärung. Die Texte malen den Mann, der um Mitternacht dem bittenden Feind gar nicht einmal aus Freundschaft, sondern einfach um den Störenfried loszuwerden, seine Bitte erfüllt (Luk. 11,5-8). Oder sie weisen auf den Vater, der dem bittenden Sohn nicht einen Stein oder eine Schlange, sondern wirklich Brot und Ei reicht (Matth. 7,9 f. Par.). Solche Texte wollen dazu ermutigen, die schenkende Güte Gottes zu erwarten. Sie betreiben diese Ermutigung aber in der Weise, daß sie auf ein schenkendes Verhalten hinweisen, das sich in den normalen Fällen menschlichen Miteinanders ereignet. Die Meinung ist offenbar die: das Geben der Menschen bildet, wenn auch in schwacher Weise, das Geben Gottes ab; die konkrete Erfahrung, die ein Beschenkter machen kann, vermag ihm eine wichtige Hilfe zu werden dafür, daß er sich schlechterdings, daß er sich unbedingt als Beschenkten versteht. Der Mensch kann dessen innewerden, daß er ein grenzenlos Beschenkter ist; also anders als der böse Knecht in der Parabel (Matth. 18,23-35), der es leider nicht merkt. In *dieser* Weise wirkt Gottes Gnade und macht den Menschen zum Tun des Rechten tüchtig: der Mensch beginnt einzusehen, daß er unbedingt beschenkt ist. Die Gemeindetradition läßt auf die Frage, wie denn ein Reicher gerettet werden könne, Jesus die Antwort geben: »Bei den Menschen ist es unmöglich, aber nicht bei Gott; denn alle Dinge sind möglich bei Gott« (Mark. 10,27 Par.). Wie Gott dies Unmögliche möglich macht, dafür liefern die Synoptiker ja immer neue Illustrationen. Gott wirkt nicht senkrecht von oben auf die Menschen ein. Sondern dem armen und schuldigen Menschen begegnet hier auf Erden Zuwendung. Jesus steht in der Mitte der Armen und Zöllner und Sünder. Er wendet sich den Deklassierten zu, und er verlangt das gleiche von denen, die hinter ihm hergehen. Nun, in der Gemeinschaft, die von der Liebe Jesu her zu leben versucht, kann der Mensch aufatmen: er ist wichtiger als kultische Gottesverehrung und kultische Reinheit. Nun brechen alte Maßstäbe für fromm und unfromm zusammen, nun vertauschen Erste und Letzte ihre Plätze (Mark. 10,31 Par.). Nun lernen, auf dem Boden des damaligen Weltbildes gesprochen, Blinde sehen und Lahme gehen, Aussätzige werden rein und Taube hören, und Arme werden Empfänger der Frohbotschaft (Matth. 11,5 Par.). *So* sieht das Unmögliche aus: nicht übernatürliche Ereignisse aus einer jenseitigen Welt mit absurden Konsequenzen in dieser Welt. Sondern: der arme und unfromme und böse Mensch darf unerwartet wieder Mensch heißen. Der Weg dazu aber ist: Sonne und Regen empfangen auch die Bösen (Matth. 5,45 Par.). Der Arzt Jesus nimmt sich der Kranken an. *Gott* erweist Gnade, indem *Menschen* die Rolle des Arztes übernehmen, der für die Kranken da ist (Mark. 2,17 Par.).

Die Annahme durch Menschen als die Annahme durch Gott: ein entscheidender Zusatz ist hier freilich noch erforderlich. Auch das, was hier noch fehlt, können wir den Evangelientexten unschwer entnehmen. Denken wir uns die Situation des verlorenen Sohnes genau durch (Luk. 15,11-24). Der Vater nimmt ihn wieder an; ja er nimmt ihn an, ehe der Sohn überhaupt etwas an Bitte um Vergebung vorbringen kann. Aber setzen wir einmal für einen Augenblick die Möglichkeit, es wäre von da ab ganz anders gelaufen, als der Text es nun erzählt. Der Sohn, wieder in seine Rechte eingesetzt, hätte traurig den Kopf geschüttelt und erklärt: Das ist ja alles gut und schön, Vater; aber ich kann nicht darüber hinwegkommen, daß ich das getan habe, daß ich *so* war. Ich meine, der Text weiß sehr genau, warum er *derart* nicht erzählt. Dazu, daß ein Mensch wirklich angenommen wird, gehört unerläßlich hinzu: er muß sich selber annehmen. Zugespitzt formuliert: er muß lernen, mit diesem bösen Menschen, der er selber ist, hinzukommen; er muß die Demut lernen, – im Bilde gesprochen – nicht mürrisch und zerfallen mit sich selber, sondern getrost, obwohl er *so* ist, mit dem Fingerreif an der Hand und mit dem Prunkkleid angetan von dem Mastkalb des Vaters zu essen. Man kann die Gnade als die wirkliche Gnade, als die Gnade schlechthin, als die Gnade Gottes nur annehmen, indem man sich selber annimmt. Es darf nicht so sein, daß der Mensch erklärt: Daß Gott mir vergibt, mag sein; aber ich selber kann mir nicht vergeben.

Erst wo ich mich selber annehme, habe ich es mit dem Phänomen zu tun, das Gnade und Vergebung *Gottes* heißt; nicht einen Augenblick früher. Wer diese Darlegungen recht versteht, wird nicht auf den Gedanken kommen, den Einwand zu erheben: Das ist ja eine furchtbar einfache Sache. Sich selber annehmen kann bitter, unter Umständen sehr bitter sein. Ich denke, der Zöllner von Luk. 18,9-14 wird nicht gerade gestrahlt haben, als er aus dem Tempel kam. Vielleicht hat er sogar – wenn man die Geschichte weiterdichten darf – einen entsprechenden Blick des Pharisäers zu spüren bekommen. Aber er wurde nicht irre, er nahm sich an, und *so* – sagt Jesus – vollzieht sich die Annahme durch Gott. Gott ist hier nicht die Begründung dieser Selbstannahme; er ist vielmehr das Geschehen, das sich hier vollzieht. Darum redet der Pharisäer, trotz des Gebrauches dieser Vokabel, gar nicht von dem, was mit »Gott« gemeint ist. Der Zöllner aber gebraucht dies Wort recht; denn Gott ist in dieser Selbstannahme, sozusagen der Sache nach, enthalten, ehe das Wort »Gott« dem Zöllner über die Lippen kommt.

Damit ist auch schon ein häufig zu hörender Einwand beantwortet: Wie, wenn nun Menschen als Mittler solch einer Ermutigung und Annahme nicht zur Stelle sind oder sich wohl gar solch einer Mittlerrolle versagen? Da mag sich dann der Weg auftun, der in Matth. 15,27 beschrieben ist: die bittende Frau wird von Jesus weggeschickt unter Hinweis darauf, daß sie als Nicht-Israelitin, als »Hund« keinen Anspruch auf das Brot der »Kinder« habe. Die Frau aber nimmt diese extrem demütigende Rolle auf sich; sie akzeptiert sich als »Hündlein« und erreicht so ihre Bitte und hat die offene Zukunft vor sich. Es gibt, als extremen Weg, eine Selbstannahme, in der das geschieht, was mit der Annahme durch Gott gemeint ist, im Gegensatz zu den Stimmen der sich versagenden Mitmenschen. Es ist der Weg einer Verzweiflung, die doch nicht verzweifelt; der Weg einer getrosten Verzweiflung.

Dann liegt es also nicht an dem Ausdruck »Gott«? – mag der betroffene Leser fragen. Ja, er hat recht verstanden; es liegt nicht an dem Ausdruck. Es liegt freilich an jener Haltung des Menschen, der sich zum Gehorsam gerufen und unverdientermaßen zum rechten Gehorsam ermächtigt weiß; also an *der* Haltung, die in der Jesustradition unter

Gebrauch des Ausdrucks »Gott« geschenkt und gefordert wird. Das Typische dieser rechten Haltung ist aber nicht der Gebrauch des Wortes »Gott«. »Gott« kann in der Umwelt Jesu der Ausdruck sein auch dafür, daß der fromme Mensch hassen und daß er durch seinen Gehorsam sich das Heil verdienen soll. Alle Ausführungen dieses Büchleins aber wollten deutlich machen: Jesus legt Gott nicht als Pflicht zum Hassen, sondern zum Lieben aus; Jesus versteht Gott nicht als die Instanz, vor der man etwas verdienen kann, sondern als den Vorgang, in welchem der böse und hoffnungslose Mensch Zukunft und Hoffnung bekommt. Der Ausdruck »Gott« bleibt auf dem Boden unseres Denkens mehrdeutig; erst die ihm in den Evangelien widerfahrende Deutung verleiht ihm Eindeutigkeit. Hier hört »Gott« auf, eine den Menschen durch Furcht zwingende äußere Autorität zu sein. Der Mensch lernt, sich selber anzunehmen, als dieser arme und schlimme Mensch lernt er gehorchen; und dieser Weg und diese Art, sich selber zu beurteilen und von da aus zu leben, ist gemeint, wenn die Jesustradition von Gott spricht. Der Gebrauch dieses Wortes ist in der Tat unwichtig, gemessen an dem Inhalt und der Auslegung, die mit diesem Worte dann verbunden sind.

Wir haben nun in 13 Kapiteln einen weiten Weg durchmessen. Von der religiösen Umwelt Jesu zu dem rechten Verständnis der Art, wie die Evangelien in ihren mannigfachen Formen aufgefaßt und gelesen werden sollen. Von der Enderwartung Jesu zu seiner Bekehrungspredigt, die den Menschen fordert und ihm doch alles Rühmen abschneidet. Von den einzelnen Verhaltensweisen, die Jesus auf dem Gebiet des Kultus, des religiösen Rechtes, des Besitzes und der Ehe für angemessen hält, bis hin zu der Feststellung, daß das alles in einem Zentrum verankert ist: in der rechten Offenheit für den Nächsten. Schließlich von der Einsicht, daß die Jesustradition den Menschen lehren will, sich als einen total Beschenkten zu verstehen, bis hin zu der Erkenntnis: Jesus will nicht als äußere Autorität vorweg anerkannt werden, er *gewinnt* Autorität durch das, was er fordernd und befreiend dem Menschen zu sagen hat. Gott aber ist nicht die Begründung dieser Autorität Jesu; er ist der Ausdruck für diesen Weg, den ein Mensch gehorchend und bescheiden gehen kann. Denn dieser Weg wird treffend gekennzeichnet durch das Wort, mit dem der Schreiber des letzten neutestamentlichen Buches das Ende der Zeit beschreibt: »Siehe da, die Hütte Gottes unter den Menschen« (Offenb. 21,3).

Teil II

Schwerpunkte der neutestamentlichen Botschaft

Theologie

IM
KREUZ
VERLAG

Hans Jürgen Schultz (Hrsg.)
Luther kontrovers

380 Seiten, kartoniert DM 29,50

Dieser spannungsreiche Sammelband mit Beiträgen so pro-
minenter Autoren wie Heinz Zahrnt, Helmut Gollwitzer, Eber-
hard Jüngel, Jürgen Moltmann, Johann Baptist Metz ist eine
Informationsquelle über den Stand der Diskussion über
Luther, in der kritische Fragen und neue Akzente gesetzt
werden und überdies ein lebendig geschriebenes Ge-
schichtsbuch und ein Lesevergnügen.

Hermann Kunst
Martin Luther

Ein Hausbuch

467 Seiten, Leinen gebunden DM 38,–

„… eine Art Katechismus für die Gegenwart, zusammenge-
stellt aus Luthers Erbe durch einen Pastor, der weiß, welche
Fragen die Menschen bewegen."

Frankfurter Allgemeine Zeitung

Gerhard Liedke
Im Bauch des Fisches

Ökologische Theologie
238 Seiten, kartoniert DM 19,80

„Nicht seichte Bestsellerei in Sachen Ökologie und Theologie
wird hier geboten, sondern die notwendige und – vielleicht – Not
wendende Unterrichtung über Zusammenhänge, die erst in den
letzten Jahren ins Blickfeld der Theologie getreten sind."

A. M. Klaus Müller im Vorwort

Volker Hochgrebe (Hrsg.)
Provokation Bergpredigt

Mit dem Text von Matthäus 5–7 in der Übersetzung von Walter Jens
160 Seiten, kartoniert DM 16,80

Wesentliche Aspekte der Bergpredigt werden von namhaf-
ten katholischen und evangelischen Theologen im Hinblick
auf die Probleme unserer Zeit dargestellt.

Christa Mulack
Die Weiblichkeit Gottes

Matriarchale Voraussetzungen des Gottesbildes
300 Seiten, kartoniert DM 28,–

Die weibliche Gestalt der Sophia, der Weisheit, wurde in der
patriarchalen Epoche der Menschheit vom Logos verdrängt
und bis zur Unkenntlichkeit entstellt. Christa Mulack zeigt,

wie Jesus sich mit der weiblichen Gestalt der Sophia identifizierte. Ein wissenschaftliches Buch, das in Spannung versetzt, weil es für Kirche und Theologie, insbesondere aber für Frauen, Neuland eröffnet.

Heinrich Ott
Die Antwort des Glaubens

Systematische Theologie in 50 Artikeln

3. überarbeitete und erweiterte Auflage
herausgegeben von Klaus Otte
500 Seiten, kartoniert DM 50,–

Das bewährte Lese-, Lern- und Arbeitsbuch der systematischen Theologie wird hier in aktualisierter und erweiterter Neuauflage vorgelegt.

Christofer Frey
Arbeitsbuch Anthropologie

Christliche Lehre vom Menschen und
humanwissenschaftliche Forschung

260 Seiten, kartoniert DM 29,50

„Wirklich ein ‚Arbeitsbuch': insofern als hier eine immense Arbeit geleistet werden mußte, um all das zusammenzutragen, was in der modernen Theologie und biologisch-philosophischen Menschenkunde in den letzten Jahrzehnten vorgelegt worden ist."   ferment

---

Hans Walter Wolff/Günther Bornkamm
Zugang zur Bibel

Eine Einführung in die Schriften des
Alten und Neuen Testaments

(Themen der Theologie Bd. 7 und 9 als Studienausgabe)
353 Seiten, kartoniert DM 19,80

„Es ist eine Freude, sich durch Bornkamm in die Eigenart und Bedeutung der einzelnen neutestamentlichen Schriften einführen zu lassen. Das AT wird durch Walter Wolff zu einem Buch von Gegenwartsbedeutung."
Deutsches Allgemeines Sonntagsblatt

Bernhard Lohse
Epochen der Dogmengeschichte

5. Auflage, durchgesehener und ergänzter Nachdruck 1983
der 3./4. überarbeiteten und erweiterten Auflage 1974/1978
280 Seiten, kartoniert DM 24,80

„Dieses Handbuch von Lohse ist einzig in seiner Art ... Es informiert gut und zuverlässig über die wesentlichen Lehrstreitigkeiten innerhalb der Kirche." Deutsches Pfarrerblatt

**Dorothee Sölle
Politische Theologie**

222 Seiten, kartoniert DM 19,80

„Wo es darum geht, neue Bilder christlicher Existenz zu entwer-
fen, erweist sich Dorothee Sölles eigentliche Stärke."
Frankfurter Allgemeine Zeitung

**Dorothee Sölle
Stellvertretung**

Ein Kapitel Theologie nach dem „Tode Gottes"
187 Seiten, kartoniert DM 15,80

„... dürfte seit Jahren kein so aufregendes theologisches Buch
bei uns erschienen sein, das in einer Sprache geschrieben und in
einer Denk-Unmittelbarkeit formuliert ist, die von stählerner Fri-
sche, Kühle und Eindeutigkeit sind."
Berliner Tagesspiegel

Kreuz Verlag, Postfach 80 06 69, 7000 Stuttgart 80 𝕂

Bestellcoupon zur Lieferung durch:

____ Ex. Frey, Arbeitsbuch Anthropologie	DM	29,50
____ Ex. Hochgrebe, Provokation Bergpredigt	DM	16,80
____ Ex. Kunst, Martin Luther	DM	38,—
____ Ex. Liedke, Im Bauch des Fisches	DM	19,80
____ Ex. Lohse, Epochen der Dogmengeschichte	DM	24,80
____ Ex. Mulack, Die Weiblichkeit Gottes	DM	28,—
____ Ex. Ott, Die Antwort des Glaubens	DM	50,—
____ Ex. Schultz, Luther kontrovers	DM	29,50
____ Ex. Sölle, Politische Theologie	DM	19,80
____ Ex. Sölle, Stellvertretung	DM	15,80
____ Ex. Wolff/Bornkamm, Bibel	DM	19,80

Preisänderungen vorbehalten!

Name

Straße

Ort

Datum   Unterschrift

1. Wie lese ich das Neue Testament?

Die Berechtigung der kritischen neutestamentlichen Forschung wird immer wieder einmal energisch bestritten. Der nichttheologische Leser findet den Weg zu einem eigenen Urteil vielleicht am besten in der Weise, daß er Erwägungen anstellt über die Frage: Wie lese ich mein Neues Testament? Diese Frage scheint auf den ersten Blick überflüssig. Wir haben die Luther-Übersetzung und neben ihr andere, moderne Übersetzungen. Kann man denn da nicht einfach loslesen? Ja, schon. Aber solch einem Leser wird es sehr bald so gehen wie dem äthiopischen Beamten aus der Apostelgeschichte (8,30), der sich fragen lassen muß: »Verstehst du auch, was du liest?«

Zu Verstehensschwierigkeiten gibt es im Neuen Testament Anlaß genug. Die Worte Jesu in den drei ersten Evangelien enthalten Partien, denen man anmerkt, daß sie gegen zeitgenössische jüdische Anschauungen gerichtet sind. Man muß etwa wissen, was Jesu jüdische Zeitgenossen über den Sabbat denken, wie wichtig ihnen die bis ins einzelne festgelegte Befolgung des Sabbats ist, wie sie sich andererseits wieder Regeln ausdenken, die dem Wortlaut des Gebotes Genüge tun wollen und dem frommen Menschen auch am Sabbat doch eine gewisse Freiheit der Bewegung und des Handelns sichern sollen. Dann ermißt man: Jesu Heilen am Sabbat, Jesu Überordnung des Menschen über den Sabbat (Mark. 2,27) kann den Zeitgenossen, wenn sie bei ihrem gesetzlichen Denken bleiben wollten, nur als Frevel erschienen sein. Es gilt also, den religiösen Vorstellungsrahmen jener Zeit genau zu kennen, um so die neutestamentlichen Aussagen in ihrer prägnanten Besonderheit recht verstehen zu können. Die neutestamentliche Wissenschaft erarbeitet und lehrt die Erkenntnis solcher für das Verständnis des Neuen Testamentes wichtigen damaligen Zeitumstände und Anschauungen. Eine besonders zentrale Rolle spielen dabei bestimmte Begriffe, die uns teilweise ganz unbekannt sind oder die uns in ihrem Inhalt bekannt und selbstverständlich erscheinen, die jedoch für Menschen der neutestamentlichen Zeit einen ganz anderen, uns heute fremden Inhalt besaßen. Wer von den nichttheologischen Lesern weiß denn, daß »Menschensohn« ein in manchen jüdischen Kreisen üblicher, sehr gefüllter Heilbringer-Titel ist? Daß »Gerechtigkeit Gottes« bei Paulus gerade nicht das bedeutet, was wir von unserem Wortgebrauch her vermuten, nämlich Gottes belohnende oder strafende Gerechtigkeit; sondern gerade das Gegenteil, nämlich die unverdiente gnädige Annahme des Sünders, der sich selber mit seinen Werken nicht helfen kann? Es liegt auf der Hand, daß die neutestamentliche Wissenschaft den Inhalt solcher Begriffe aufhellen und den Leser aus seinem naiv irrtümlichen Vorverständnis zu dem eigentlich gemeinten Begriffsinhalt führen muß, soll ein wirkliches Verstehen des Gelesenen zustande kommen.

Bis zu diesem Punkt dürfte auch der strengste »Bekenner« meinen Ausführungen zustimmend gefolgt sein. Denn gerade ihm wird ja daran liegen, die neutestamentlichen Aussagen, wie sie ursprünglich gemeint sind, also in den ihnen eigenen zeitgenössischen Bezügen, in den Blick zu bekommen. Aber gerade dann, wenn wir unsere diesbezüglichen Kenntnisse sammeln und bereichern, tritt eine zweite, andersartige Verstehensschwierigkeit auf den Plan. Sie wird von dem Leser, der genau und sorgfältig liest, nicht etwa, wie der sich fromm gebende Einwand gern formuliert, als »menschliches Fündlein« an die Texte herangetragen; sie entspringt aus den präzise zur Kenntnis genommenen Texten selber. Der aufmerksame Leser stellt fest: Das Neue Testament trägt über die gleiche Sache verschiedene, nicht auf einen Nenner zu bringende Anschauungen vor. Jesu Geburt etwa gilt dem Paulus (Gal. 4,4) und dem Johannesevangelium (1,45; 6,42) als in der üblichen Weise geschehen, also mit Joseph als Vater. Matthäus (1 f.) und Lukas (1) dagegen lassen Jesus aus der Jungfrau geboren sein, wie die damalige Antike das auch von anderen bedeutenden religiösen und geistigen Führern behauptete. Oder: Jesus von Nazareth und die ältere Urgemeinde erwarten das Eintreten des Weltendes, die Auferstehung, das Weltgericht und das endgültige Auftreten des Erlösers für ihre eigene Zeit und Generation. Sie besitzen also eine Naherwartung, wie sie auch als Anschauung einer jüdischen Sondergruppe, der Qumrangemeinde, mittels neugefundener Texte uns bekannt geworden ist. Das Neue Testament in seinen später geschriebenen Partien rückt von dieser älteren Naherwartung ab. Vor allem der dritte Evangelist und seine Gemeinde erwarten das Ende für eine fernere Zeit, nicht mehr für die eigene Generation; der zweite Petrusbrief (3,8) rechtfertigt diese Prolongierung ausdrücklich. Das Johannesevangelium hinwiederum streicht in dem Hauptteil seiner Worte das Zukünftige der am Weltende zu erwartenden Ereignisse völlig und läßt Gericht (3,18-22) und Auferstehung (5,24; 11,24-26) im Jetzt, da der Mensch die Botschaft von Jesus annimmt, geschehen. Oder: Die älteste Verkündigung bezeugt, Jesus sei auferstanden und den Seinen erschienen (1. Kor. 15,1-11); es kann auch heißen: er ist erhöht worden (Phil. 2,9). Erst später, in den Evangelienschlüssen, wird das leere Grab geschildert; bei Markus und Lukas ohne, bei Matthäus zusammen mit einer Erscheinung des Auferstandenen. Der Auferstehungsleib besitzt bei Paulus (1. Kor. 15,50) nicht »Fleisch und Blut«, bei Lukas (24,39) dagegen ausdrücklich »Fleisch und Knochen«. Schon allein damit ist deutlich geworden: Das Neue Testament selber macht, auch auf zentralen Gebieten, Aussagen, die verschieden sind. Es liegt auf der Hand: Bei der Bewältigung dieser Verschiedenheit helfen vertiefte Kenntnisse über neutestamentliche Wörter und Begriffe allein nicht mehr weiter. Der Neutestamentler und auch der Bibelleser steht hier vor einer Entscheidung. Er kann den Versuch unternehmen, die genannten und ähnlichen Differenzen innerhalb des Neuen Testaments gleichwohl auf einen Nenner zu bringen und zu harmonisieren. Die kritische Theologie vertritt mit Recht die Meinung, dieser Weg sei in intellektueller Redlichkeit nicht begehbar. Dann wird man sich der Tatsache aber nicht verschließen dürfen, daß solche Differenzen dem im Urchristentum unternommenen Versuch entstammen, die Dinge um Jesus und um das Heil jeweils neu auszusagen; und diese verschiedenen Aussageversuche fielen bei den verschiedenen neutestamentlichen Schriftstellern eben recht verschieden aus. Die differenten Aussageweisen liegen zeitlich teils hintereinander, teils nebeneinander. Das Neue Testament spiegelt in sich selber eine sich wandelnde Geschichte der Auffassungen wider.

Wer sich dieser Einsicht in die neutestamentlichen Dispa-
ratheiten verschließt, wird zu den nachfolgenden Ausführungen kein Verhältnis gewinnen. Aber der Blick für die innerhalb des Neuen Testaments vorliegenden Divergenzen
schärft sich für den nachdenklichen Leser zu der Einsicht, in
wie weitem Umfange das Neue Testament in seiner Gesamt-
heit ein antikes Buch ist. Es enthält Dinge, die dem damaligen auch außerchristlichen Menschen selbstverständlich und
vertraut waren, die aber heute auch demjenigen fremd und
unverständlich sind, der auf das Neue Testament hören und
die Bedeutung Jesu anerkennen will.

Jesus und seine Apostel heilen, indem sie, wie manche
Heiler der Alten Welt, den Krankheitsdämon austreiben; wir
heute gehen zum Arzt, der, ob er gläubiger Christ ist oder
nicht, die Heilung medikamentös oder operativ einzuleiten
bestrebt ist und dabei *methodisch* atheistisch verfährt. Das
Neue Testament kennt, in Übereinstimmung mit dem Judentum und mit einem wesentlichen Teil der Gesamtantike,
eine Überwelt, ein System von Himmeln, die lokal gedacht
sind und über deren Einzelheiten man Bescheid zu wissen
meint. In diesen Himmeln thront Gott mitsamt den himmlischen Wesen. Dort weilte Jesus, ehe er, wie manche jüdischen oder außerjüdischen Heilbringergestalten, zur Erde
geschickt wurde, dorthin kehrte er, auffahrend, zurück, nachdem er dem Tode entnommen war. Von dort wird er kommen als Endrichter und Erlöser; und zwar, wie das ältere
Urchristentum erwartete, in Bälde. Diese ganze Welt von
oben und unten, von Gottes lokaler Existenz in dem Himmel, von Jesu Abstieg, seinem Aufstieg und seinem Wieder-
kommen, ist uns zerbrochen. Gewiß, mit dem lokalen Vorhandensein der Himmel rechnen auch diejenigen nicht mehr,
die da rufen: »Kein anderes Evangelium!« Sie machen sich
nur nicht klar, daß auch sie damit die Wörtlichkeit der neutestamentlichen Aussagen bereits verlassen und erste Schritte
auf jener Ebene getan haben, vor der dann eben durch diese
Leute als vor einer schiefen Ebene gewarnt wird. Der Unterschied zwischen ihnen und der kritischen neutestamentlichen Theologie ist nicht der zwischen wörtlicher und nicht-
wörtlicher Auffassung; strittig ist zwischen beiden Seiten
lediglich das Ausmaß und der Umfang der Nicht-Wörtlich-
keit. Zwischen beiden Seiten steht als Differenzpunkt nicht

die Bedeutsamkeit Jesu. Wer dann aber die Bedeutung Jesu für uns mit den alten antiken Formeln – Herabkunft aus den Himmeln, Verlassen des Grabes, Auffahrt in den Himmel, erneutes Kommen – aussagen will, soll sich nicht wundern, wenn die Bedeutung Jesu ihm mit in *den* Zusammenbruch gerät, der dem antiken Weltbild ja längst widerfahren ist. Wer etwas Wesentliches über Jesus auszusagen meint, wenn er dem Neuen Testament nachspricht »Gottes Sohn«, »Gottes Gesandter«, der muß, will er nicht mißverständlich antik reden und damit Jesu Bedeutung gefährden, deutlich machen, was für ihn »Gott« heißt, den er selber offenbar ja auch nicht mehr in einem lokalen Himmel sucht. Es gilt, die alte Botschaft in neuen Zungen zu sagen.

Das mag manchen Leser zunächst befremden und erschrecken. Man muß sich aber klarmachen: Die Übersetzung der neutestamentlichen Botschaft in die jeweilige Situation ist schon immer nötig gewesen und in wesentlichen Zeiten der Kirche auch immer vollzogen worden. Ja die Notwendigkeit, deutlich erkennbar zu machen, was man mit »Heil« und mit »Gott« meint, hat vom Anfang des Neuen Testaments an bestanden, ungeachtet des damals weithin anerkannten theistischen und metaphysischen Weltbildes. Die Pharisäer predigen: Man dient Gott, indem man den Sabbat korrekt hält und die rituelle Reinheit peinlich beobachtet; indem man fastet und von der gesamten Habe den Zehnten gibt. Jesus zeigt: Gott ist dort, wo der Mensch in seiner Armut und in seinem Scheitern am Boden liegt; darum sitzt Jesus, der Freund von Zöllnern und Sündern (Matth. 11,19), mit den religiös Deklassierten an einem Tisch. Die Frage, wer von beiden recht hat, ist die Frage danach, was mit »Gott« wirklich gemeint ist. Der Jude lehrt: Das Heil bekommt derjenige, der mit seinen frommen Taten es erstrebt. Paulus dagegen zeigt: Gott schenkt das Heil dem völlig Verlorenen, der eben bei dem dankbaren Annehmen dieses Heiles sich »in Christus« befindet. Die Frage, wer von beiden recht hat, ist die Frage: Wo finde ich Gott – im frommen Tun oder im staunenden Erkennen, daß ich böser Mensch geborgen sein und recht handeln darf? Unsere Frage: Wo finde ich Gott? ist also seit dem Beginn der neutestamentlichen Botschaft im Gange. Man muß sich nur darüber klarwerden, wie diese Frage allein entschieden werden kann. Nicht dadurch, daß man von Gottes Autorität und Jesu Gottessohnschaft sich die Autorisierung der rechten Antwort erhofft. Sondern: Das Heil wird dem Verlorenen gesagt. Begreift er es, wird er überzeugt von der Bedeutung dieser Botschaft für sich und für die Welt, so wird er verstehen, daß man die Bedeutung dieser Botschaft mit den hohen Prädikaten ausdrückte, die man Jesus von Nazareth zusprach. Er selber wird die Bedeutung, die Jesus und die neutestamentliche Botschaft für ihn gewonnen hat, freilich mit anderen, heutigen Ausdrücken verständlicher umschrieben finden. Er wird lieber davon sprechen, daß die Botschaft uns heute tröstet und fordert; er wird die alten Formeln, die damals für die Bedeutung Jesu gebraucht wurden, in ihrer Zeitbedingtheit erkennen und wird sie nicht für verbindlich erachten können. Er wird die Rede, daß die Botschaft von Gott kommt, als Ausdruck dafür nehmen: Diese Botschaft vermag kräftig zu trösten und energisch zu fordern; und diesen Trost und dies Verpflichtetsein habe ich nicht in der Hand, es muß an mir geschehen als die von jenseits meiner selbst mir zukommende Liebe. Er wird aber nicht meinen, der Verweis auf Gott vermöge der Botschaft das eigentlich Tröstende und Fordernde erst recht zu sichern. Das im alten Weltbild mit »Gott« und »Himmel« Gemeinte ist sehr wohl derart aussagbar, daß der seit langem in Gang befindliche Zusammenbruch jenes Weltbildes die wesentlichen neutestamentlichen Wahrheiten nicht mittrifft. Aber es geht nicht nur um die Vermeidung des Zusammenstoßes zwischen neutestamentlicher Botschaft und einem gewandelten Weltbild. Es geht darum, diese Botschaft recht in Funktion zu setzen. Meint man, man fasse ihr Zentrum in den alten Formeln, so wird sie bestenfalls wie ein uns fremdes Museumsstück konserviert. Den Schaden bezahlt dann der einzelne und die Welt: Mit ehrfürchtigen Formeln und Vokabeln wird niemand getröstet, wird niemandem Zukunft eröffnet. Die Botschaft soll aber nicht vergraben werden, sondern sie soll wirken. Treu heißt der Knecht, der seine Talente nicht vergraben hatte (Matth. 25,21).

2. Einladung für die Nonkonformisten

Der Bericht über Jesus und die Zöllner in Mark. 2,15-17 hat seine synoptischen Parallelen in Matth. 9,10-13 und Luk. 5,29-32. Die Markus-Fassung ist die älteste Form des Berichts; das erkennt man schon daran, daß der Text in fast grober Holzschnittmanier gebaut ist, und daß der, der ihn verstehen will, sich gezwungen sieht, die Einzelheiten genau zu bedenken. Deshalb geht man am besten Schritt für Schritt voran, dann wird der Horizont des Verständnisses allmählich zusammenwachsen.

Mark. 2,15 lautet: »Und es geschieht, daß er in seinem Hause zu Tische saß, und viele Zöllner und Sünder saßen mit Jesus und seinen Jüngern zu Tische; denn sie waren zahlreich, und sie folgten ihm nach.« Wenn es heißt: »daß er in seinem Hause zu Tische saß«, dann ist natürlich nicht Levi gemeint, von dessen Berufung in die Nachfolge in den beiden vorhergehenden Versen die Rede ist. Er – das ist selbstverständlich Jesus. Aber durch den jetzt vorliegenden Gesamtzusammenhang des Textes wird »in seinem Hause« auf Levi bezogen. Das ist klar infolge der Verklammerung mit den beiden vorhergehenden Versen, einer Verklammerung, die freilich aus zweiter Hand ist. In Vers 14, dem vorhergehenden Vers, folgt Levi Jesus nach, aber hier ist Jesus nun plötzlich im Hause des Levi. Ich beschäftige mich mit diesen zunächst uninteressant scheinenden Dingen mit voller Absicht so eingehend. Am Schluß dieses Abschnitts, in Vers 17, sagt Jesus, er sei gekommen, um Sünder einzuladen, um Sünder zu rufen. Da ist also Jesus als Einladender vorausgesetzt, obwohl doch – wie wir eben feststellten – vom Haus des Levi die Rede ist. Ich verweile bei diesen Details, damit deutlich wird, daß alle diese Einzelheiten im Text gerade der ältesten Markusform – salopp ausgedrückt – sozusagen mit heißer Nadel genäht sind.

Diese heiße Nadel in der ältesten Textform haben natürlich auch die Verfasser der Paralleltexte gemerkt. Matthäus läßt das besitzanzeigende Fürwort »seinem« weg (Matth. 9,10); offenbar setzt er voraus, daß es sich nicht um das Haus des Levi, sondern um die Wohnung Jesu handelt, von der die Evangelien auch sonst, zum Beispiel am Anfang von Mark. 2, reden. Lukas hat alle diese Unebenheiten mit entschlossener Hand beseitigt. Er hat die Unanschaulichkeit korrigiert und geglättet im Sinne einer klaren Verbindung unseres Abschnittes mit der voranstehenden Levi-Berufung: »Und Levi veranstaltete eine große Einladung (oder ein großes Mahl) für ihn (ich würde sagen: für Jesus) in seinem Hause« (Luk. 5,29). Mit wachsender Tradition wird also die Sache klarer. Dabei bedeutet »mit wachsender Tradition« aber auch: mit wachsender Entfernung von der Anfangsphase der Überlieferung. So brüchig sind demnach unsere Berichte gerade in den Notizen, die wir in der Fachsprache Rahmennotizen nennen.

Soviel über den Ort, nun zu den Anwesenden: Zahlreiche Zöllner und Sünder lagen mit Jesus und seinen Jüngern zu Tisch. Mit Erwähnung der Zöllner betreten wir den Boden des Politischen, eines Politischen, das um so brisanter wird, als es sich in unserem Text mit dem religiösen Aspekt einigt. Was wissen wir von den Zöllnern? Was ich nun ganz kurz und stichwortartig referiere, ist ohne Schwierigkeiten nachzulesen in jenem Sammelwerk, das über die jüdischen Parallelen zur Zeit Jesu und des Neuen Testaments unterrichtet. Wir nennen dieses Sammelwerk nach dem Namen der beiden Verfasser Strack-Billerbeck. Wenn ich also zitiere, so ist mein Hinweis auf Strack-Billerbeck nach Band und Seitenzahl der Hinweis auf diese Textsammlung aus damaligem jüdischen Denken. Wie steht es um die Zöllner? Strack-Billerbeck I, 377-380: Sie erheben keine Kopfsteuer, sie erheben vielmehr – wie es die Vokabel sagt – den Zoll. Es sind die Leute, die auf lateinischem Sprachboden »publicani« heißen. Sie führen das, was sie erhoben haben – jedenfalls in den jüdischen Provinzen Judäa und Samaria, anders als in Galiläa – an den kaiserlichen Fiskus ab. Gemeint sind hier die jüdischen Unterpächter des Zollunternehmens, also Leute, die sich ihrer Nationalität nach aus den Einheimischen rekrutieren. Der Ruf dieser Leute ist denkbar schlecht. Die Zöllner werden gleichgestellt mit Räubern und Mördern, sie gelten als unehrlich und hartherzig. Es besteht die

Vorschrift, aus ihrem Kasten kein Geld zu wechseln. Von ihnen darf die jüdische Armenpflege keine Unterstützung annehmen. Der schlechte Ruf der Zöllner ist aber keine jüdische Besonderheit. Wenn wir uns in orientalischen Texten jener Zeit weiter umsehen, können wir im Vorderen Orient, also in Kleinasien, ähnlich unerfreuliche Auskünfte über Zöllner unschwer finden. Mit diesen Zöllnern darf der Pharisäer, das heißt der Mensch, der die im Alten Testament nur für den Priesterstand geltenden strengen kultischen Vorschriften auch auf den Laienstand angewendet sehen möchte, keine Tischgemeinschaft haben. Sie gelten nach damaligem Sprachgebrauch als »am ha'aarez«, als Volk vom Lande. Das hat den Nebenton und Nebensinn von ungebildet im Sinne der Gesetzesunbildung. Es sind Leute, die sich nicht darum kümmern, die Gesetzesvorschriften exakt und penibel einzuhalten. Die Gründe dafür, daß man sich mit den Zöllnern nicht abgeben darf, werden in den jüdischen Texten offen erörtert. Wer mit Zöllnern Umgang hat, läuft Gefahr, ihre Sitten anzunehmen. Wer mit ihnen ißt, kann nicht wissen, ob die einzelnen Bestandteile des Mahls korrekt verzehntet sind. Für einen frommen Juden gilt deshalb die Buße, die Bekehrung der Zöllner als eine ausgesprochen schwere und harte Sache (vgl. Strack-Billerbeck I, 489 f., 866 und II, 248). Wenn Zöllner sich bekehren, so wird von ihnen erwartet, daß sie das, was sie bei der Zollerhebung an überhöhten Beträgen in die eigene Tasche gewirtschaftet haben, nicht nur zurückgeben, sondern um ein Fünftel bis um ein Viertel der Summe überbieten. Ihre Bekehrung gilt ferner als schwierig, weil der Zöllner eine komplette Genugtuung gar nicht leisten kann, denn alle, die er im Lauf seines Berufslebens geschädigt hat, kann er ja nicht kennen. Auf jeden Fall muß ein Zöllner, der Ernst macht mit seiner Umkehr, damit rechnen, daß sein ganzer zusammengekratzter Reichtum dahinschwindet. Es ist eine sehr nüchterne Rechnung: Wenn er sich ernstlich bekehrt, wird er als ein armer Mann dastehen.

Als Teilnehmer an dem Mahl mit Jesus und seinen Jüngern werden neben den Zöllnern die Sünder genannt. Nach allem, was wir nun über die Zöllner wissen, wundert es nicht, daß sie mit den Sündern in einem Atemzug erwähnt werden. Die drei ersten Evangelien können direkt zwischen den Vokabeln Zöllner und Sünder wechseln, etwa in dem bekannten Wort: »Wenn man bloß seine Freunde liebt – das tun auch die Zöllner« (Matth. 5,46). Lukas sagt an der parallelen Stelle (Luk. 6,32): »das tun auch die Sünder.« Wer sind nun diese Sünder? Man hat erwogen, es seien damit nicht die gemeint, die nach dem pharisäischen, also nach dem strengen Maßstab als Sünder gelten, sondern die Leute, die auch in den Augen der breiten Volksschichten Sünder sind. Diese Argumentation wurde mit dem Hinweis darauf begründet, daß es zu jener Zeit nach dem Zeugnis des Josephus im jüdischen Volk sechstausend Pharisäer gab. Die Gesamtbevölkerung betrug aber eine halbe Million; es sei also eigentlich undenkbar, daß diese relativ geringe Zahl von Pharisäern dem ganzen Volk ihr pharisäisches Urteil und ihre pharisäischen Maßstäbe hätte aufoktroyieren können. Darum hat man gemeint, Sünder seien nicht bloß die Leute, die die strengen pharisäischen Vorschriften übertreten, sondern allgemein Menschen von moralisch anrüchigem Lebenswandel und vor allem Leute mit unehrenhaften Berufen. Im Gegensatz dazu bin ich der Meinung, daß die Wertung der breiten Volksmassen schon damals ganz stark von den pharisäischen Kreisen beeinflußt war, daß also mit Sündern hier der Kreis derer gemeint ist, die den strengen Vorschriften der Pharisäer widersprachen, ein größerer Kreis also als die verhältnismäßig kleine Gruppe der unehrenhaften Berufe.

Wie steht es um das Verständnis der nächsten Wörter im Vers 15? »Denn sie waren viele, und sie folgten ihm nach.« Die zahlreichen Leute, von denen der Markus-Text hier wieder ohne Nennung des eigentlichen Hauptwortes spricht, sind sicher nicht die Zöllner. Es ist ja selbstverständlich, daß im Hause des Zöllners Levi auch andere Zöllner sich einfinden. Die Leute, die zahlreich sind und Jesus nachfolgen, müssen die Jünger sein. Sie tauchen hier im Markus-Evangelium zum erstenmal ganz unvermittelt und gleich in großer Zahl auf. Diese Unebenheit im Markus-Text wird in den Paralleltexten geglättet. Lukas läßt »die Jünger« weg, er sagt nur »mit ihnen«; er nennt die Jünger dann aber im darauffolgenden Vers. Matthäus wie Lukas lassen außerdem die Bemerkung über die Nachfolge der Jünger, die Markus etwas ungereimt hineinbringt, weg. Gemeinsam ist aber den drei ersten Evangelien die Betonung der Tischgemeinschaft, womit die Einladung an die Sünder vorbereitet wird.

Die Tischgemeinschaft bedeutet nicht nur in den Evangelien, sondern in der gesamten Alten Welt den Vollzug der denkbar engsten Gemeinschaft, so wie etwa in Luk. 19 Jesus mit Zachäus zusammen speist. Selbstverständlich ist auch an die Abendmahlsberichte zu denken. Auch abgesehen von der Frage nach der Historizität unserer Erzählung, die ja – wir sahen es schon – in den Einzelheiten stark brüchigen Charakter hat, wird man sagen müssen, daß die geschilderte Tischgemeinschaft Jesu mit den Zöllnern und mit den von den Frommen Verachteten tatsächlich geschehen sein muß. Das steht geschichtlich schon deshalb außer Frage, weil sowohl Matthäus als auch Lukas uns ein Wort überliefert haben, das als Schimpfwort gegen Jesus gedacht war und allein schon deswegen keine Erfindung sein kann. Denn die Erfindungen in den Evangelien – wir werden das später noch sehen – bewegen sich immer in der Richtung, daß Jesus einen Goldgrund bekommt. Dieses Schimpfwort aber steht in Matth. 11,19 und lautet: »Siehe, was ist der Mensch ein Fresser und Weintrinker, ein Freund von Zöllnern und Sündern.« Mag also auch unsere knappe Erzählung keine konkret im Gedächtnis bewahrte Einzelszene wiedergeben, so ist es doch keine Frage, daß hier in einem typisch gemeinten Gemälde ein tatsächliches Verhalten Jesu geschildert wird. Es ist fast überflüssig zu versichern, daß die geschilderte Praxis komplett unjüdisch und unerhört anstößig ist: Sie ist extrem nonkonformistisch. Auch wenn es sich hier also um eine komponierte Szene handelt, so wird die Tatsächlichkeit eines solchen Verhaltens Jesu meiner Meinung nach untermauert durch das schon zitierte Schimpfwort (Matth. 11,19) von dem Mann, der mit Zöllnern und Sündern fraternisiert. Interessant ist die Lukas-Parallele (Luk. 5,29): »Und Levi machte eine große Einladung für Jesus, für ihn, in seinem Hause, und da war eine große Menge von Zöllnern und anderen, die mit ihnen zu Tische lagen.« Die Vokabel »Sünder« bei Markus und Matthäus ist im Lukas-Text ersetzt durch die Vokabel »andere«. Die Sünder sind offenbar für den dritten Evangelisten zu unpassend als Umgebung Jesu. Man merkt hier: Der Goldgrund für das Leben Jesu wird langsam grundiert.

Nach dieser Exposition wenden wir uns nun dem nächsten Vers (Mark. 2,16) zu: »Und die Schriftgelehrten unter den Pharisäern sahen das, daß er zusammen mit den Zöllnern und Sündern aß, und sagten zu seinen Jüngern: Was soll das bedeuten (man kann auch übersetzen: Wie kommt das?), daß er mit den Zöllnern und Sündern speist?« – Woher kommen die Gegner so plötzlich? Das interessiert den Erzähler nicht. Er setzt sie voller Unanschaulichkeit mitten hinein in die Szene und folgt damit einer in jener Zeit üblichen Erzähltechnik. Man ließ bei Mahlzeiten oder anderen Zusammenkünften ungeladene Gäste, wenn sie als Opponenten oder Diskussionsteilnehmer gebraucht wurden, ganz unvermittelt auftreten. Diese Gegner werden in den einzelnen Evangelien verschieden benannt: bei Markus »die Schriftgelehrten unter den Pharisäern«, bei Matthäus nur »die Pharisäer«, bei Lukas »die Pharisäer und ihre Schriftgelehrten«. Die Wendung »die Schriftgelehrten aus dem Kreis der Pharisäer« findet sich nur bei Markus. Die Pharisäer sind ja eine Laienbewegung, aber sie haben in der Tat in zunehmendem Maße aus ihrer Mitte den Kreis der Theologen gestellt. Lukas präzisiert hier, wenn er sagt, diese Gegner seien unwillig gewesen und hätten gemurrt. Markus erzählt etwas umständlich. Beachtenswert bei allen drei Evangelisten ist die Tatsache, daß die Jünger nach dem Verhalten Jesu befragt werden – umgekehrt wie in der Szene vom Ährenraufen am Sabbat, wo Jesus nach dem Verhalten der Jünger gefragt wird. Doch in beiden Fällen ist immer Jesus der Antwortende. Bei Lukas wird übrigens die kritische Frage nicht direkt auf Jesus konzentriert, der Vorwurf richtet sich vielmehr an den Gesamtkreis, in dem Jesus sich befindet: Warum tut *ihr* das? Wiederum vermeidet es der dritte Evangelist, Jesus direkt beschuldigen zu lassen. Um welchen Vorwurf geht es dabei?

Es ist der gleiche Vorwurf, der sich in dem schon zitierten Schimpfwort gegen Jesus (Matth. 11,19) artikuliert hat: Er ist ein Freund von Zöllnern und Sündern! Dabei geht es um eine Frage, die auch die Urgemeinde bewegt hat, nämlich die Frage nach der korrekten Einhaltung der jüdischen Speiseregeln. Man kann deutlich sehen: Die ganze Szene ist keine konkrete Erinnerung, sondern von der Urgemeinde geformt. In einer wirklich konkreten Szene hätten Jesu Gegner sicher nicht gefragt: Wie kommt das und wieso tust du das? Sie hätten nicht um eine Begründung nachgesucht, sondern hätten einfach opponiert. Sie hätten nicht »warum?« gefragt, sondern sich so verhalten, wie es uns in Gal. 2 (zweite Hälfte) berichtet wird, wo ja Petrus die Tischgemeinschaft mit den Heidenchristen, mit denen Paulus in jüdisch unüblicher Gesetzesfreiheit zusammen speist, aufkündigt. Sie hätten sich so verhalten, wie es auch die Apostelgeschichte von den strengen judenchristlichen Kreisen der Urgemeinde im Anfang von Kapitel 11 berichtet, wo dem Petrus der Vorwurf gemacht wird: Du bist dort in Cäsarea in das Haus des Heiden Cornelius gegangen und hast mit ihm Tischgemeinschaft gehalten. Das also ist die Szene, schon von der Urgemeinde auf die Frage der Bedeutungsschwere der jüdischen Speiseregeln zugespitzt.

Wir kommen nun zur Antwort Jesu im abschließenden Vers (Mark. 2,17): »Und als Jesus das hörte, sagte er zu ihnen: Die Gesunden brauchen keinen Arzt, sondern die Kranken. Ich bin nicht gekommen, Gerechte zu rufen, sondern Sünder.« – Man kann gerade hier merken: Dieses Jesuswort war ursprünglich von der Szene getrennt. Wir haben uns die Entwicklung des Ganzen wohl so zu denken: Erst wurde das Jesuswort überliefert, dann hat man dieses Jesuswort nachträglich mit dieser komponierten Szene veranschaulicht, die aber dem tatsächlichen Verhalten Jesu durchaus gerecht wurde. Es ist aber wichtig, zu wissen, daß der erste, polemische Teil der Antwort Jesu, wonach die Kranken und nicht die Gesunden einen Arzt brauchen, ein in der antiken Welt weit verbreitetes Wort war. Verbreitet war dieses Wort in den Kreisen jener Stoiker, die eigentlich schon keine korrekten Stoiker mehr waren, sondern es sich zum Ziel gesetzt hatten, die stoische Lebensweise missionarisch unter das Volk zu bringen: also die Kyniker, die Vertreter der kynisch-stoischen Diatribe. Dazu gehört ein Mann wie Dion Chrysostomos, ein Mann wie Diogenes, auch Antisthenes und Epiktet sind da zu nennen. »Auch die Ärzte leben ja zusammen mit den Kranken, und gleichwohl werden sie nicht vom Fieber befallen«, so Antisthenes. Oder Epiktet: »Ein Krankenhaus, ihr Leute, ist der Hörsaal des Philosophen.« Es kann dann auch ausdrücklich begründet werden, warum der Kyniker nicht bei den Gesunden, sondern bei den Kranken weilt: »Der Arzt, der ein Hersteller der Gesundheit ist, hält sich ja auch nicht unter den Gesunden auf, weil er eben die Gesundheit wiederherstellen will.« Matthäus hat dieses Wort, das auf antik-philosophischem Boden zu Hause ist, noch durch einen Schrifthinweis ergänzt: »Gehet aber hin und lernt, was das bedeutet: Barmherzigkeit will ich und nicht Opfer.« Diese kleine Passage mit dem Verweis auf Hosea 6,6 findet sich allein bei Matthäus (9,13). Er muß dieses Wort sehr geliebt haben, denn er bringt es auch in der Szene vom Ährenraufen. Dorthin paßt es nicht so recht, im vorliegenden Text ist es eher angebracht, denn Barmherzigkeit heißt ja hier, durch den Gesamtzusammenhang deutlich gemacht, die totale Gemeinschaft, nicht eine Gemeinschaft nur von oben herab.

Und nun der letzte Teil: »Ich bin nicht gekommen, Gerechte zu rufen, sondern Sünder.« Wir müssen uns zunächst einmal klarmachen, daß dieses Wort das vorhergehende vom Arzt und den Kranken interpretieren soll. In den drei ersten Evangelien wird man Jesusworte, die mit »Ich bin gekommen« oder »Ich bin nicht gekommen« eingeleitet werden, nicht der ältesten Überlieferungsschicht zurechnen; sie sind von der Urgemeinde Jesus in den Mund gelegt worden. Der historische Jesus hat aller Wahrscheinlichkeit nach nicht in dieser Weise über seine Sendung reflektiert. Auch das Jesuswort in unserem Text ist ein rückblickhaftes Wort, das die Bedeutung Jesu zum Ausdruck bringen will. Um seine ganze Härte und Anstößigkeit zu verstehen, muß man sich klarmachen: Die »Gerechten«, die Jesus nicht rufen will, sind hier absolut unironisch gemeint. Es steht nicht da: die vermeintlich Gerechten oder die, die sich fälschlich für Gerechte halten. Das Unerhörte besteht darin, daß Jesus gerade die Leute, die Gerechte sind, nicht ruft! Das ist das eigentlich Provokative, denn was heißt hier »rufen«? Es bedeutet natürlich nicht: einladen zum Essen. Die Szenerie des Mahls ist diesem Wort ja erst von zweiter Hand davorgebaut worden. Rufen bedeutet dem ursprünglichen Zusammenhang nach: hineinrufen in das, was nach Anschauung der Evangelisten in Kürze erfolgen wird, nämlich der Einbruch des Königreiches Gottes, der Einbruch des Weltendes. Jesus sagt: Ich lade ein, ich lade verbindlich ein in das Königreich Gottes – nicht die Gerechten, sondern die Sünder. Das ist für jüdische Ohren in der damaligen Zeit, und vielleicht nicht bloß für sie, ein Skandal! Das sieht man schon an der kleinen Verschiebung, die wieder der dritte Evangelist vorgenommen hat, der gleiche, der Jesus nicht gern mit den Sündern zu Tische liegen lassen will, sondern sagt: »mit den Zöllnern und den andern«; der gleiche, der Jesus nicht direkt angegriffen werden läßt, sondern den Tadel der Gegner auf den Gesamtkreis der Jünger bezieht, in dem Jesus sich befindet; es ist wiederum Lukas, der es nicht über das Herz bringt, Jesus einfach sagen zu lassen, er rufe die Sünder in das Reich Gottes, sondern der vom Ruf zur Buße (Luk. 5,32) spricht. Wie steht es denn mit einem solchen Bußruf? Natürlich hat auch Jesus nicht die Vorstellung gehabt, daß die Zöllner, wenn sie seinem Ruf folgen, nun weiterhin ihre Nachbarn und Freunde übers Ohr hauen. Natürlich hat Jesus gemeint: Die Menschen bleiben nicht, wie sie waren, wenn sie seinen Ruf hören. Aber es ist ein Unterschied, ob der Ruf als Aufforderung zu grundsätzlicher Besserung formuliert wird, oder ob er ganz ungeschützt und zunächst ganz unbesorgt um moralische Konsequenzen ergeht. Jesus hat nicht einfach in seine Nachfolge gerufen, er hat in das Reich Gottes gerufen, und zwar die Sünder wie die Armen. Die Zöllner sind zwar nicht soziologisch arm, aber sie sind von den Frommen und Gesetzeskorrekten verachtet. Darin besteht ihre Armut und Not. Wenn Jesus diese Leute, die Zöllner und Sünder, in das Reich Gottes ruft, dann wohnt seinem Ruf ein geradezu erschreckender Nonkonformismus inne, dann ist das in jüdischem Verständnis einfach ein Skandal.

In den sogenannten Salomo-Psalmen, die nicht im Alten Testament stehen und die um die Mitte des ersten vorchristlichen Jahrhunderts entstanden sind, wird der Auftrag des Messias ausdrücklich dahingehend beschrieben, er müßte und würde die Sünder ausstoßen; sie werden also gerade nicht in das Endheil hineingerufen, sondern davon ausgeschlossen. Wie wird nun demgegenüber die ganz antijüdische Haltung Jesu begründet? Sie wird begründet mit dem Wort vom Arzt und den Kranken, denn die beiden Teile von Mark. 2,17 stützen sich ja gegenseitig. Dieses Wort ist meiner Ansicht nach kein altes Jesuswort, dafür hat es eine zu enge sprachliche Verwandtschaft mit den schon teilweise zitierten Texten aus der kynisch-stoischen Diatribe. Freilich meint dieses Wort auf dem Boden kynischen Denkens: Der Weise, der Arzt, ruft die Unweisen aus ihrem Engagement für Familie und Nachbarn heraus und hinein in jene aristokratische Selbstgenügsamkeit, die den Sohn gegen die Seufzer der ihn vermissenden Mutter (Epiktet Dissertationes III 24,22 f.), den Nachbarn gegen die Trauer des Nachbarn (Epiktet Encheiridion 16) im letzten unempfindlich machen und so dem Menschen zum Glück des Freien und Unabhängigen verhelfen will. Hier in den Synoptikern dagegen begründet diese stoische Maxime – ganz unstoisch – gerade das Engagement und zudem ein Engagement für moralisch fragwürdige Gestalten. Übernommen ist aus der stoischen Regel nur der Gesichtspunkt: Hier sind Menschen, die brauchen die helfende, sie bejahende Gemeinschaft, weil sie verachtet und verhaßt sind. Jesus gewährt ihnen diese Gemeinschaft, das heißt, er legt Gott so aus, daß klar wird: Gott spricht ein vorbehaltloses Ja zu den Deklassierten und Armen. Die Sünder werden in das Reich eingehen; daß sie im Endgericht angenommen werden, ist ein Definitivum.

Die weltanschaulichen Vorstellungen vom nahen Endgericht und vom Weg des Messias aus der Himmelswelt auf die Erde und wieder zurück in das Reich der Himmel können wir heute nicht mehr nachvollziehen. Aber die Grundbotschaft, die in unserem Text steckt, das Ja zu den Nonkonformisten und Deklassierten, ist aufregend genug. Auch wenn ich den ganzen Abschnitt nicht für einen Text halte, in dem der historische Jesus selbst spricht, so ist doch darin gleichwohl etwas ganz Genuines eingefangen, und es handelt sich hier um eines der schönsten, ja eines der theologisch wichtigsten Stücke in den drei ersten Evangelien.

3. Entscheidung zur Solidarität

Der Text (Mark. 2,23-28) entrollt vor uns ein Bild: Jesus verteidigt die Jünger. Die Pharisäer greifen die Jünger wegen der Übertretung des Sabbatgebotes an: Die Jünger haben, in Begleitung Jesu, bei einem Gange durch die Felder Ähren gerauft und die Körner gegessen; sie hatten Hunger. Jesus verteidigt dies Verhalten der Jünger.

Hier ist zwar nicht der Ort, exegetische Details zu erörtern. Soll die soeben kurz umrissene Szene in ihrer eigentlichen Absicht uns aber klar vor Augen stehen, so sind einige wenige Überlegungen und Erwägungen gleichwohl unerläßlich.

Die Szene trägt künstlichen Charakter. Die Gegner, die Pharisäer, sind en bloc mitten in den Getreidefeldern plötzlich zur Stelle. Das Ährenraufen, als konkrete Erinnerung aus dem Leben des historischen Jesus genommen, würde die Jünger belasten: Die schlappen Kerle, bis zur nächsten Siedlung hätten sie ihren Hunger doch wohl beherrschen können. Oder sie könnten einem zur Sentimentalität neigenden Leser leid tun: Diese armen hungernden Männer! Aber weder der Tadel noch das sentimentale Mitgefühl werden hier dem Leser abverlangt: Die Szene ist künstlich; das heißt, an Hand einer fiktiven, nicht sehr überzeugenden Situation wird eine Sachfrage, *der rechte Sabbatgehorsam*, erörtert. Von da aus wird nun auch die Beobachtung verständlich, die jeder Leser selber machen kann, der nach dem Markustext auch den parallelen Matthäus- und Lukastext (Matth. 12,1 bis 14; Luk. 6,1-11) vergleicht: Das Detail wächst, je mehr diese bei Markus noch ganz knapp und spröde dargestellte Szene bei Matthäus und Lukas ihre Ausmalung empfängt. Der Zeitpunkt des Geschehens wird zunehmend präzisiert, und andere verdeutlichende Einzelheiten werden hinzugefügt.

Wie ist diese Szene denn nun aber entstanden, wenn nicht ein in der Erinnerung aufbewahrtes Einzelereignis aus dem Leben Jesu hinter ihr steht? Die Frage läßt sich klar beantworten auf Grund der Beobachtung: Jesus verteidigt das Verhalten der *Jünger* (bei Markus und Matthäus; bei Lukas ist Jesus in das von den Pharisäern getadelte Verhalten mit eingeschlossen). Die *Jünger* sind die Angegriffenen. Es geht also um Debatten der ersten Nachfolger Jesu mit den Juden. Die Jünger berufen sich auf Jesus; die Tradition läßt *ihn* auf den Vorwurf antworten. Die Debatten der palästinensischen Christen mit den Juden sind der Mutterboden, dem unsere Szene entstammt. So erklärt sich nun auch der künstliche Charakter der Szene; nicht sie, der Debatte-*Inhalt* hat den vollen Akzent.

Wie läßt die Tradition Jesus zur Verteidigung der Jünger sprechen? (Wir sehen von Mark. 2,27 zunächst noch ab.) Jesus verweist die anklagenden Frager in Form einer Gegenfrage auf das Alte Testament. Er bringt also einen Schriftbeweis: Auch David mitsamt seinen Gefährten aß in einer Situation konkreten Hungers die ihm und seinen Leuten verbotenen Schaubrote. Matthäus fügt weitere Schriftbeweise hinzu: Die Priester, die doch auch am Sabbat die Pflichten ihres Amtes im Tempel verrichten, gelten nicht als Sabbat-Übertreter; und Jesus ist doch mehr als der Tempel. Ja, das Hoseawort fordert ausdrücklich das Tun von Barmherzigkeit und nicht das Opfer.

Wie vollzieht sich der logische Weg, den diese Verteidigung Jesu zugunsten der Jünger beschreitet? Daß das Ährenraufen am Sabbat – gemäß der jüdischen Auslegung, die das Ernten zu einer der 39 am Sabbat verbotenen Arbeiten erklärt – eine Übertretung des Sabbats darstellt, wird seitens der Verteidigung nicht bestritten. Aber mit Hilfe des Alten Testaments wird dieser Kultverstoß für schuldfrei erklärt: Auch David war nicht schuldig, als er mitsamt seinen Leuten, hungernd, einen Kultverstoß beging. Der sabbatliche Priesterdienst im Tempel beweist: Eine übergeordnete Kultpflicht macht ein diesbezügliches Tun auch am Sabbat schuldfrei. Die Gemeinde läßt Jesus ein Ja zum Ährenraufen der Jünger sprechen. Freilich, ein durch das Alte Testament gedecktes Ja: Die Jünger haben zwar einen Verstoß begangen; aber einen für solch eine Ausnahmesituation von dem Alten Testament selber entschuldigten Verstoß. Die Logik lautet: Grundsätzlich ist es ein Verstoß; aber in diesem Falle doch nicht. Dieser Eingeschränktheit der Verteidigung entspricht die Qualität der Argumente, die ja nicht wirklich stichhaltig sind: Nach dem alttestamentlichen Text *waren* David und seine Leute ja kultisch rein, ihr Essen der Schaubrote war gerade kein Kultverstoß; und die am Sabbat im Tempel amtierenden Priester stellen wirklich keine überzeugende Analogie zu den Jüngern dar, die in der Nachfolge Jesu alles andere, nur keinen Priesterdienst verrichten. All diese Argumente plädieren für die Schuldlosigkeit der Jünger unter Verweis auf *eine konkrete Situation*, die *ausnahmsweise* die gebotene Sabbatobservanz außer Kraft setzt. Erst das Hosea-Zitat bei Matthäus stellt grundsätzlich die Barmherzigkeit an die Stelle des Opferkultes. Aber auch hier ist diese Grundsätzlichkeit kein Verstoß gegen die Schrift; schon das Alte Testament erklärt die Barmherzigkeitsübung, nicht das Opfer, zur eigentlichen Forderung Gottes und entschränkt so die zunächst nur ausnahmsweise erteilte Erlaubnis der Sabbatübertretung. Diese gesamte Beweisführung vertritt zunächst eine aus dem Alten Testament mühsam entnommene *Situationsethik*; ohne Rücksicht darauf, daß es der seit Ostern als *Messias* geglaubte Jesus ist, der so argumentiert. Erst der bei Matthäus stehende Hinweis, daß hier eine dem Tempel überlegene Autorität spreche, fügt der schon an und für sich bestehenden Schuldfreiheit der den sabbatlichen Tempeldienst versehenden Priester zusätzlich das messianische Gewicht dessen hinzu, der *seine* Diener für schuldfrei erklärt. Und erst der abschließende Vers (Mark. 2,28 Par.) belehrt eindeutig: Jesus kann von der Sabbatobservanz bei Gelegenheit – so meinen es ja die alttestamentlichen Beispiele – dispensieren, weil er der Menschensohn ist, weil er messianische Autorität besitzt.

Die bei Matthäus gerade erst erreichte Entschränkung und Vergrundsätzlichung – auch da noch formuliert auf dem Boden einer *alt*testamentlichen Schriftaussage: Gott will Barmherzigkeit und nicht Opfer – erfährt nun nochmals eine unerhörte Radikalisierung im 27. Markusvers: Der Sabbat ist um des Menschen willen da und nicht der Mensch um des Sabbats willen.

Dieser Vers hat ursprünglich zu der von Markus erzählten Szene nicht dazugehört. Das wird schon formal deutlich: Jesus wird erneut als redend eingeführt, obwohl er bereits vorher (bis zum Ende von Vers 26) gesprochen hat. Auch inhaltlich erweist dies Wort sich als eine den ursprünglichen Zusammenhang überflügelnde Einfügung: Das Feld der Situationsethik – bei Hunger ist ein Kultverstoß erlaubt – wird nun verlassen; das Verhältnis von Mensch und Sabbat kommt jetzt grundsätzlich zur Sprache.

Welcher Art diese Grundsätzlichkeit ist, zeigt sich, wenn man die Sabbatinstitution und ihr Gewicht zusammenhängend bedenkt. Das Alte Testament gebietet die Sabbatbeobachtung. Dies Gebot hat dort in der Tat auch seine sozialen Implikationen: Nicht nur der israelitische Mann, auch seine ganze Familie, die Kinder, die Sklaven, die Halbisraeliten, ja die Haustiere, alle sollen an der Wohltat der Sabbatruhe teilhaben (5. Mose 5,14). Noch in einer jüdischen Erklärung zum Zweiten Buch Moses findet sich etwas von dieser Auffassung: »Euch ist der Sabbat übergeben und nicht ihr dem Sabbat.« Freilich, sabbatkritische Konsequenzen hat dies Wort auf jüdischem Boden nicht gezeitigt. Die Entwicklung unterstrich vielmehr die penible Innehaltung der Arbeitsruhe am Sabbat: 39 Arbeiten werden nun katalogisiert, die als verboten gelten; wann ein Verstoß gegen die gebotene Ruhe bereits vorliegt und wann noch nicht, wird nun bis in das Detail hinein kasuistisch festgesetzt. Neben dem Verbot des Götzendienstes und neben dem Bilderverbot steht die Sabbatbeobachtung als *der* Ausdruck für den Gottesdienst des Israeliten. Ihre Gewichtigkeit läßt sich abschätzen, wenn es nun heißt: Die Gottheit selber mitsamt den Engelheeren hält die Sabbatruhe im Himmel. Wollten die Juden nur ein oder zwei Sabbate korrekt beobachten, so würde die messianische Erlösung hereinbrechen. Von diesem zentralen, Himmel und Erde durchwaltenden Institut erklärt Mark. 2,27, es sei um des Menschen willen da. Der Mensch, der Sinn des Gottesdienstes; der Gottesdienst dient Gott, indem er dem Menschen dient.

Die auf der Hand liegende komplette Anstößigkeit dieser Feststellung spiegelt sich noch in den Texten. Es gibt eine Evangelienhandschrift, die läßt diesen Markusvers ganz, eine andere, die läßt ihn halb aus. Matthäus und Lukas bringen diesen Vers nicht. Bei Markus fängt der folgende Vers 28 die Anstößigkeit wenigstens in etwa ab: Jesus als Menschensohn, als Beauftragter Gottes ist es, der diese freie Haltung gegenüber dem Sabbat betätigen darf.

158

Dies radikale Wort, das in seiner jüdisch-doppelgliedrigen Form und in seiner unjüdischen Sabbatauslegung wahrscheinlich von dem historischen Jesus stammt, zeigt auf, auf welchem Felde rechter Gottesdienst stattfindet: in der Zuwendung zum Nächsten, zu der konkreten Bedrängnis des Nächsten. Rechter Gottesdienst ist nicht Kultgehorsam; er ist Barmherzigkeit. Wodurch der Mensch zu solch einem rechten Gehorsam ermutigt wird, steht in unserer Perikope nicht zur Debatte. Hier geht es um die Frage: Wo wird Gott, dem man dienen soll, wirklich angetroffen? Die Antwort lautet – mit dem Titel dieser Ehrengabe zu sprechen –: *in der Entscheidung für die Solidarität.* Das hieße dann aber: Gott ist hier nicht verstanden als ein Gott per se, als ein Gott an und für sich. Der Mensch ist es, der die Auslegung des Begriffs »Gott« darstellt. Offenbar waren Jesu Zeitgenossen, nicht nur die Juden, sondern auch Bereiche der altchristlichen Tradition, darüber schockiert. Hier in Mark. 2,27 wird der Schock allein durch den Inhalt der Feststellung hervorgerufen; daß im Leben Jesu aber auch Taten, die gegen das religiöse Establishment gerichtet sind, die Provokation bilden können, zeigt die Tempelreinigung. Was Wunder, wenn dieser schockierende Effekt solch eines Wortes auch heute auftritt.

4. Auslegung Gottes durch Jesus

Wir wollen über die Frage nachdenken, wie Jesus von Nazareth Gott auslegt. Diese Frage soll nicht freihändig, sondern anhand eines Textes (Matth. 20,1-16) bedacht werden, nämlich anhand der Parabel, die gewöhnlich bekannt ist unter dem Titel »Die Arbeiter im Weinberg« (besser sollte man sie nennen »Die Parabel von dem gleichen Lohn für alle«).

Ich möchte so verfahren, daß ich zunächst einmal diese Parabel durchgehe, damit in den Blick kommt, was der Text sagt; und dann nach dieser Einzelerklärung werden sich die großen Fragen der Gesamterklärung einstellen und werden bedacht werden müssen, mit dem Ziel: Wie legt Jesus Gott aus? Das heißt natürlich, wenn wir diese Frage geschichtlich stellen: Wie verhält sich seine Gottesauslegung zu der uns erfaßbaren Gottesauslegung bei den Zeitgenossen? So soll also der Gang der Dinge sein, und nun werden wir zunächst einmal die Parabel Punkt um Punkt durchgehen und im einzelnen bedenken.

»Denn die Königsherrschaft der Himmel ist gleich einem Hausherrn, der bereits früh ausging, um Arbeiter für seinen Weinberg zu mieten.« Daß diese Parabel anfängt mit »denn«, zeigt uns, der Evangelist will mit dieser Parabel eine Erklärung abgeben, das heißt, er knüpft an etwas Vorhergehendes an. Er knüpft an einen Satz an, der vorangeht und mit dem dann hinterher die Parabel selber auch enden wird. Er knüpft nämlich an an den Satz: »Viele Erste werden Letzte und viele Letzte werden Erste sein.« Für diesen Satz gibt er die Parabel, die jetzt folgt. Es ist natürlich kein Schlüssel für die Erklärung des Ganzen im ursprünglichen Sinne, es ist aber der Schlüssel dafür, wie es der Evangelist selber verstanden hat. Vorher wird ja erzählt, daß die Jünger sich raufen um die Frage: Wer bekommt dann den besten Platz, was für einen Lohn erhalten wir? An diesen ganzen Komplex wird nun angeknüpft. Diesen Rahmen lassen wir nun aber weg, denn wir wollen den Text für sich, wie er dasteht, interpretieren.

In der Königsherrschaft der Himmel, das heißt, wenn Gott als König an dem baldigen Ende erscheinen wird (so wie Jesu Zeitgenossen und auch er selber sich das denken), wird die Stellung von Mensch und Gott so sein wie die dieses Hausherrn zu seinen Arbeitern. Damit sind wir schon mitten in der Bildseite der Parabel. Das Material, mit dessen Hilfe dieses Bild entfaltet wird, bewegt sich ganz auf jüdischem Boden. Dieser Hausherr geht gleich früh los, er braucht Arbeiter für den Betrieb, der dort landesüblich ist, für seinen Weinberg. Die Arbeit im Weinberg begegnet uns in der Bibel schon im Alten Testament, aber auch öfter im Neuen Testament. »Er machte aber mit den Arbeitern einen Vertrag auf Grund eines Denares Tageslohn, und dann schickte er sie in seinen Weinberg.« Er wird mit ihnen einig um eine zeitübliche Entlohnung: Ein Denar ist das Übliche an Lohn, der gelegentlich unter-, bei besonderen Spezialisten, etwa bei guten Schreibern, aber auch überschritten wird, und in dieser Weise wird nun der Vertrag abgeschlossen. »Und er ging aus gegen neun Uhr und sah andere, wie sie auf dem Markte untätig standen, und sprach zu ihnen: ›Geht auch ihr in den Weinberg, und was etwa recht sein wird, will ich euch geben.‹ Sie aber zogen los.« Um die dritte Stunde (das heißt: etwa um neun Uhr; die Uhrzeiten werden ja dort im Orient nach dem Sonnenstand gemessen, haben daher für die verschiedenen Jahreszeiten eine nicht immer ganz gleichbleibende Länge), also um neun Uhr, macht sich nun der Hausherr, der Bauer, wieder auf den Weg, an den Ort, wo die Arbeitsvermittlung landesüblich stattfindet, auf den Markt, wo nach einem bekannten jüdischen Sprichwort viele Nichtstuer herumstehen. Und er sagt zu ihnen: »Geht auch ihr hin«; natürlich hat er nicht gesagt »auch«, »auch« ist gesagt vom Standpunkte des Erzählers. Bei diesen zweiten, bei den um neun Uhr Gemieteten, findet keine Präzision, keine genaue Fixierung der Lohnhöhe statt. Man darf dahinter aber nicht besondere Tiefsinnigkeiten suchen, sondern das ist einfach ein Ausdruck schriftstellerischer Abwechslung. Es liegt nicht von der auszudrückenden Sache her eine bestimmte Absicht dahinter. »Wiederum zog er aus gegen zwölf Uhr und gegen fünfzehn Uhr und verfuhr in der gleichen Weise.« Hier wird überhaupt nicht mehr eine bestimmte Lohnvereinbarung genannt. Gemeint ist natürlich nicht, diese später gemieteten Leute sollten umsonst arbeiten, sondern der Text will seinen Hörer (primär ist das ja zum Hören geschrieben, zur Verlesung, nicht für die Augen, sondern für die Ohren) in Spannung halten dadurch, daß er die Monotonie des Erzählens vermeidet. »Als er aber gegen siebzehn Uhr auszog, fand er andere dastehen und spricht zu ihnen: ›Was steht ihr hier den ganzen Tag untätig?‹« Die Abwechslungsabsicht des Erzählers kommt zutage auch in der Abwechslung der Verben: Jetzt heißt es, er findet, vorher war die Rede davon, daß er sah. Der Vorwurf gegen diese Letztgemieteten, gegen diese Siebzehnuhrleute, ist ebenfalls ein Element der Ausmalung. Es soll nicht etwa hier etwas Besonderes von der Sache her zum Ausdruck gebracht werden, denn diese Leute antworten nun. »Sie sagen ihm: ›Niemand hat uns engagiert!‹ Da sagt er zu ihnen: ›Geht auch ihr in den Weinberg.‹« Daß sie sich entschuldigen damit, sie seien bisher nicht gemietet worden, soll nicht etwa im Sinne der Sache unterstreichen, daß diese Leute vor Arbeitsbegier brennen, sondern auch das gehört zur Ausmalung des Textes hinzu.

Ich möchte an dieser Stelle nun eine Bemerkung einfügen, die wichtig ist, wenn man solche Texte wie diese verstehen will. Ich habe wiederholt jetzt bei Einzelpunkten der Erklärung unterstrichen, man darf diese Einzelzüge nicht tiefsinnig überinterpretieren, nicht mit einem besonderen Hintersinn belasten. Denn – und das ist das Wesentliche, was wir jetzt uns klarmachen müssen – solche Parabeln, wie wir sie in der Fachsprache nennen, sind dadurch gekennzeichnet, daß man sie nicht etwa in jedem Einzelzug, der dasteht, aus der Bildseite in die Sachseite übertragen darf; sondern solch eine Parabel läuft auf einen einzigen Punkt hinaus, den es zu beachten gilt und der allein angewendet werden will. Es gibt also in einer Parabel nicht viele Vergleichspunkte, sondern ein einziges punctum saliens. Welches dieses punctum saliens in unserem Text ist, werden wir noch sehen. All meine Warnungen, wir dürften die verschiedenen Formulierungen des Lohnes oder auch das Fehlen des Lohnes nicht besonders bewerten, liefen bisher darauf hinaus, daß wir den Vergleichspunkt nicht an der verkehrten

Stelle suchen möchten. Es handelt sich also hier bei diesen
»Siebzehnuhrleuten« nicht etwa um eine besondere Unterstreichung des Arbeitswillens. Es geht auch hier wieder bei
der Nichterwähnung des Lohnes um eine besondere Abwechslung, die der Erzähler seinem Hörer bieten will, nicht
um etwas Wesentliches von der Sache her.

»Als es aber Abend wurde, spricht der Weinbergbesitzer
zu seinem Verwalter: ›Rufe die Arbeiter und zahle den Lohn,
angefangen von den Letzten bis zu den Ersten!‹« Auch hier
ist das Lokalkolorit ausgesprochen jüdisch: Den Lohn darf
man, zumal in solchen sozialen Verhältnissen, in denen der
Mensch aus der Hand in den Mund lebt, nicht über den
Sonnenuntergang hinaus, also bis zum nächsten Tage, vor-
enthalten, der Arbeiter kann nach dieser Auffassung seinen
Lohn sofort verlangen, und entsprechend verfährt auch der
Weinbergbesitzer, er ruft seinen Verwalter und gibt ihm den
Auftrag, nun den Lohn zu zahlen. »Zahle den Lohn«, das
heißt ihren Lohn, vielleicht nicht einmal besonders achtge-
bend auf den vereinbarten, sondern den üblichen Lohn. Achten wir darauf, wie geschickt erzählerisch hier verfahren ist!
Die Höhe des zur Auszahlung kommenden Lohnes wird
nämlich noch nicht genannt, so daß die Hörer jetzt fast wie
die Arbeiter in der Geschichte spannen und begierig sind zu
erfahren: Was wird nun werden? Die Weisung des Wingert-
bauern an seinen Verwalter lautet, er solle bei der Auszahlung ausdrücklich bei den Letzten, bei den Siebzehnuhrleuten, beginnen. Wir müssen hier nun nicht etwa meinen,
diese Reihenfolge sei der Grund für das Murren, von dem
jetzt gleich die Rede sein wird. So ist es nicht gemeint, als ob
die Erstarbeiter sich darüber ärgern, daß sie später ausgezahlt werden als die zuletzt Engagierten. Auf die paar Minuten kommt es ihnen nicht an. Sondern daß hier die Letztarbeiter an erster Stelle ausgezahlt werden, hat im Gang der
Erzählung einfach den Sinn: Die Erstarbeiter bekommen
nun Gelegenheit, zu sehen und Zeuge davon zu sein, wie
die Letztarbeiter entlohnt werden. Sie merken das, was sie
jetzt gleich sehr aufbringen und sehr zornig machen wird;
sie merken nämlich: Die bekommen das gleiche wie wir. Sie
merken es, weil die Letztengagierten zuerst ausgezahlt werden. So merken die Erstengagierten die anstößige Gleichheit und bekommen auf diese Weise die Gelegenheit zum

Protestieren. Wenn es also zum Schluß heißt: »so werden die Letzten Erste und die Ersten Letzte sein«, so hat der Erzähler irrtümlich etwas unterstrichen, was als Pointe zunächst gar nicht gemeint ist, nämlich die Reihenfolge der Entlohnung. Die Reihenfolge der Entlohnung ist nicht die Pointe der ganzen Parabel, sondern ist hier nur Mittel zum Zweck; zu *dem* Zweck, daß die Erstarbeiter mit unterrichtet sind. Der Verwalter verfährt danach, daß er mit den Letztarbeitern anfängt, und nun spitzt sich die Szene zu. »Als aber die Siebzehnuhrarbeiter kamen, empfingen sie je einen Denar, und als die Ersten kamen, meinten sie, sie würden mehr empfangen, und je einen Denar empfingen auch sie ihrerseits.« Ich habe hier durch die Übersetzung besonders herauszuarbeiten versucht, worauf der Text, der Urtext, schon in seiner Stellung der Vokabeln den ganzen Ton legt. Die Erstarbeiter kommen, haben gesehen, was die Letztarbeiter erhalten haben, und sind nun der Meinung, sie werden einen größeren Lohn bekommen, sie werden mehr bekommen. Hier sind wir hart an der Pointe, wenn in dem Vers 10 formuliert wird: Je einen Denar empfingen auch sie ihrerseits. Da sitzt der Haken. Gleicher Lohn für die Langarbeiter wie für die Kurzarbeiter. »Als sie ihn aber empfangen hatten, murrten sie gegen den Hausherrn und sagten: ›Diese Letzten haben eine einzige Stunde gearbeitet, und gleich hast du sie uns gemacht, die wir die Schwere des Tages und die Hitze getragen haben.‹« Die verdutzten Erstarbeiter (so muß man wohl im Sinne des Textes hier erklären) nehmen diese Entlohnung, die ihnen unangemessen scheint, de facto in die Hand. Hinterher heißt es zwar, daß der Hausherr zu einem der Protestierenden sagt: »Nimm das Deine«, als hätte der sozusagen seine Lohntüte des Tages noch nicht nehmen wollen. Aber vorausgesetzt ist doch wohl (hier soll man nicht spitzfindig sein und Gegensätze suchen), sie nehmen verdutzt ihren Denar in die Hand. Sie murren, aber das Murren ändert nichts an der Entscheidung. Im Gegenteil, nun kann deutlich werden, welche Motive den Hausvater bei dieser seltsamen, bei dieser ungewöhnlichen Verfahrens- und Entlohnungsweise leiten, denn diese Erstarbeiter bringen nun in ihrem Ärger, ihrem Zorn, ihre Vorwürfe vor: Diese Letzten haben eine einzige Stunde geschafft. Das heißt: Wir Ersten haben länger gearbeitet, den ganzen Tag, verglichen mit der einen Stunde; und wir haben schwerer gearbeitet, weil es in unserer Arbeitszeit die böse, lastende Hitze des Orients zu ertragen galt, während die Letzten schon etwas von der neigenden Sonne zugute bekommen haben. Wir haben es schwer gehabt, sie nicht so; und wiederum der ganze Akzent auf dem Wort, das ich eben schon heraushob in der Übersetzung: *gleich* hast du sie uns gemacht, da liegt der Anstoß.

Ich wiederhole: Der Anstoß liegt nicht darin, daß die Erstarbeiter warten müssen bei der Auszahlung, sondern daß sie das gleiche bekommen wie die Letzten. Nicht die Reihenfolge der Entlohnung, sondern die ungerechte Gleichheit des Lohnes, das ist der Grund zum Protest. Und nun gibt es eine kleine Szene. »Er, der Hausherr, sprach zu einem aus ihrer Mitte: ›Mein Freund, ich tue dir kein Unrecht, hast du nicht um einen Denar mit mir abgeschlossen? Nimm das Deine und geh, ich will aber diesem Letzten geben ebenso wie auch dir.‹« Es kommt dadurch eine kleine Szene zustande wie oft in den Evangelien, wo formal das Gesetz der szenischen Zweiheit gern zum Zuge gebracht wird. Die Art und Weise, wie hier der Hausherr redet, ist aufschlußreich; er sagt: Mein Freund. Die Lage spitzt sich zu. Hatten vorher die Murrenden gegenüber dem Hausherrn ihren Protest angebracht, ohne daß der Hausherr noch angeredet wurde, zeigte sich also schon in dem Murren der Leute, daß der Respekt dahin ist (ähnlich wie beim Murren des älteren Bruders im Gleichnis vom verlorenen Sohn, wo er auch nicht mehr sagt: »Vater«, sondern einfach mault ohne die Verbindlichkeit der Anrede), so ist hier die Gegenrede des Hausherrn auch recht brüsk. »Mein Freund«; die Vokabel, die er hier wählt, ist eine Vokabel, die nicht gerade vor Freundlichkeit strotzt. Mit den gleichen Vokabeln wird Judas bei Matthäus angeredet, wird in einem anderen Gleichnis angeredet der Mensch, der in das Hochzeitsmahl hineinkommt ohne Kleid; immer die gleiche Vokabel: »Mein Freund«. Es ist eine familiäre, aber hier wahrscheinlich eine etwas geringschätzig gemeinte Vokabel. »Ich tue dir kein Unrecht.« Warum denn nicht? »Du selber hast mit mir ja abgeschlossen um einen Denar.« Der Hausherr weiß, wie er den Mann bekommen kann. Er sagt nicht: Ich habe mit dir abgeschlossen. Er erinnert ihn, er habe ihm diese Lohnabmachung nicht aufgezwungen. Sondern die Formulierung: »Du hast mit mir abgeschlossen«, bringt heraus, du warst ja freiwillig dabei. Du hast es ja selber so gewollt. Diese Formulierung ist also feiner und in ihrem Takt für den Murrenden verpflichtender, als wenn der Herr sagte: »Ich habe es dir auferlegt.« Später hat man das im Neuen Testament geändert, weil man gemeint hat, der Hausherr ist Gott, und da dürfte man nur sagen: Gott hat mit den Menschen abgeschlossen. Aber so ist es hier im alten Text noch nicht, da sagt der Hausherr nicht: »Ich habe mit dir . . .«, sondern er sagt wörtlich: »Du hast mit mir um einen Denar abgeschlossen, nimm das Deine (eine jüdische Formel) und gehe hin!« Daraus dürfen wir nicht etwa die Geringschätzung des Arbeitslohnes heraushören. Es liegt kein Tadel darin, es ist eine schlichte Feststellung. »Ich will aber diesem Letzten geben ebenso wie dir.« Der Ton liegt hier nicht auf dem »*ich* will«, also nicht auf dem Gegensatz der Wollenden. Sondern der ganze Akzent liegt auf dem »ich *will*«, das ist mein Wille; genauso wie in einem ähnlichen Wort bei Plato gesagt wird, derjenige, der ein Testament macht, muß de facto geben können, wie er will.

Was er nun will, das wird im Schlußvers klar. »Darf ich nicht mit dem Meinen verfahren, wie ich will, oder bist du neidisch, daß ich gütig bin?« Wie kannst du, sagt der Hausherr, mir dreinreden? Das, was ich hier gebe, ist es das Deine oder ist es das Meine? Es ist das Meine, damit kann ich machen, was ich will. Was aus dir redet, ist ja gar nicht das Pathos, die Leidenschaft für Gerechtigkeit; was aus dir redet, ist ja der Neid. Es ist jene Einstellung, die schon das Judentum immer wieder als häßlich und schlecht angeprangert hat. »Der Neid bringt den Menschen aus der Welt«, kann ein alter Rabbinenspruch sagen. Also der Neid, der ist es, sagt der Hausherr, der dich hier scheinbar in die Rolle eines Vertreters der Gerechtigkeit hineinbringt. Gut will ich sein, freundlich will ich sein, und das darf ich, das wirst du mir nicht verwehren können. Damit ist die Parabel fertig, und dann kommt wieder im letzten Vers eine ähnliche Wendung, wie wir sie am Eingang hatten: »So werden die Letzten Erste und die Ersten Letzte sein.« Ich sagte schon, dieser Anhang legt den Ton zu Unrecht auf die Reihenfolge der Entlohnung. Dieser Anhang von der Umkehrung zwischen

Ersten und Letzten ist im übrigen ein bekanntes altes, jüdisches Sprichwort, das besagt, daß es in jener Welt anders zugehen wird als in dieser. Dieses Sprichwort heißt ursprünglich: »Ich sah im Jenseits Obere als Untere und Untere als Obere.« Freilich ist diese Umkehrung auf jüdischem Boden nicht so schrecklich umstürzend, denn das gleiche jüdische Wort fährt dann fort: »Aber wie wir hier geachtet sind, so sind wir auch dort geachtet.« Es ist wahrscheinlich, daß unser Evangelist dieses Sprichwort kennt. Halten wir einen Augenblick inne. Wenn wir diesen letzten Vers, diesen Rahmenvers wegnehmen, der schon am Anfang vor unserem Text da war, der also die Parabel wirklich von vorn und von hinten einrahmt, dann haben wir in diesem soeben erklärten Text eine Einheit, innerhalb deren, abgesehen von dem Schlußvers, eine besondere Ausscheidung, eine besondere literarische Analyse nicht vonnöten ist. Um so mehr aber wird nun eine inhaltliche Analyse vonnöten sein. Was ist der Sinn dieser Parabel?

Ich hatte schon eingangs und während der Erklärung betont: Man darf in solchen Parabeln den Bildteil nicht Zug um Zug umsetzen in den Sachteil; und nun wollen wir uns noch einmal diese Erklärungsweise für unsere Parabel verdeutlichen, damit wir wirklich auf das hinauskommen, was der Text an diesem *einen* punctum saliens sagen will. Wir dürfen also nicht für wesentlich halten und nicht aus der Bildseite in die Sachseite hinübernehmen etwa die Tatsache, daß die Erstgemieteten eine ausdrückliche Lohnverabredung hatten, daß der Lohn genau angegeben wird, daß er bei den »Neunuhrleuten« dann gerade noch angedeutet und bei den nächsten drei Gruppen, bei den Zwölfuhr-, Fünfzehnuhr- und Siebzehnuhrarbeitern, überhaupt nicht mehr erwähnt wird. All das aus dem Bildteil gehört nicht in die Sache. Wir dürfen ferner unser Auge nicht darauf richten, daß wir meinen, der Schlüssel zum Verständnis liege in einem verschiedenen Arbeitswillen der hier gemieteten Leute. Vor allen Dingen dürfen wir auch die Personen nicht gleichsetzen. Der Hausvater ist nicht etwa Gott, und der Verwalter ist nicht etwa Jesus, und nachher der Weinberg, in dem gearbeitet wird, ist nicht etwa die Kirche, die verschiedenen Stunden sind nicht etwa verschiedene Stunden der Weltgeschichte zwischen Adam und Christus, oder sind auch nicht verschiedene Lebensalter, der Abend ist nicht der Jüngste Tag, und der Lohn, der Denar, ist nicht etwa die Gotteskindschaft oder die Unsterblichkeit. All solche Ausspinnung erzählerischer Einzelstoffe führt irre. Es geht hier in dieser Parabel auch nicht um verschiedene Stufen der Seligkeit, obwohl in den drei ersten Evangelien gelegentlich von verschiedenen Stufen der Seligkeit geredet werden kann. Hier ist das nicht im Blick. Worum geht's denn aber?

Man kann das Wesentliche, was die Parabel sagen will, am besten dadurch erkennen, daß man ihre Einzelzüge in Parallele und in Gegensatz stellt zu entsprechenden zeitgenössischen, das heißt in unserem Falle zu entsprechenden jüdischen Aussagen, Vorstellungsreihen und Texten. Das erste, was unser Text meint, wenn er die Geschichte von Gott und Mensch vergleicht mit dem Engagement von Arbeitern durch einen Weinbergbesitzer, ist zweifellos dies: Der Mensch soll sich verstehen als von Gott in Pflicht genommen, als von Gott engagiert. Das ist etwas, was unser Text zweifellos mit manchen jüdischen Texten gemein hat (vgl. Strack-Billerbeck IV, 488-490; 492 f.; 498 f.), die geeignet sind, den Horizont unserer Parabel aufzuhellen; sowohl in Dingen der Analogie wie nachher auch in Dingen des typischen Gegensatzes. Aber zunächst einmal befinden wir uns hier auf dem Boden der Analogie. Daß der Mensch in Pflicht genommen ist, sagt und glaubt der fromme Jude genauso. »Wenn du viel Tora gelernt hast, so tu dir darauf nichts zugute, denn dazu bist du geschaffen!« Oder: »Der Tag ist kurz und der Arbeit viel«, »Die Arbeiter sind träge und der Lohn ist groß und der Hausherr drängt.« »Es liegt dir nicht ob, die ganze Arbeit zu vollbringen, aber du hast auch nicht die Freiheit, dich ihr zu entziehen. Wenn du viel Tora (viel Gesetz) gelernt hast, wird Gott dir viel Lohn geben, und treu ist dein Arbeitsherr, daß er dir den Lohn für deine Arbeit auszahlen wird.« Oder ein Gleichnis, welches gerade die Verpflichtung in jüdischer Sicht herausarbeitet. »Womit läßt sich das vergleichen? Mit einem König, dessen Freundessohn gefangengenommen wurde und den er, als er ihn auslöste, nicht als Sohn, sondern als Sklaven auslöste, damit er, wenn er ihm etwas befehlen würde und dieser es nicht auf sich nehmen wollte, damit er zu ihm sagen könnte: ›Mein Sklave bist du.‹ Als er nach der Stadt gekommen war, sagte er zu ihm: ›Lege mir meine Sandalen an und trage die Sachen vor mir her, sie ins Badehaus zu schaffen!‹ (typische Sklavenarbeiten). Da fing jener Sohn an zu protestieren, er aber zog den Kaufbrief über ihn heraus und sprach zu ihm: ›Mein Sklave bist du.‹ Ebenso als Gott die Nachkommen seines Freundes Abraham aus Ägypten erlöste, erlöste er sie nicht als Kinder, sondern als Sklaven, damit er, wenn er Befehle erteilen würde und sie sie nicht auf sich nehmen wollten, zu ihnen sagen könnte: ›Meine Sklaven seid ihr.‹ Als sie in die Wüste ausgezogen waren, begann er, ihnen etliche leichte und etliche schwere Gebote zu befehlen, wie das Sabbatgebot und die Inzestverbote, die Schaufäden und die Gebetsriemen, da fingen die Israeliten an zu protestieren, er aber sprach zu ihnen: ›Meine Knechte seid ihr, unter dieser Bedingung habe ich euch erlöst, daß ich befehle und ihr erfüllt.‹« Oder: »Ich bin keinem Menschen verpflichtet, was ein Mensch auch tun mag an Gebotserfüllungen, umsonst vergelte ich ihm; nicht daß ich den Menschen zu irgend etwas verpflichtet wäre, umsonst vergelte ich ihnen, das heißt, ich werde gnädig sein, wem ich gnädig sein werde, mich erbarmen, wessen ich mich erbarmen will.« Das ist also das eine, und ich meine, damit stimmt der Grundzug unserer Parabel völlig überein. Da ist also zwischen Jesus und seiner jüdischen Umwelt gar keine Spannung, da besteht gar kein Problem.

Aber nun gibt es andere Dinge, da fangen dann die Spannungen an. Wo ist das? Der fromme Jude sagt: »Lohn und Verdienst entsprechen einander.« Der Mensch ist verpflichtet und er bekommt Lohn; aber der Lohn, den er bekommt, ist gleichzeitig sein Verdienst. Lohn und Verdienst entsprechen einander. Darum kann der Jude auch sagen: Eben weil der Lohn nun unbekannt ist, kommt es darauf an, ganz genau, ganz penibel, ganz bis ins einzelne (also so, wie wir es meinen mit dem Worte legalistisch) korrekt sich zu verhalten. Das heißt, der Mensch, der im ursprünglichen Ansatz dieser Idee (du sollst dienen, du sollst gehorchen) sich im Gehorsam gerade entsichern sollte, ist nun doch auf einmal auf dem Wege über den Lohn- und Dienstgedanken damit beschäftigt, sich selber zu sichern, sich selber gegen den Anspruch zu verbarrikadieren und auf diese Weise etwas in die Hand zu bekommen. Wie meine ich das? So, daß nun auf jüdischem Boden die Meinung aufkommt: Es ist zwar so, wie wir es eben hörten, Gott ist keinem verpflichtet; aber wenn sich nun ein Mensch ganz besondere Mühe gibt, dann ist Gott eben doch verpflichtet. Es gibt eine fast belustigende Geschichte bei den Rabbinen, die darüber verhandelt, wie es steht, wenn ein Unverheirateter Steuern zahlt für die Kasse, aus der Kinderlehrer besoldet werden. Er ist laut Gesetz dazu nicht verpflichtet. Tut er es aber doch, so hat er in dem Umfange etwas Überschüssiges getan, daß man nun sagen kann, hier freilich ist Gott verpflichtet. So wird auf einmal aus der Gleichung »Lohn ist Verdienst«, »Verdienst und Lohn entsprechen einander« der Mutterboden, aus welchem die Lohnsucht und das Verdienstrechnen in ungeahntem Umfange emporschießen. Wie das aussieht, mag jetzt einmal an ein paar Texten deutlich werden. Es gibt eine Geschichte von einer Witwe, die in der Sabbatvorlesung von einem Rabbi angetroffen wird, und zwar angetroffen wird in einer Synagoge, die ihrer Wohnung recht entfernt liegt. Am Schluß spricht der Rabbi sie dann an und sagt: »Wie kommst du in diese Synagoge, du hast es doch zu jener sehr viel näher?« Die Antwort der Frau lautet: »Weißt du denn nicht, daß der erweiterte Weg, den ich hierher zu dieser entfernteren Synagoge zurücklegen muß, mir entlohnt wird?« Oder die entzückende Geschichte von der Gebetserhörung der Rabbinen. Es ist am Sabbat, am Sabbatvorabend, und die Rabbinen, von denen hier die Legende erzählt, sind arm, und die Ehefrau liegt ihnen in den Ohren, sie möchte ein gutes Sabbatessen kochen. (Jüdischer Sabbat wird so gehalten, daß man nicht etwa fastet, sondern daß man gerade gut ißt. Das ist die rechte Sabbathaltung.) Die Ehefrau hat aber kein Geld und klagt das nun ihrem Ehemann, dem Rabbi, und er betet. Es gibt zwei Versionen der Legende. In der einen Version bekommt er nun auf sein Gebet hin einen goldenen Tischfuß, in der anderen Version bekommt er eine Perle. Er ist also äußerst erfreut, geht damit zu seiner Ehehälfte und sagt: »Hier, du kannst für den Sabbat einkaufen.« Die Frau ist aber fixer in Gedanken. Die sagt zu ihm: »Mein Lieber, hast du dir gar nicht klargemacht, was jetzt passiert ist? In der Ewigkeit, da werden alle anderen Rabbinen an Tischen sitzen mit drei goldenen Füßen, deinem Tisch aber wird der dritte Fuß fehlen, hier hast du ihn ja schon vorweggenommen. Alle anderen werden unter Baldachinen sitzen, die mit Perlen besät sind, deinem Baldachin wird die *eine* Perle fehlen!« Diese Anekdoten machen deutlich, wie bis ins einzelne hinein auf dem Boden dieser Frömmigkeit gerechnet wird, wie hier also verfahren wird nach dem Grundsatz, den ein Rabbi einmal dahin formuliert hat: »Du mußt dir bei jeder Gebotserfüllung überlegen: Wie verhält sich das, worauf du hier verzichtest, zu dem, was du im Endgericht an Lohn bekommen wirst? Und bei jeder Gebotsübertretung mußt du genau berechnen: Wie groß ist der Vorteil, den du hier haben wirst davon, verglichen mit dem Nachteil, den du in jener Welt dafür wirst einstecken müssen?« Es ist eine Frömmigkeit des Rechnens und eine Frömmigkeit der genauen Entsprechung von Lohn und Verdienst.

Man kann das vielleicht am deutlichsten sich klarmachen, indem man die drei untereinander verwandten Parallelen, die es zu unserem Gleichnis auch in den rabbinischen Texten gibt, bedenkt und dann mit unserem Text vergleicht. Sie sind dadurch sehr instruktiv, daß dort die Parabel benutzt wurde als Sterbetext, und zwar als Sterbetext gerade in Fällen, wo ein junger Mann, und zwar ein junger Rabbi, vorzeitig starb und wo dann diese Parabel Antwort geben sollte auf die Frage: Wird er nun, wenn er mit dreißig Jahren stirbt, in der Endabrechnung weniger Lohn bekommen als ein Rabbi, der achtzig Jahre gewirkt hat und in seinen achtzig Jahren die Tora ausgelegt und die Gebotserfüllungen sich ansummiert hat? Die Antwort lautet: »Es verhält sich wie mit einem König (da ist es ein König, hier in Matthäus 20 ist es ein Hausherr), der viele Arbeiter mietete. Es war dort aber ein Arbeiter, der sich durch seine Arbeit überaus verdient machte. Was tat der König? Er ging mit ihm fort und erging sich mit ihm auf langen und kurzen Wegen. Zur Abendzeit (genau wie bei uns) kamen jene Arbeiter, um ihren Lohn zu empfangen. Er gab ihm mit diesen seinen Lohn voll. Da murrten die Arbeiter und sagten (genau wie bei uns): Wir haben den ganzen Tag gearbeitet, und dieser hat nur zwei Stunden gearbeitet, und er hat ihm seinen Lohn mit uns voll gegeben (genau wie bei uns). Der König sprach zu ihnen (jetzt kommt der springende Punkt): Dieser hat in zwei Stunden mehr gearbeitet, als ihr den ganzen Tag hindurch gearbeitet habt.« Und dann kommt die Anwendung in der Grabrede: »So hat Rabbi Bun in 28 Jahren in der Tora gearbeitet, was ein tüchtiger Schüler nicht in hundert Jahren lernen kann.« Was den typischen Unterschied gegen unsere Parabel ausmacht, das ist, daß in dieser jüdischen Fassung gesagt wird: »Es verhält sich ganz richtig.« Es wird doch abgerechnet, und die Abrechnung ist auch durchaus korrekt und gerecht; denn wenn man die Intensität der Arbeit berücksichtigt, dann geht die Sache komplett auf. Die andere Version des jüdischen Gleichnisses lautet so ähnlich, bloß da lautet die Antwort des Königs an die Leute, die gegen die Gleichheit des Lohnes murren, so, daß gesagt wird, der Arbeiter hätte, wenn man ihn hätte arbeiten lassen, genauso lange gearbeitet wie die anderen, der König habe ihn nur herausgezogen aus der Arbeit, und das könne er ihn doch nicht entgelten lassen. Das heißt, der Wille zur Arbeit, die Intention, die Absicht zur Arbeit, sie machen den genügenden Grund dafür aus, daß in diesen jüdischen Gleichnissen sich Lohn und Verdienst doch die Waage halten. Mit anderen Worten: Anlaß zum Lohn muß sein. Entweder heißt dann der Anlaß, er hat intensiver gearbeitet, oder er hätte mehr gearbeitet, wenn er länger gelebt hätte und wenn man ihn von der Arbeit nicht abgehalten hätte.

Nun vergleiche man damit einmal unseren Text. Der Anlaß zum Lohn ist hier gerade aufgehoben. Der Hausherr sagt aber: »Ich will.« Und mein Wille ist nicht Despotie, sondern mein Wille ist der Wille zum Schenken, mein Wille ist der Wille zur Güte. Der Wille dazu, daß ich nicht gefragt werden darf im Neid: Warum bist du gütig? Sondern Hausherr sein heißt Wille zur Güte. Der Ton in unserer Parabel liegt gerade nicht darauf, daß hier eine Verabredung getroffen wird; liegt also nicht darauf, daß die Leute arbeitswillig sind (etwa die letzten Siebzehnuhrleute). Sondern daß sie das Gleiche bekommen, das ist begründet und verankert allein darin: Ich will, und *mein Wille ist die Lust am Schenken.* Betonen die rabbinischen Gleichnisse gerade die Äquivalenz, die Gleichheit von Lohn und Leistung, so wird hier vom Lohngedanken her faktisch die Gleichheit von Lohn und Leistung gesprengt. Der Lohngedanke wird benutzt, aber er wird gesprengt. Es wird also von Lohn weiter geredet, aber es wird anstößig geredet, so, daß man merkt, es liegt meilenfern der Gedanke, dieser Lohn sei ein verdienter. Der Lohn ist im Willen des Hausherrn zur Güte begründet. Das heißt, es geht hier mit Hilfe des Lohngedankens und unter Benutzung des Lohngedankens faktisch um die Sprengung des Lohngedankens. Deswegen bin ich der Meinung, daß die Verse dieser Parabel von Jesus selber stammen. Das ist nicht ein Glaubensbekenntnis, sondern das ist zunächst einmal die nüchterne Feststellung eines Historikers, weil ja der Blick auf die Umwelt gerade zeigt, daß de facto dort mit all dem jüdischen Material in täuschend gleicher Weise ähnliche Parabeln gebildet werden können, daß aber am springenden Punkte dort gerade anders argumentiert wird als hier. Dort wird argumentiert: Lohn ist Verdienst. Du kannst es vielleicht nicht gleich durchschauen, aber wenn du's dir richtig überlegst (sagt der Jude), dann wirst du dahin kommen. Wenn du die Intensität der Arbeit und den Arbeitswillen einkalkulierst: Lohn ist Verdienst. Eben diese Gleichheit wird nun hier durchgestrichen. So weit, meine ich, kann man über unseren Text völlig klarkommen. Es gibt nun Dinge, die nicht so klar sind. Wir wissen nicht, ob diese klare Tendenz, die hier gegen die Gleichsetzung von Lohn und Verdienst geht und die also de facto den Lohngedanken an der Wurzel anpackt, gegen die Pharisäer oder gegen Ambitionen innerhalb des Jüngerkreises gerichtet ist. All das ist nicht mehr deutlich. Der Schlußvers von der Umkehrung von Letzten und Ersten ist, wie ich schon vorhin zeigte, ein jüdisches Sprichwort, das innerhalb der drei ersten Evangelien mannigfaltig angewendet werden kann (es kann sogar angewendet werden auf die Frage nach dem Verhältnis von Juden und Heiden). Daher können wir nicht wissen, gegen welche Einstellung unsere Parabel ursprünglich gezielt worden ist. Wir können weiter aus den Texten entnehmen, daß diese Durchbrechung des Lohngedankens innerhalb der Synoptiker nicht konsequent durchgeführt worden ist. Es gibt synoptische Lohnworte, also innerhalb der ersten Evangelien Lohnworte, die ihrer sonstigen Struktur nach sehr wahrscheinlich auf Jesus selber zurückgehen. Also konsequent durchgeführt ist die Lohndurchbrechung bei Jesus nicht, aber eine bestimmte Richtung ist hier zweifellos eingeschlagen: nämlich, daß hier der Lohngedanke nicht nur seine Einschränkung, sondern seine Durchstreichung erfährt.

Diese Behandlung des Lohnes stößt ab und zieht an in

einem, und zwar gerade die Richtigen. Das heißt: Jesus legt hier in besonderer Weise Gott aus. Ist das nun ein neuer Gottesgedanke? Es ist nicht nur ein neuer Gottesgedanke, sondern es wird hier das, was Jesus in dieser Parabel sagt, von ihm auch getan. Damit kommen wir jetzt zum abschließenden Bedenken des Ganzen. Das Ganze ist ja eine *Mahnung*. Eine Mahnung, die darauf abzielt: *Weg mit dem Lohnrechnen!* Drücken wir's einmal, wenn wir meinen, es ginge uns als Lohnrechnen nichts an, so aus: Weg damit, daß wir uns selber schätzen, daß wir uns selber rühmen! Jesus hält also keinen theoretischen Vortrag über Gott. Er legt Gott aus und zeigt, wo man Gottes Handeln antrifft. Wo denn? Es ist nicht dort, wo man, wie die Arbeiter, Ansprüche anmeldet, also nicht dort, wo man etwas von sich selber hält, sondern dort, *wo der Mensch das, was ihm widerfährt, dankbar und unreflektiert und ohne Rechnen, ohne Hintergedanken annimmt.* Dort, so legt Jesus durch diese Parabel aus, dort ist Gott. Wie kann der Mensch dazu gelangen, wie kann er das lernen? Die Antwort muß lauten auf dem Boden dieser Parabel: Er kann dahin so gelangen, daß er in die Rolle der Siebzehnuhrarbeiter kommt oder, ohne Bild, daß er beschenkt wird. Hier ist der Punkt, wo man nun sagen muß, Jesus hat nicht einen neuen Gottesgedanken bloß gelehrt, auch nicht diesen neuen Gottesgedanken in Parabelform gelehrt, sondern er hat das, was er von Gott sagt, de facto getan. Er tut es in der damaligen, in seiner Wirklichkeit. Damit meine ich solche Dinge, wie sie in den ersten Evangelien gelegentlich geschildert werden: Jesus in der Mitte von Zöllnern und Sündern. Also jenes Verhalten, welches noch zur Genüge zeigt, Jesus hält es mit den religiös und ethisch Deklassierten; jenes Verhalten, welches ihm das Schimpfwort einträgt, das in unseren Evangelien (Matth. 11,19 Parallele) sich noch erhalten hat: »Siehe, was ist der Mensch ein Fresser und Weinsäufer, ein Freund von Zöllnern und Sündern.« Da tut Jesus das, was im Bilde hier, in der Parabel, der Hausherr mit den Siebzehnuhrleuten tut: *Er schenkt.*

Wie geschieht das denn nun heute? Es geschieht heute so, daß diese Parabel, dieses Wort Jesu und auch die Tat Jesu, das Verhalten Jesu, sich fortsetzt. Wo setzt sich das Wort Jesu fort? Man kann schon sagen: in der Predigt der Kirche. Man darf sich darunter nur nicht vorstellen, daß überall dort, wo eine Kanzel ist und wo ein Mann im Talar draufsteht, die Fortsetzung des Wortes Jesu geschehe. Sondern man muß sehr genau darauf achten, ob und wo diese Intention unseres Textes, die auf Befreiung und Beschenken des Menschen zielt, sich fortsetzt. Bei Paulus hat sich dieses Wort Jesu fortgesetzt, wenn er in seiner Theologie sagen kann (er drückt's in seiner Sprache aus): Gott rechtfertigt den Gottlosen, den, der gar keinen Anspruch hat, der nichts als leere Hände hat; der wird von Gott angenommen. Das ist die Fortsetzung dieses Wortes. Oder wenn im Johannesevangelium der johanneische Jesus sagt: »Gott hat die Welt geliebt.« Welt heißt nämlich bei Johannes: die böse, die abgefallene, die entfremdete Welt. Also überall, wo das geschieht, daß ein Mensch, der nichts zu erwarten hat, beschenkt wird und in Freiheit gesetzt wird, dort setzt sich das Wort Jesu fort. Wie ist es denn nun mit der Tat Jesu? Man kann schon sagen, sie setzt sich in der Gemeinde fort. Aber da gilt dasselbe, was ich eben schon sagte: Was ist Gemeinde? Gemeinde ist nicht ein Club von Leuten, die einen Namen führen, sondern (um es einmal von unserer Parabel her auszulegen) Gemeinde im Sinne Jesu, das wäre die Schar derer, die die Ansprüche verlernen, und zwar nicht bloß mit Worten, sondern mit der Tat. Wie es im Jakobusbrief steht: Das heißt Gemeinde, daß da nicht etwa der Reiche auf den Sessel gesetzt wird, und kommt ein Armer in die Gemeinde, dann gilt: Flugs runter auf die Fußbank! Wo das ist, ist nicht Gemeinde. Oder das heißt Gemeinde (um ein wenig bekanntes Lutherwort hier einmal zu nennen), wo ein fromm christlich Eheweib seinen Kranz nimmt und setzt ihn einer Hure auf; wo man nicht mehr rechnet, wo man schenkt und wo man nicht mehr rechthaberisch auf dem Seinen besteht, Lohn und Verdienst gleichsetzt, sondern wo die Souveränität und die Freude des Schenkens ist. Ich könnte es auch sehr deutlich sagen: Wenn wir im Sinne dieser Parabel, wo ja von Kirche gar nicht die Rede ist, definieren wollen, was Kirche heißt, dann müßte es heißen: Kirche ist dort, wo ich so sein darf, wie ich bin, und wo ich nicht zu heucheln brauche, sondern wo ich so, wie ich bin, angenommen werde, und wo ich so, wie ich bin, recht bin. Denn das haben wir hier aus diesem Jesuswort zu lernen, daß der Hausherr sagt: Ich will schenken. Auf diese Weise und so allein stirbt das Lohnrechnen, und auf diese Weise hört es auf, daß einer sich selber schätzt. Mit anderen Worten, man kann Jesus dort gehorchen, wo etwas von dem, was Jesus hier zum Ausdruck bringt, in unserer Mitte geschieht. Daß das geschehen kann, dazu will diese Parabel uns Lust machen und uns ermutigen.

5. Der barmherzige Samariter

Wenn man ein halbes Jahrhundert mit dem Neuen Testament zusammen gelebt hat, kann es nicht anders sein: Auch für den »barmherzigen Samariter« (Luk. 10,25-37) ergeben sich dann Wandlungen der Betrachtungsweise. Der Knabe nahm im väterlichen Unterricht diese Norm christlichen Verhaltens ohne Probleme hin. Der bewußt Pietist gewordene junge Mann hatte unterschwellige Gedanken, die er nicht gern an den Tag kommen lassen wollte. Mit gutem Grund: Nächstenliebe ist natürlich gut und christlich; aber von dem lieben Heiland steht im Text eigentlich gar nichts drin. Nun, dachte ich damals, das wird trotzdem schon seine Richtigkeit haben. Vielleicht steckt er, der Herr Jesus, verborgen eben doch drin. Die Erklärung Karl Barths gab dann später diesen orthodox-pietistischen Bedürfnissen die auslegerische Begründung: Jesus selber *ist* eben der barmherzige Samariter. Die Pastoren der Kindheit hatten es schon ähnlich gesagt. Das ging dann jahrzehntelang während der Pfarramtspraxis in dieser Weise hin. Aber dann trat die Besinnung und die Ernüchterung ein: Was sagt dieser Text wirklich? Der alte Liberalismus, dazu Bultmann, taten das Ihre. Man war nur noch sehr vorsichtig; man wollte ja nichts zerstören. Aber so viel wurde allmählich doch klar: Ein Text der Jesusminne ist das nicht. Es ist – wir heute würden formulieren – ein ethischer Appell. Und dann kam noch eine neue Wendung. Die sagt: Dieser ethische Appell taugt – inhaltlich – nichts. Der geneigte Leser verzeihe mir; aber drastisch ist ja immer gut für präzises Verstehen. Jetzt hieß es: Der Scheiß-Individualismus! Die Verhältnisse auf dem Wege zwischen Jerusalem und Jericho stinken zum Himmel. Und da läßt dieser naive Jesus sich nun einfallen: ein gutherziger Mensch wie unser Samariter könne mit seinem – an sich sehr lobenswerten – Einsatz die Sache wirklich in Ordnung bringen. Ja, der Samariter hat es gut gemeint. Aber in Wirklichkeit hat er der Sache, auf die es ankommt, geschadet. Sicherheit hätte geschafft werden müssen; Überwachung der Straßen, Garantie gegen Raubüberfälle. Sehr ehrenwert, diese hilfreiche Einzeltat. Aber wenn solche Überfälle zahlreicher passiert wären und die Sache zu stinken begonnen hätte, wäre damit der Allgemeinheit nicht mehr geholfen gewesen? Ja, so wandeln sich die Aspekte. Was ist es nun in Wirklichkeit um diesen Text? Lassen Sie uns mit einer kühlen, rationalen Analyse beginnen!

Wir sollten uns nicht der Einsicht verschließen, daß bestimmte Züge urchristlichen Glaubens fortschritthemmend wirken mußten. Das Ende mit seiner durch Gott dann herbeigeführten Veränderung aller Dinge galt den alten Christen als unmittelbar vor der Tür stehend. So mußte Paulus den Sklaven raten, nicht mehr nach Freilassung zu streben; so konnte er den Nichtverheirateten nur empfehlen, angesichts des nahen Endes eine Ehe erst gar nicht mehr einzugehen (1. Kor. 7, 21 f. 26-29). Zwar ist später tatsächlich auf den räuberbedrohten 27 Kilometern zwischen Jerusalem und Jericho eine Wachtstation eingerichtet worden, welche gefährdeten Reisenden Schutz und Hilfe bieten sollte. Zwar ermahnt der zweite Thessalonicherbrief (3, 10-12) die angesichts der nahen Endzeit arbeitsscheu werdenden Gläubigen, sie sollten nüchtern ihrer Alltagsarbeit nachgehen. Aber solche Tatsachen und Stimmen finden sich doch nur vereinzelt und heben nicht die Richtigkeit der Feststellung auf: Von einem Streben nach Besserung der irdischen Zustände ist auf dem Boden des alten Christentums wenig zu merken. Und wo der alte enthusiastische Endglaube verblich, war es die Verstärkung einer weltflüchtigen Grundhaltung, die ein reges Interesse an gründlicher Änderung und Besserung irdischer Verhältnisse von vornherein ausschloß. Wer für diese Dinge einen Blick gewonnen hat, wird die Gefahr erkennen und ihr entgegenwirken wollen: Die helfende Einzeltat des Samariters darf auf keinen Fall die grundsätzliche Abänderung schlechter Verhältnisse ersetzen.

Wird durch erfolgreiche Wegsicherung zwischen Jerusalem und Jericho unser Samariter nun sozusagen brotlos? Das anzunehmen, scheint mir, wäre doch ein beträchtlicher Irrtum. Zwei Dinge sind zu bedenken. Einmal: Keine Sicherung, keine Veränderung zum Besseren funktioniert perfekt. Wir haben inzwischen längst auf allen Gebieten des Lebens ein gut durchdachtes und immer neu verbessertes Sicherungssystem aufgebaut. Geld, Leben, Reiseweg und Verkehrsmittel unterliegen, was die Sicherung anlangt, einer privaten und öffentlichen Kontrolle. Und doch bringt der Rundfunk täglich neue Nachrichten von Banküberfällen, Entführungen, Eisenbahnunglücken und Flugzeugkatastrophen. Die Bedarfslücke für die helfende Einzeltat scheint sich nicht zu schließen. Daß der zugreifende einzelne überflüssig werden könnte, zeichnet sich in keiner Weise ab. Der Samariter hat immer noch ein Betätigungsfeld vor sich. Dabei wird es vorerst bleiben, und es ist nicht gut vorstellbar, daß sich das je ändern wird.

Also dann der barmherzige Samariter als Lückenbüßer, der an den unvermeidlichen undichten Stellen eines nicht hundertprozentig funktionierenden Sicherheitssystems sein immer noch unentbehrliches Werk treibt?

Hier wäre eine zweite Erwägung einzubringen. Sie geht über den praktisch-pragmatischen Charakter des bisher Bedachten beträchtlich hinaus. Daß es öffentliche Waisenhäuser gibt, ist zweifellos eine gute Sache. Und doch bleiben sie Notbehelf, wo es um das Menschwerden des jungen Menschen geht. Beklagenswert dasjenige Kind, das die Wärme und Geborgenheit entbehren muß, wie Eltern, gute Freunde und Verwandte, und nur sie allein und keine Institution, sie auszustrahlen vermögen. Keine geplante öffentliche Sicherung ersetzt auch nur annähernd die persönliche Zuwendung. Der Samariter füllt nicht nur eine Bedarfslücke aus, die auch eine gut organisierte Gesellschaft tatsächlich immer noch hier und da aufweist und auch bei *noch* perfekterer Organisation weiterhin aufweisen wird. Wichtiger ist jene von dem Samariter geübte Funktion, die eine Institution *dem Wesen nach* gar nicht auszuüben *vermag*.

Und hier möchte ich nun – ich will es gleich frei heraus sagen – das Lob des Samariters zu singen beginnen. Er verdient Ehrung, obwohl er sie vermutlich gar nicht will, wegen seiner *Spontaneität*. Er übt Barmherzigkeit nicht als Programm. Sein Beruf wird uns nicht mitgeteilt; sicher ist er kein Sozialarbeiter von Haus aus. Er reist eben, vielleicht als Geschäftsmann, und hat nun diesen Weg. Da gerät er an den Überfallenen. Einfach so, zufällig, wie das vorher beim Priester ausdrücklich im Text unterstrichen wird. Er sieht den

Nackten und Zerschlagenen halbtot daliegen, da tut er ihm leid, und er wendet Zeit und Geld an ihn, um ihm zu helfen, so gut das geht. Keine Reflektion, sondern spontanes Handeln aus dem Impuls heraus. Es ist sehr bezeichnend, wie in dieser Beispielerzählung der »Nächste« beschrieben wird. Der Gesetzeslehrer, der Jesus auf die Probe stellen und sich ein scheinheiliges Alibi verschaffen will, fragt tiefsinnig: »Und wer ist mein Nächster?« Der Mann reflektiert also: Wo steckt denn der Hilfsbedürftige, dem ich mich laut Gebot als meinem Nächsten zuwenden soll? Die Beispielerzählung aber endet nicht mit der Feststellung: Der Überfallene, *das* ist der Hilfsbedürftige, der Nächste. Sondern nun heißt es: Der Helfer, der Samariter, *das* ist der Nächste. Der Nächste ist – wie unter der Hand – aus einem Objekt zum Subjekt geworden, zum Täter der reinen Spontaneität. Er sieht den Überfallenen einfach, der tut ihm leid, und er greift zu. Keine Reflektion drängt sich dazwischen. Nicht einmal die für den Helfer ja ebenfalls bestehende Gefahr, daß die Räuber auch über ihn herfallen könnten, wird Gegenstand seiner Überlegung. Die Reflektion setzt erst dort ein, wo überlegt werden muß, wie am besten geholfen wird: zunächst die Wunden versehen, dann Abtransport auf dem Tier zur Herberge, dort Pflege durch den Helfer und schließlich Sicherstellung fernerer Pflege durch den dafür entschädigten Wirt der Herberge. Das alles geschieht so spontan, daß die am Schluß der Beispielerzählung stehende Aufforderung »Mach's ebenso!« die Sache fast ein wenig zu verderben scheint. Denn wer es ebenso macht wie der Samariter, *weil* das hier in Lukas 10 steht, der macht es gerade *nicht* ebenso. Aber vielleicht kann man diese zunächst etwas penetrant klingende Aufforderung auch so verstehen: Glücklich bist du, wenn du die Verpflichtung zur Barmherzigkeit vergißt, wenn du gar nicht mehr fragst, wer der Hilfsbedürftige, der Nächste denn nun sei; wenn du vielmehr so erfüllt wirst von dem Anblick des unter die Räuber Gefallenen, daß du, wie der Samariter, an den du in diesem Augenblick schon gar nicht mehr denkst, hingehst und Öl und Wein und Reittier und Geld an den armen Kerl dranwendest. Gerade dann, in dieser reinen Spontaneität und in diesem Vergessen des Textes, wirst du der »Nächste« sein und es ebenso machen wie der Samariter.

182

Denn – und das ist der zweite Vers meines Preisliedes auf den Samariter – dieser Mann ist nicht religiös motiviert. Von »Gott« ist in der ganzen Beispielerzählung nicht die Rede. Wir haben einen Fall *reiner Profanität* vor uns. Mancherlei Bezüge wären da denkbar gewesen in religiöser Hinsicht. Der Samariter hätte sich darauf besinnen können, daß das Gebot, »Du sollst deinen Nächsten lieben wie dich selbst«, aus dem dritten Buch des Mose (19, 18), in dem Teil des Alten Testaments steht, dem auch die Samaritaner sich verpflichtet fühlen. Er hätte an den Lohn für den Gehorsam und an die Strafe im Falle des Ungehorsams denken können. Er hätte schließlich erwägen können, Gott werde nicht zulassen, daß ihm selber während der Hilfeleistung die Räuber über den Hals kommen. Nichts von solchen Erwägungen. Der Samariter wird hier als profaner Mensch abgemalt; es sei denn, daß man das Mitleid selbst, das ihn erfaßt beim Anblick des Überfallenen, »religiös« nennen wollte. Aber das wäre dann eine Religiosität, die mit dem religiösen Establishment wenig zu tun hat.

Man wende nicht ein, ich zöge hier Folgerungen nur aus Dingen, die der Text *nicht* sagt, und solch eine Argumentation bleibe immer eine unsichere und leicht auf Abwege führende Sache. Der Text unterstreicht den profanen Charakter in dem Verhalten des Samariters keineswegs nur durch Verschweigen religiöser Bezüge. Das Profane kommt auch ausdrücklich zu Wort, nämlich durch die Erwähnung des Gesangbuches der vier handelnden Personen. Der Überfallene ist ein irgendwer; ein »Mensch«, sagt der Text. Daß er als Jude gedacht ist, ist wahrscheinlich, sonst wären ja der Priester und der Levit in etwa doch entlastet. Juden und Samariter lebten damals nämlich in religiöser Todfeindschaft. Die Unterlassung der Hilfe gegenüber einem religiösen Todfeind wäre bei dem Priester und dem Leviten in jüdischer Sicht noch einigermaßen verständlich gewesen. Und gegenüber diesem – selbst wenn nicht Juden, so doch diesem – Nicht-Volksgleichen, Nicht-Konfessionsgleichen, Nicht-Samariter greift der Samariter helfend zu. Er ist also, vom samaritanischen Standpunkt aus, nicht religiös parteilich motiviert. Sein Handeln wird aber auch nicht *ausdrücklich* von jenem Gott her begründet, der seine Sonne über Böse und Gute scheinen und der über Gerechte und Ungerechte regnen läßt (Matth. 5,45). Ja, das Handeln des Samariters wird vom Text sogar *gezielt* als profan geschildert. Dieser Unterstreichung dient nämlich die Einführung der Gegenspieler, des Priesters und des Leviten. Sie sind jüdische Standespersonen, und sie sind die religiösen Mandatare des damaligen Judentums. Das heißt dann aber: Der gesellschaftlich führende Jude versagt dem bedrohten Mitjuden die Hilfe. Der religiös beamtete Jude läßt den überfallenen Juden ohne Hilfeleistung liegen. Jüdische Texte selber können moralisch harte Kritik üben an den führenden Priestern des Volkes; das ist nichts schlechterdings Neues. Hier in unserer Beispielerzählung aber soll das schlechte Verhalten dieser beiden miserablen Vertreter des Klerus zum Ausdruck bringen: Die Frommen handeln nicht fromm *im Unterschied* zu dem Andersgläubigen, der gerade in seiner puren Profanität sich recht verhält. Es ist derselbe Tenor wie in anderen Stükken der drei ersten Evangelien: der Pharisäer, der so viel Frommes wirklich tat und in seiner hohen Selbsteinschätzung doch völlig abfällt gegenüber dem Zöllner, der ja wirklich nichts taugt (Luk. 18,9-14); der Opferdienst im Tempel, der durch Jesu Eingreifen bis zur Verunmöglichung von Opfern gestört wird (Mark. 11, 15-17 Par.); der ja sagende und nein tuende, der nein sagende und ja tuende Sohn (Matth. 21, 28-31). Es ist immer das gleiche: die Option für den Profanen.

Schiller hat seinerzeit den Kant kräftig verspottet, der nur jenes Handeln wirklich gut zu nennen erlaubt, das der Neigung widerspricht: »Gerne dient' ich den Freunden, doch leider tu' ich's aus Neigung,/Und so wurmt es mir oft, daß ich nicht tugendhaft bin« (»Gewissensskrupel«). Das gleiche Bestehen auf dem korrekten Dogma als auf der alleinigen Begründung rechten Handelns gibt es nun nicht bloß auf dem Felde der Kantischen Pflicht-Ethik. »Hast du das auch um Jesu willen getan?« lautet eine weit verbreitete christliche Frage. Wie steht es in der Hinsicht eigentlich mit unserem barmherzigen Samariter? Kein Wort davon, daß er Jesus gekannt hat oder gar durch Jesus zu seinem Verhalten veranlaßt worden ist. Es ist ja nicht einmal sicher, ob an eine bestimmte konkrete Person gedacht ist. Er ist vielmehr ein Modellfall für ein *dogmatisch nicht begründetes Handeln*; und das ist die dritte Ehrung, mit der ich ihn schmücken möchte.

Er steht in dieser Hinsicht in den Evangelien zwar nicht ganz allein; aber in der Regel geht es da doch anders zu. Die Evangelisten und auch schon die vor ihnen überlieferte Tradition fassen Jesus meist als den auf, der das rechte Handeln des Menschen in Gang setzt. Man kann das auch verstehen. Denn sicher war der Eindruck der Persönlichkeit Jesu auf seine Mitmenschen sehr stark. Auch im Lukasevangelium hat sofort im Anschluß an unseren Text Maria, die Jesus zu Füßen sitzt, das bessere Teil erwählt (Luk. 10, 38-42). So erfolgt nun christliches Verhalten der Gläubigen »um meinetwillen« (zum Beispiel Mark. 8, 35 Par.). Jesus gilt immer mehr als der, dem vom Vater alles übergeben worden ist (vor dem Samariter-Abschnitt Luk. 10, 22 Par.), ohne den man nicht zum Vater kommt (Joh. 14,6), ohne den man nichts tun kann (Joh. 15,5). Von dieser dogmatischen Herausarbeitung der Heilsbedeutung der Person Jesu hebt sich der Samariter, der da hilft, weil der Überfallene ihm leid tut, in erfrischender Ursprünglichkeit ab. So kommt der Samariter neben die Armen, die Hungernden, die Weinenden zu stehen, denen Jesu Heilruf gilt (Luk. 6, 20.21); neben den Zöllner (Luk. 18, 9-15) und den verlorenen Sohn (Luk. 15,11-24) – alles Figuren, die von Jesus begrüßt und als Vorbild hingestellt werden, ohne daß er selber ihr rechtes Verhalten eingeleitet und motiviert hätte. Wem das Undogmatische im Neuen Testament lieber ist als der Trend auf die Dogmatisierung, der hat den barmherzigen Samariter auf seiner Seite.

Es ist ja nun wirklich eine bekannte Sache, die die Spatzen, die christlichen und auch die außerchristlichen, von allen Dächern pfeifen: der barmherzige Samariter, *das* große Beispiel selbstvergessener Nächstenliebe. Nur selten freilich macht man sich klar, daß der Gesamtzusammenhang, in dem unsere Beispielerzählung vorkommt, einem verminten Gelände gleicht, wo man sehr bald erfährt: Hier ist es nichts mit einem *harmlosen* Wandern. Ich meine jetzt nicht, daß die Rolle des Nächsten, die in unserem Text ja *mir* als dem Spieler zugeschoben wird, eine etwas aufwendige Rolle ist. Jetzt geht es vielmehr um den eigentümlichen Stellenwert, den der barmherzige Samariter bekommt, gerade wenn man sich den Gesamtzusammenhang bei Lukas deutlich macht.

In allen drei ersten Evangelien stellt ein Gesetzesgelehrter an Jesus die Frage, was man tun müsse, um das ewige Leben zu ererben; bei Matthäus und Lukas gilt der Frager als böswillig. Die Antwort ist, dem Sinne nach, bis in die Einzelformulierungen hinein in allen drei Evangelien die gleiche: Gott lieben und den Nächsten lieben. Beide Gebote werden als Zitate aus dem Alten Testament vorgebracht. Sie stellen also keine Neuigkeit dar; Jesus hat die Liebe zu Gott und die Liebe zum Nächsten nicht erst erfunden. Das Alte Testament faßt diese beiden Gebote zwar nicht zusammen, wie das hier in den Evangelien geschieht. Aber diese Zusammenstellung ist als solche nichts Neues; jüdische Texte außerhalb Palästinas bringen die gleiche Kombination. Das Interessante ist nun: Das dritte Evangelium, Lukas, weiß offenbar um diesen soeben erörterten Sachverhalt. Darum legt Lukas das Doppelgebot der Liebe zu Gott und zum Nächsten nicht *Jesus* in den Mund, wie Markus und Matthäus das tun. Bei Lukas ist es der Gesetzeslehrer, der, auf die Gegenfrage Jesu hin, dies Doppelgebot zitiert. Man bedenke, der gleiche Gesetzeslehrer, der Jesus auf die Probe stellen will in dieser ganzen Angelegenheit! Lukas will dem Leser offensichtlich klarmachen: Da, in diesem Doppelgebot, liegt nicht das Neue bei Jesus. Hier bestätigt Jesus nur, was der fromme Jude schon weiß. Das Neue ist die Auslegung, die nicht mehr der fragende Gesetzeslehrer, sondern die nun ausdrücklich Jesus gibt.

Hier beginnt der Text sehr aufregend zu werden. Jesus legt aus; ja. Aber was an dem Doppelgebot legt er aus? Es fällt kein Wort über die Liebe zu Gott; da ist kein Streit, das ist problemlos. Der kritische Punkt ist die Liebe zum Nächsten. Diesen Punkt greift der Gesetzeslehrer mit seiner Nachfrage auf. Und diesen Punkt erklärt Jesus eben mit der Beispielerzählung vom barmherzigen Samariter.

Was besagt das alles? Die Liebe zu Gott und die Liebe zum Nächsten ist nicht das Neue, was Jesus lehrt. Neu – das will Lukas sagen – ist das, was Jesus an diesem Doppelgebot hervorhebt: Der Nächste ist nicht der Hilfsbedürftige; der Nächste ist der Helfer, nach dem immer wieder ein unter die Räuber Gefallener sozusagen ruft. Hier setzt der dritte Evangelist den klaren Akzent. Könnte man ihn fragen: »Ja, läßt du damit denn nun die Liebe zu Gott unter den Tisch fallen?«, so würde er sicher die für das alte Christentum dogmatisch korrekte Antwort gegeben haben: Wir lieben Gott, indem wir an Jesus als an den Heilsmittler glauben und ihn ehren. Daß der irdische Jesus sich selber generell nicht als Heilsmittler verstanden hat, war uns schon oben (S. 185) deutlich geworden. Darum werden *wir* schlecht umhinkönnen, den lukanischen Textzusammenhang anders weiterzudenken. Das mit der Liebe zu Gott Gemeinte fällt bei *uns* nicht unter den Tisch, wenn wir uns klarmachen: Wo ich als Nächster handle, als Nächster, gerufen von jedem beliebigen unter die Räuber Gefallenen, *da* vollziehe ich das, was Liebe zu Gott mit Recht heißt. Das Tun des Samariters, das ist der Vollzug der Liebe zu Gott. Damit habe ich den vierten Vers meines Preisliedes auf den Samariter gesungen: Die nicht Worte machende, sondern die *spontan zugreifende helfende Humanität*, das ist die Erfüllung des »Du sollst Gott, deinen Herrn, lieben«. Und diese Einsicht steht nicht allein auf unserem Text vom barmherzigen Samariter. Man prüfe, wenn man will, unter diesem Gesichtspunkt einmal solche Zusammenstellungen jesuanischer Weisungen, wie sie uns zum Beispiel in der sogenannten Bergpredigt (Matth. 5-7) vorliegen! Das ausgesprochen Religiöse tritt umfangmäßig stark zurück hinter dem andringlichen Appell: Im konkreten Zusammenleben mit den anderen das Rechte tun! Das Neue Testament hat die Identität dieser beiden Teile des Doppelgebotes nicht ausdrücklich gelehrt. Aber ein Trend in dieser Richtung liegt manchen neutestamentlichen Texten zugrunde. Der barmherzige Samariter steht dabei an erster Stelle. Mag er nun auf den historischen Jesus selber zurückgehen oder ihm nachträglich in den Mund gelegt sein: ein Mann, der ein so spontanes, so profanes, ein so undogmatisches und so zutiefst humanes Handeln lehren konnte oder den man in dieser Weise »weiterdichten« konnte, wird einem – ich will es gern gestehen – immer wichtig und lieb bleiben.

Kann man eigentlich lernen, »Samariter« zu werden? Nun, einiges wäre da wohl zu nennen, was auf diesem Felde zu lernen ist. Natürlich kann man sich schon zur Aufmerksamkeit erziehen, so daß ein unter die Räuber gefallener Nachbar nicht übersehen wird. Man kann in der Tat einen Blick dafür bekommen, wo ein Mensch an unserem Wege krank, leidend und unglücklich ist. Was man tun könnte und sollte, liegt oft genug einfach auf der Hand. So betrachtet, gibt es eine Schule, in der man Samariter werden, in der man Barmherzigkeit lernen kann. Aber das Entscheidende wäre ja eben, *daß* man es dann auch tut. Läßt auch das sich lernen, die Spontaneität, das Profane, das Undogmatische, das wahrhaft Humane? Nicht wahr, hier wird es schwierig. Angesichts dieser Schwierigkeit bieten sich heute meist zwei Wege an. »Gerettet sein gibt Rettersinn«, sagen gern die Frommen, die sich durch ein Jesus-Erlebnis motiviert wissen. Jesus, die himmlische Heilandsgestalt, die mich rettet und mich so zum Retter anderer machen will. Nun, wer gegenüber dieser Ewigkeits-Erotik seine großen Vorbehalte hat, braucht sich nicht zu schämen; der barmherzige Helfer in unserem Text war offensichtlich in dieser Weise, wie wir schon sahen, auch nicht von Jesus motiviert. Stellte ich mir vor, ich hätte am Wege gelegen, von den Räubern halb entzwei gemacht, und der Samariter käme und würde mir helfen und dabei versichern, er täte das an mir um Jesu willen, ich müßte schon mehr als bloß halbtot sein, wenn in mir nicht das Bedauern hochkäme: Und ich hätte gedacht, *ich* täte dir leid! Aber so war der richtige Samariter des Textes zum Glück ja auch gar nicht. Denn der dachte eben nicht an Jesus; ihm tat der geschundene Kerl einfach leid. Das ist also der eine Weg, der nicht geht. Der andere Weg aber ist nicht viel besser: Barmherzigkeit als Befolgung eines ethischen, eines humanen Prinzips. Man hat mit Recht Seneka als kalt getadelt, der das emotionale Mitleid verwarf und die rational gesteuerte Milde an seine Stelle setzen wollte. Der unter die Räuber Gefallene wäre nicht viel besser dran, wenn er, statt eine Hilfe um Jesu willen zu erfahren, Objekt einer gezielten humanen Prinzipientreue würde. Wie ist es also? Kann man wahre Barmherzigkeit lernen? Ich würde denken: Lernen kann man sie nicht, aber man kann wohl doch zu ihr ermutigt werden. Es gibt das, daß man zum helfenden Zugreifen Lust gemacht bekommt. Ein Mensch, der nie Güte und Liebe erfahren hat, wird kaum auf den Gedanken kommen, wirklich einmal Hilfe bringend zuzufassen. Das Neue Testament weiß das und drückt diesen Sachverhalt nur etwas religiöser aus: Der Mensch kann lieben nur als Geliebter. Der innere Faulpelz und Schweinehund ist damit noch nicht automatisch ausgeschaltet. Aber man wird dann sachlich und – demütig, weil man als der miserable Mensch, der man ja oft genug ist, *gleichwohl* hier und da einmal helfend eingreifen kann. Und das wäre der Weg Jesu gerade dann, wenn man über diesen Bezug nicht viel redet und um ihn vielleicht nicht einmal richtig weiß.

6. Die Qumrangemeinde

Im Frühjahr 1947 wurde in der Mergellandschaft an der Nordwestecke des Toten Meeres in einer der dort zahlreichen Höhlen eine Reihe bisher unbekannter Schriften entdeckt. Bald zeigte sich: Es handelt sich um das Schrifttum einer jüdischen Sondergruppe, die wir, nach dem Fundort der Texte, die Qumrangemeinde nennen. Grabungen und Nachforschungen der nächsten Jahre brachten die Fundamente eines ganzen Siedlungskomplexes zutage, der seit dem 2. Jahrhundert vor Christus, mit einer Unterbrechung von 27 Jahren, bis zum Jahre 68 nach Christus das Zentrum dieser Gemeinde bildete. Nach 1947 wurden weitere Höhlen mit einem ähnlichen Schrifttum entdeckt. Die gefundenen Texte sind meist hebräisch, seltener aramäisch und ausnahmsweise in griechischer Sprache geschrieben. Den Inhalt dieser Texte bilden zu einem kleineren Teil Stücke aus dem Alten Testament. Meist handelt es sich um ein Schrifttum, das für die Qumrangemeinde typisch ist. Wenig davon, wie zum Beispiel die Damaskusschrift und einiges, was wir zum Kreis der alttestamentlichen Pseudepigraphen und Apokryphen rechnen, war uns vor der Entdeckung der Qumranfunde bekannt. Das meiste – um nur die Hauptschriften zu nennen: die sogenannte Sektenregel in verschiedenen Abschriften und mit zwei Anhängen, das qumranische Psalmenbuch, die Kriegsregel, die verschiedenen Erklärungen oder Kommentare zu alttestamentlichen Texten, von denen der Habakuk-Kommentar der bekannteste ist – kam erst bei dem genannten Fund ans Licht und liefert nun einen beachtlichen Beitrag für unsere Kenntnis *des* Judentums, das für Jesus von Nazareth und die christliche Urgemeinde gleichzeitig war. Zwar wußten wir aus jüdischen Schriftstellern des 1. christlichen Jahrhunderts über die Gruppe der Essener einigermaßen Bescheid, und die Essener besitzen eine beträchtliche Verwandtschaft zu der Qumrangemeinde, wenn bestimmte Kreise der in sich selber auch nicht völlig homogenen Qumrangemeinde sich mit den Essenern nicht gar decken. Aber unsere Kenntnis der qumrannahen Essener beruhte auf mehr oder weniger hellenistisch eingefärbten jüdischen Referaten eben *über* diese Gruppe. Jetzt jedoch besitzen wir ein sehr umfangreiches Schrifttum, welches in dem Schoße eben der Qumrangemeinde selber entstand oder speziell von ihr überliefert wurde, also in besonderer Weise das Selbstverständnis dieser Qumrangemeinde mit ihren eigenen Worten und Formulierungen zum Ausdruck bringt. Um was für eine Gemeinde handelt es sich, was ist ihr Glaube, was für Anschauungen vertritt sie?

Die Qumrangemeinde versteht sich als eine aus dem üblichen Judentum ausgegrenzte Sondergemeinde der Endzeit. Es gilt, *alle* Vorschriften nach einer besonders strengen Auslegung des Moses-Gesetzes zu halten. Von denen, die diesem Ernst nicht zustimmen, muß man sich trennen. Die Hinwendung zur Qumrangemeinde schließt also für diejenigen, die diesen Schritt tun, die Abkehr von dem offiziellen Judentum ein. Denn die Welt wird durchwaltet von zwei Mächten, zwei Geistern. Licht und Finsternis, Treue und Bosheit haben unter den Menschen je ihre Anhänger, ihre »Söhne«. Darum müssen die Glieder dieser Gemeinde, die Söhne des Lichtes, sich rigoros lösen von den Söhnen der Finsternis, gerade weil der Kampf so lange, bis Gott das Weltende setzt, zwischen beiden Mächten unerbittlich noch hin- und herwogt. Ja dieser Kampf spielt sich auch noch im Herzen der Lichtsöhne selber ab; so hart streiten Licht und Finsternis widereinander. Freilich gilt dieser Dualismus nicht absolut: Gott hat beide Arten Geister geschaffen; er führt die Sache des Lichtes auch zum endlichen Siege. Gott bestimmt den Licht- und Finsternisanteil eines jeden Menschen. Der Mensch ist dadurch jedoch nicht in die Passivität gestellt, sondern zur rechten Entscheidung aufgerufen. Was für eine Entscheidung ist das? Es ist die Bereitschaft, den vollen Gesetzesgehorsam durch den Eintritt in diese Gemeinde zu übernehmen. Dem Mitbruder in der Gemeinde schuldet der Qumranfromme Liebe und Treue. Den Außenstehenden aber, den Söhnen der Grube, von denen die Trennung stattfand, muß man mit Vorsicht und Zurückhaltung begegnen; ja hier ist der Haß Pflicht. Demut und Bescheidenheit sollen den Wandel in der Gemeinde prägen. Die schon im offiziellen Judentum hochgeschätzte Keuschheit führt auf dem Boden der Qumrangemeinde teils zu dem Verbot der in dem damaligen Judentum als erlaubt geltenden Polygamie, teils sogar zu der Form eines zölibatär lebenden Männerordens. Eine wichtige Forderung für die Glieder der Qumrangemeinde ist der Besitzverzicht. Materieller Besitz gilt als geistlich gefährlich. Darum stellt der Novize seinen Besitz und Arbeitsverdienst der Gemeinde zur Verfügung: falsche Angaben dabei stehen unter Strafe. Im Laufe der Eingliederung des Novizen in die Gemeinde übernimmt die Gemeinde diesen ihr ausgelieferten Besitz als den ihren und kommt auf diese Weise zu einem Vermögen, welches ein karges, aber immerhin gesichertes Minimum an Nahrung und Kleidung dem in dieser Gütergemeinschaft lebenden einzelnen Gemeindeglied garantiert. Ganz zentral ist für die Qumrangemeinde die Beobachtung der Reinheit. Zwar gilt die Lauterkeit des Herzens und des Wandels als unerläßlich; sie läßt sich rituell nicht kompensieren. Aber der Sektor des Rituellen besitzt im Verständnis der »Reinheit« gleichwohl einen beträchtlichen Umfang. Priester, und zwar Aaroniden mit unanfechtbarem Stammbaum, haben den ersten Rang in der Gemeinde inne. Sie spielen eine entscheidende Rolle in der Jurisdiktion; sie segnen beim gemeinsamen Mahle Brot und Wein; der Lehrer der Gerechtigkeit, eine führende Persönlichkeit der Gemeinde, ist selber Priester. Weil in Jerusalem Priester mit nicht-aaronidischem Stammbaum amtieren und weil dort die levitische Reinheit in dem Umfange, wie sie in Qumran als geboten gilt, nicht beachtet wird, darum hat die Qumrangemeinde sich von dem Jerusalemer Tempeldienst getrennt; freilich in ihren einzelnen Gruppen beziehungsweise zu verschiedenen Zeiten in einer nicht immer gleichen Intensität und Entschlossenheit. In der neuen Welt, wenn die gegenwärtigen Mängel des Jerusalemer Tempeldienstes behoben sein werden, wird die Qumrangemeinde den für die Gegenwart ausgesetzten Tempeldienst in Jerusalem erneut aufnehmen. Rückgrat dieser Reinheit sind die wiederholten Waschungen, von deren Wichtigkeit für den Wandel des Qumranfrommen die Zisternen innerhalb der Ordenssiedlung Zeugnis ablegen. Eine »Taufe« sollte man diese Bäder nicht nennen; sie werden häufig wiederholt, und das Erstbad wird nie als wichtig und als Initiationsritus erwähnt. Schon nach dem ersten Jahr nimmt der Novize an diesen Bädern teil. Das tägliche gemeinsame Mahl dagegen ist nur den Vollmitgliedern der Gemeinde, welche die dreijährige Noviziats- und Prüfungszeit erfolgreich durchschritten haben, zugänglich; es besitzt keinen sakramentalen Charakter und verwendet nicht irgendwelche Deuteworte. Das Losverfahren spielt bei der Aufnahme von Novizen eine Rolle. Nach erfolgter endgültiger Aufnahme ist die Zeit der Kontrolle nicht vergangen: alljährlich wird Wissen und Wandel der Gemeindeglieder überprüft, diskrete, aber intensive Seelsorge wird gegenseitig und von seiten der Leitenden geübt, und alljährlich wird der Rangplatz, den ein Gemeindeglied in der Vollversammlung der Gemeinde einnimmt, nach der religiösen Einsicht und nach dem Wandel des Betreffenden erneut festgelegt.

Der Wandel des Gemeindegliedes und sein Verhalten in der Vollversammlung unterliegen Regeln, die bis ins einzelne kasuistisch durchgearbeitet sind und deren Übertretung festgelegte Strafen in verschiedener Höhe nach sich zieht. Die Leitung der Gemeinde und der Vollversammlung wird von den Priestern und einem »Aufseher« geübt; anfangs unter stärkerer demokratischer Mitwirkung der Gemeinde; später allerdings gewinnen besondere »Richter« eine besondere Vorrangstellung. Die zentrale Bedeutung des Kultisch-Rituellen für die Qumrangemeinde wird auch in der Praktizierung des Sabbatgebotes sichtbar. Schon das übliche Judentum leistet auf diesem Felde einiges an kasuistischer Strenge. Einer der Qumrantexte bringt 28 Detailvorschriften für dies spezielle Gebot. Die meisten dieser 28 Vorschriften halten sich auf der Höhe des üblichen jüdischen Niveaus. Aber an charakteristischen Punkten wird in der Qumrangemeinde dies normale Niveau noch überboten. Etwa: Am Sabbat darf man ein Stück Vieh nicht aus einer Grube retten, in die es hineingefallen ist. Der strengeren qumranischen Sabbatbeobachtung entspricht ein eigenständiger qumranischer Kalender, der vom offiziellen Judentum abweicht. Der offizielle Kalender ist nach Mond und Sonne ausgerichtet und zählt 354 Tage; der qumranische Kalender dagegen trägt rein solaren Charakter, hat 364 Tage und bringt es daher (weil 364 durch 7 teilbar ist) mit sich, daß nach qumranischer Zählung alle großen Feste in jedem Jahr auf den gleichen Wochentag fallen – es sind der Mittwoch, Freitag und Sonntag – und daß so der Sabbat seine unüberdeckte Eigenexistenz führen kann. So wird in den Texten der Qumrangemeinde denn auch wiederholt gemahnt, die Festtermine nicht von ihrem festen Ort zu verschieben. Diese Kalenderfragen, die vorher erwähnten Gemeinschaftsriten, die Bäder und das gemeinsame Mahl, ebenso aber manches, was von uns sogleich noch bedacht werden muß, die Endhoffnung und die Auslegung des Alten Testaments von dem Blickwinkel dieser Endhoffnung her – all das war nun aber keineswegs denen zugänglich, welche sich außerhalb der Qumrangemeinde befanden. Denn den Qumrantexten gelten diese Inhalte als Geheimnisse, als Weisheit, die vor den Außenstehenden zu hüten und zu verbergen immer wieder gemahnt wird. Die Qumrangemeinde betätigt also eine intensive esoterische Praxis. Für diese Gemeinde und ihre Lehre setzen die Qumranfrommen ihre Existenz ein. Einer ihrer Führer, der Lehrer der Gerechtigkeit, wird, wie ein Text erzählt, am qumranisch gerechneten Versöhnungstage öffentlich gedemütigt. Auch andere Gemeindeglieder erfahren Verhöhnung und Schmähung. Es ist eine ausgesprochene Märtyrerethik, die auf dem Boden dieser Gemeinde wächst. Das alles also wählt derjenige, der sich freiwillig zum Eintritt in die Qumrangemeinde entschließt, als den Weg, auf welchem sein Wandel sich vollziehen soll.

Wie versteht ein Qumranfrommer, der sich einem solchen rigorosen Wandel verpflichtet weiß, seine Stellung vor Gott? Viele Formulierungen der Qumrantexte bringen ein extremes Sündenbewußtsein zum Ausdruck: der Mensch als Ofen der Sünde, als Behausung der Finsternis. Der Mensch als Staub, als Lehmgebilde, als Fleisch; er gehört zu der Menge des Gewürms und wird ein Fraß des Gewürms. Der Mensch, Sünder und schmachvolle Kreatur, lebt in Verlorenheit. Aus dieser Grube der Verlorenheit befreit ihn Gott. Er öffnet dem Sünder Mund und Herz; er deckt ihm das Staubherz auf. So fließt das Heil des Menschen aus Gottes Erbarmen, aus seinen Hulderweisungen, seiner treuen Wahrheit, seiner Gerechtigkeit, seiner Vergebung und seiner Güte. »Nur durch deine Güte wird ein Mann gerecht und durch dein reiches Erbarmen«, so versichert das qumranische Psalmenbuch, und dies ist keine vereinzelte Äußerung, solche Inhalte begegnen öfter. Der Geist, den Gott dem Menschen geschaffen hat und durch den der Qumranfromme beten kann, verleiht nun die rechte Erkenntnis und leitet den Frommen an zu rechten Taten, zu rechtem, unsträflichem Wandel und zu einem festen Stand in der Anfechtung. Das heißt aber: Gottes heilschaffendes Handeln dient der Aufrichtung des Gesetzes; der also Begnadete läßt sich nicht mehr, wie die gegnerischen Lügenredner, darauf ein, Gottes Gesetz einzutauschen gegen »glatte Dinge«; das heißt, er nimmt die strenge Gesetzesbeobachtung nun nicht mehr lax und ungenau, sondern ernst. Kurz: Der Qumranfromme versteht sich radikal als Sünder, er weiß sich ausschließlich von Gottes Gnade gehalten; diese Gnade erweist sich als wirksam aber gerade darin, daß sie den Menschen an das streng und penibel aufgefaßte Gesetz bindet.

All das bisher Geschilderte – die strenge Gesetzeserfüllung, das rigorose Sündenbekenntnis und die Erfahrung der radikalen Barmherzigkeit Gottes – steht nun noch unter einem Vorzeichen, welches dem Ganzen eine besondere, unverkennbare Note verleiht. Dies Vorzeichen ist die Überzeugung der Qumrangemeinde, das Weltende mit seinen gewaltigen Ereignissen stehe unmittelbar bevor. So erfahren strenge Gesetzesbeobachtung, Sündersein und Gnadenempfang eine spezifische Radikalisierung und Intensivierung. Die Qumrantexte sind also apokalyptische Literatur. Hier gilt die schon oben für diese Gemeinde beobachtete esoterische Ausrichtung besonders: Die Außenstehenden erfahren nichts von den Einzelheiten dieser Endhoffnung. Diese Erwartung bleibt gemeindeintern. Die Intensität der Naherwartung ist in den einzelnen qumranischen Textgruppen zwar verschieden stark. Wo die Naherwartung kräftig im Schwange geht, ist man überzeugt: Die Gegenwart ist der Anbruch der Endzeit. Die Qumrangemeinde versteht sich selber dabei als die Endgemeinde. Ihre lebenden Glieder stellen die letzte Generation dar. Das Ende wird also keineswegs bloß *erwartet*. Freilich, voll gegenwärtig ist es noch nicht. Das letzte Ende steht noch aus. Aber eintreffen wird es noch in dieser jetzt lebenden Generation. Natürlich kommt es dabei zu Berechnungen mit alledem, was in dem Gefolge solcher

Berechnungen einzutreten pflegt: Man stellt fest, das Ende verzögert sich, die Hoffnung schwankt, die Berechnung erfolgt erneut, die Enttäuschung wird überwunden, ja der Versuch, das Ende zu beschleunigen, bleibt nicht aus. Die unter dem nahen Ende lebende Generation ist böse. Besondere Verführer treten auf: der »Mann der Lüge«; zwei in Jerusalem wirkende Verführer. Die Geheimnisse der Sünde gehen im Schwange. Da kann es zu einer durch die Enddrangsal bewirkten Flucht, zu der eschatologischen Flucht, kommen. Die Endnähe kann den Frommen in besonders heftige Konflikte hineinbringen. Der heilige, der eschatologische Krieg gegen die von Belial angeführten Widersacher Gottes bricht an. Der Qumranfromme führt ihn geistlich, er führt ihn aber auch physisch, in voller Rüstung und mit allen damals üblichen Waffen. Dieser menschlichen Aktion tritt beim Endkampf die Aktion Gottes helfend zur Seite: Michael leistet himmlische Hilfe; der Israel-Messias tötet die Gegner und bösen Geister mit dem Hauch seiner Lippen. Das Endgericht findet statt. Die Erwählten wirken darin mit. Die Bestrafung der Gottlosen erfolgt durch Feuer. Die Welt wird durch Feuer vernichtet. Jetzt kommt die neue Schöpfung ans Licht. Die Qumrangemeinde befindet sich im Mittelpunkt. Sie wird nun, nach Vernichtung der bösen Geister, letztgültig gereinigt, mit der Geistbesprengung der Endzeit versehen und der Enderlösung teilhaftig werden. Ihre Frommen bekommen teil an der ewigen Ratsversammlung der Engel. Der endzeitliche Tempel in Jerusalem mit einem rituell reinen Kult wird erbaut werden. Keine Zerstörung mehr steht ihm bevor. In dieser Endzeit treten die großen Endheilbringer auf: der wiederkommende Lehrer der Gerechtigkeit; ein messianischer Prophet und zusammen mit ihm zwei Messiasse, der Messias Israels, der kriegerische Funktionen hat, und, ihm übergeordnet, der priesterliche Messias Aarons. Die Messiasse gelten weder als präexistent noch ist von ihrem Leiden, ihrer Auffahrt oder ihrer Auferstehung die Rede. In ihrer Gegenwart wird das messianische Mahl gehalten, ein Sättigungsmahl, das in dem täglichen Mahl der Qumrangemeinde seine Vorwegnahme erfährt. Die Lehre von der Unsterblichkeit der Seele, aber wahrscheinlich auch die von der Auferstehung des Leibes oder auch nur von der Auferstehung der Gerechten, ist der Qumrangemeinde unbekannt. Viele Einzelzüge dieses qumranischen Endglaubens tragen allgemein-jüdisches Gepräge. Die Überzeugung, im Anbruch der Endzeit und unmittelbar vor ihrer Vollendung zu leben, ist freilich ein typisches Spezifikum qumranischen Glaubens.

Diese qumranische Überzeugung von dem nahen Ende ist derart beherrschend, daß sie die Erklärung liefert für die Art und Weise, welche in der qumranischen Behandlung und Auslegung alttestamentlicher Texte obwaltet. Wenn der Qumranfromme sein Altes Testament liest, wird ihm alles zu einem Hinweis auf die Endzeit und auf die Endzeitgemeinde, in der er lebt. *Jetzt* sind die Prophetenworte erfüllt. Der Lehrer der Gerechtigkeit weiß um die gegenwärtige Endzeit mehr, als an Wissen darum dem kanonischen Propheten Habakuk zur Verfügung stand. So werden die alttestamentlichen Texte in der Qumrangemeinde angewendet auf die beiden erwarteten Messiasse mitsamt ihrem Propheten. Es gibt unter den aufgefundenen Texten sogar eine aus dem Alten Testament herausgeschriebene Zusammenstellung von messianischen Texten; eine messianische Belegsammlung, wie man sie für das Judentum und das frühe Christentum in der Forschung seit langem vermutet hat, nun aber als qumranischen Text tatsächlich nachweisen kann. Vor allem die eigenen Gemeindeschicksale mitsamt den Widerfahrnissen, die dem Lehrer der Gerechtigkeit zustoßen, spiegeln sich dem Qumranfrommen in den alttestamentlichen Texten. Damit der alttestamentliche Wortlaut diese ihm von Haus aus fremden Bezüge hergeben kann, wird er in Qumran mit einer überraschenden Freiheit behandelt. Er kann sogar in seinem Buchstabenbestand verändert werden. Daneben gewinnt die allegorische Auslegung ihm neue Perspektiven und Bezüge ab. Ein eigener Auslegungsstil, die pescher-Methode, wird entwickelt: Je ein Versstück wird zitiert und unter Wiederholung einzelner Textworte und Textgedanken allegorisch und frei erklärt. Die qumranischen Erklärungen zum Alten Testament, besonders zu den prophetischen Büchern, gehen mithin zwar phantastisch und willkürlich vor, wenn man den alttestamentlichen Ursinn als Maßstab an diese Erklärung anlegt, gleichwohl entbehrt diese Welt apokalyptischer Schrifterklärung nicht der Eindrucksstärke und Faszination auch für den heutigen Leser.

Kann man aus den Qumrantexten das Neue Testament besser verstehen lernen? Diese Frage ist zweifellos zu bejahen. Es gibt neutestamentliche Wendungen wie zum Beispiel die »in ihrem Geiste Armen« aus der ersten Seligpreisung der Bergpredigt oder die »Menschen des Wohlgefallens« aus der Engelsverkündigung an die Hirten in Bethlehem, die waren bisher in der Umwelt des Neuen Testaments nicht belegbar; nun finden wir diese Wendungen in Qumrantexten und wissen über ihren Sinngehalt besser Bescheid als bisher. Dazu kommen ganze Gedankenkomplexe, in denen das Neue Testament sich mit Qumran berührt. Hier wird man nennen müssen den sonst unjüdischen Verdacht gegen den Besitz in Qumran, im dritten Evangelium und in der Apostelgeschichte; die Neigung nicht aller, aber bestimmter neutestamentlicher Schriftenkreise, Tod und Leben, Finsternis und Licht einander entgegenzusetzen und also dualistisch zu reden; die Überzeugung, im Anbruch eines als ganz nah erwarteten Endes zu leben; schließlich die von daher gelenkte Auslegung des Alten Testaments. In alledem berühren die Qumrantexte sich mit dem Neuen Testament. Die Qumrangemeinde stellt einen tiefernsten Versuch des Judentums dar, über die als ungenügend empfundene bisherige Position des Judentums hinauszukommen. Diesen Ernst teilt Qumran mit dem Neuen Testament.

Freilich führt die Lösung dieses Versuchs zu Ergebnissen, die auf beiden Seiten verschieden sind. Und zwar nicht nur in Einzelheiten, wie die zwei Messiasse in Qumran und der eine im Neuen Testament. Noch vieles andere an differenten Einzelheiten könnte dem hinzugefügt werden. Der wesentliche Unterschied aber liegt in folgendem: Die Qumrangemeinde praktiziert zwar den ganzen Ernst des alttestamentlichen Gesetzes, sie erkennt aber nicht, daß der Mensch hierdurch doch wieder in den Selbstruhm geraten muß. Der qumranische Gott hilft den Verlorenen, stellt sie dann aber auf den Gesetzesweg, wo bei peniblem Gehorsam der Fromme des Heils gewiß sein darf. Das Neue Testament meint, dem total Verlorenen hilft die Forderung nicht. Ihm hilft nur das Widerfahrnis der Liebe; das ist es, was zum Rechttun anleitet. Jesus, der schrankenlose Freund von Zöllnern und Sündern, bei dem man einen freudigen und freien Gehorsam lernt – diese Weite des Horizontes sucht man in Qumrantexten vergebens.

7. Der Irrtum der Naherwartung

Es ist bekannt, daß die älteste christliche Generation die Überzeugung und den Glauben hatte: Die Welt, in der wir leben, wird durch die Ankunft des Messias aus dem Himmel sehr bald in ihrem jetzigen Zustand ein Ende finden, das heißt, die Ankunft des Messias und alle damit zusammenhängenden Endereignisse – das Weltgericht, das die Menschheit in zwei Gruppen teilen wird, der Eingang derer, die angenommen werden, in die Himmelswelt, der Eingang derer, die abgelehnt werden, in die Verdammnis – sind Geschehnisse, die unmittelbar bevorstehen. Das war die Überzeugung Jesu, das war die Überzeugung der alten Christenheit bis in die siebziger und achtziger Jahre des 1. Jahrhunderts. Es ist ebenso bekannt, daß die erwarteten Ereignisse nicht eingetreten sind. An einem ganz kleinen Text aus dem Lukasevangelium will ich zeigen, daß und wie die Gemeinde sich mit dieser fehlgeschlagenen Erwartung abgefunden hat. Es handelt sich um die zwei sehr einfach aussehenden Verse Luk. 17, 20-21: »Als er aber von den Pharisäern gefragt wurde: Wann kommt die Königsherrschaft Gottes?, da antwortete er ihnen und sagte: Die Königsherrschaft Gottes kommt nicht so, daß man sie beobachten kann. Man wird auch nicht sagen: Siehe, hier! oder: dort ist sie! Denn siehe, die Königsherrschaft Gottes befindet sich in euch.« (Man kann auch übersetzen: »in eurer Mitte«.) Das Ganze gehen wir jetzt durch unter der speziellen Fragestellung nach der Art und Weise, wie man sich damit abgefunden hat, daß die Königsherrschaft Gottes so, wie sie erwartet wurde, nicht gekommen ist.

Die Einleitung zu diesem Wort ist natürlich eine Arbeit des Evangelisten: »Als er von den Pharisäern gefragt wurde: Wann kommt die Königsherrschaft Gottes?« Diese Einleitung entspricht in ihrem formalen Aufbau einem dem antiken Menschen sehr bekannten Schema, das immer charakterisiert ist dadurch, daß zunächst festgestellt wird: Einer wird gefragt, dann kommt die Frage, darauf gibt er die Antwort. Es ist ein ganz festliegendes Schema – ich führe dieses Schema einmal am Beispiel einer spätjüdischen Schrift vor: »Als in unserer Gegenwart der Bibliothekar gefragt wurde: Wieviel Zehntausende Bücher befinden sich in der Bibliothek?, da sagte er: Etwa zweihunderttausend, o König.« Ein bekanntes Schema wird also vom Evangelisten hier benutzt, um etwas einzuführen. Diese Rahmenform ist formal exakt. Die Frage, *wann* die Königsherrschaft Gottes kommt, scheint hingegen von Jesus nicht beantwortet zu werden. Aber ich will den Problemen nicht vorgreifen. Ich will nur noch darauf hinweisen: Diese Frage zu Beginn wird gestellt von den Pharisäern. Das ist sicher Arbeit des Evangelisten und ist nicht sonderlich glaubhaft, und zwar deswegen nicht, weil die Pharisäer an solchen Fragen nach dem Ende, also an Fragen, die das Weltende und die letzten Dinge betreffen, verglichen mit anderen jüdischen Gruppen am wenigsten interessiert waren.

Der erste Satz der Antwort lautet: »Die Königsherrschaft Gottes kommt nicht (wörtlich übersetzt) unter Beobachtung.« Was ist gemeint mit dieser von Jesus abgelehnten Beobachtung? Das griechische Wort kommt im ganzen Neuen Testament nur an dieser Stelle vor, ein Wort, etwa belegt seit der frühhellenistischen Zeit, seit Polybius, das aber in ganz bestimmten Formulierungsgebieten und Kreisen besonders verbreitet ist. Astronomen benutzen dieses Wort bei der Beobachtung der Gestirne; von Medizinern wird das gleiche Wort gebraucht, wenn es sich darum handelt, die Symptome beim Kranken festzustellen. Natürlich handelt es sich bei der Ablehnung der Beobachtung in diesem Jesuswort nicht um astronomische, auch nicht um medizinische Phänomene, sondern es handelt sich hier um die Zeichen des Endes. Welche das sind, will ich durch ein paar jüdische Texte jener Zeit authentisch belegen. Sie stammen aus jüdischen Apokalypsen, und die, die ich hier ausgesucht habe, aus dem 4. Buch Esra, einer jüdischen Schrift, die etwa gleichaltrig ist wie das Lukasevangelium, aus dem unser Vers ja genommen ist; diese Texte aus dem 4. Buch Esra machen eigentlich – ohne daß man viel erklären oder hinzufügen muß – deutlich, in welcher Weise Endzeichen – Zeichen für das Ende – gemeint sind.

»Ich (Esra) flehte und sprach (zum Engel) – zu dem Engel, der eben die Offenbarung gibt -: Glaubst du, daß ich leben werde bis zu jenen Tagen (vor der Endvollendung)? Was wird in jenen Tagen geschehen? Er antwortete mir – der Engel – und sprach: Die Zeichen, nach denen du fragst, kann ich dir zum Teil sagen; über dein Leben aber dir etwas zu sagen, bin ich nicht gesandt und weiß es selber nicht. Die Zeichen aber sind: Siehe, Tage kommen, da werden die Erdenbewohner von gewaltigem Schrecken erfaßt, das Gebiet der Wahrheit wird verborgen sein und das Land des Glaubens (Palästina) ohne Frucht. Da wird der Ungerechtigkeit viel sein, mehr noch, als du jetzt selber siehst und als du von früher gehört hast. Das Land aber, das du jetzt herrschen siehst (Rom), wird wegelose Wüste sein; man wird es verlassen sehen: Fristet dir der Höchste das Leben, so wirst du es nach dreien Zeiten in Verwirrung sehen. Da wird plötzlich die Sonne bei Nacht scheinen und der Mond am Tage. Von Bäumen wird Blut träufeln; Steine werden schreien. Die Völker kommen in Aufruhr, die Himmelstore der Gestirne kommen in Verwirrung; und zur Herrschaft kommt, den die Erdenbewohner nicht erwarten (Tyrann der Endzeit). Die Vögel wandern aus; das Meer von Sodom bringt Fische hervor und brüllt des Nachts mit einer Stimme, die viele nicht verstehen, aber alle vernehmen. An vielen Orten tut sich der Abgrund auf, und lange Zeit bricht das Feuer hervor. Da verlassen die wilden Tiere ihr Revier. Weiber gebären Mißgeburten. Im süßen Wasser findet sich salziges. Freunde bekämpfen einander plötzlich. Da verbirgt sich die Vernunft, und die Weisheit flieht in ihre Kammer; viele suchen sie und finden sie nicht. Der Ungerechtigkeit aber und Zuchtlosigkeit wird viel sein auf Erden. Dann fragt ein Land das andre und spricht: Ist etwa die Gerechtigkeit, die das Rechte tut, durch dich (hindurch-)gekommen? Und es wird antworten: Nein! In jener Zeit werden die Menschen hoffen und nicht erlangen, sich abmühen und nicht zum Ziele kommen. – Diese Zeichen dir zu sagen ist mir erlaubt worden.

Siehe, Tage werden sein, wann ich komme zu nahen, um heimzusuchen die Erdenbewohner . . ., da will ich (Gott) folgende Zeichen geben: Bücher werden aufgetan im Angesicht der Feste (des Himmels), die werden alle auf einmal sehen. Kinder werden ihre Stimme erheben und reden; Schwangere gebären Frühgeburten im dritten und vierten Monat; die aber bleiben am Leben und laufen umher. Plötzlich werden besäte Felder ohne Frucht erscheinen, und volle Scheuern werden plötzlich leer erfunden. Die Trompete wird laut erschallen; alle Menschen vernehmen sie plötzlich und erbeben. In jener Zeit werden Freunde einander als Feinde bekämpfen, daß die Erde samt ihren Bewohnern sich davor entsetzt. Wasserquellen stehen still und laufen nicht drei Stunden lang. Wer aber überbleibt aus alledem, was ich dir vorausgesagt, der wird gerettet werden und mein Heil und das Ende meiner Welt schauen. Da erscheinen die Männer, die einst emporgerafft sind, die den Tod nicht geschmeckt haben seit ihrer Geburt (wie Henoch, Elisa, Esra, Baruch und andere als Zeugen und Vorläufer des Messias).

Du hast mir, Herr, eine Fülle von Zeichen bereits offenbart, die du in der letzten Zeit tun willst; hast mir aber nicht offenbart, zu welcher Zeit. Er antwortete mir und sprach: Das ermiß du bei dir selber; und wenn du siehst, daß ein Teil der angekündigten Zeichen vorüber ist, dann wirst du erkennen, daß nun die Zeit gekommen ist, da der Höchste die Welt, die er geschaffen hat, heimsuchen will. Wenn in der Welt erscheinen werden Empörung in den Ländern, Verwirrung in den Völkern, Anschläge unter den Nationen, Unruhen unter den Fürsten, Gärung unter den Herrschern, dann wirst du erkennen, daß dies die Dinge sind, über die der Höchste seit den Tagen geredet hat, die im Anfange zuvor gewesen sind. Denn wie alles, was in der Welt geschehen ist, einen (verborgenen) Anfang hat im Wort, aber ein offenkundiges Ende, so sind auch des Höchsten Zeiten: ihr Anfang in Wort und Vorzeichen, ihr Ende aber in Taten und Wundern.«

Das mag zunächst einmal genügen zur Veranschaulichung dessen, welchen Stellenwert das Beobachten der Endzeichen eigentlich im damaligen Koordinatensystem hatte und wie das konkret gemeint war. Es geht um die Berechnung des Anbruchs des Endes. Man hat jüdischerseits die verschiedensten Rechenmethoden eingeführt. Man hat die Weltgeschichte in zwölf, in zehn Perioden geteilt. Man hat von sieben Tagen geredet und jedem Tag 1000 Jahre zugerechnet. Man hat von zwei Perioden geredet, die etwa durch

Moses gegeneinander abgegrenzt werden, oder man hat die 70 Jahre des babylonischen Exils zur Berechnung des Endes herangezogen. Alles im Grunde Methoden, um berechnend und nachgrabend dem Termin des Endes nahezukommen. Dagegen nun unser Text: Die Königsherrschaft Gottes – das ist ja das, wovon hier geredet wird, was berechnet werden soll – die Königsherrschaft Gottes kommt nicht so, daß man sie berechnen kann. Sie kommt nicht unter Beobachtung, nicht so, daß man Zeichen beobachten, daß man Zeiten berechnen kann, nicht so, daß man sagt: Siehe, hier! Siehe, da! Das heißt, es gibt dafür nicht Symptome, die lokal feststellbar sind. Man kann nicht Zeichen nennen und angeben und sagen, jetzt ist es soweit.

Lukas setzt also voraus, daß solche Beobachtungen im Gange waren. Das waren sie auch. Nur war das im damaligen Judentum nicht ständig so, denn seit dem Fall von Jerusalem, 70 n. Chr., und vor allen Dingen dann noch seit der endgültigen Niederwerfung des Judentums unter Hadrian hatte das Judentum von dieser ganzen Enderwartung und von dieser überhitzten Naherwartung derart genug, daß in den späteren jüdischen Quellen die Enderwartung nicht mehr so dringlich war und daß man an der Berechnung und an der Beobachtung von Zeichen dann schon gar keinen Spaß mehr fand. Diese abgeklungene Freude an der Berechnung soll hier nur demonstriert werden an einem ganz kurzen Wort, das ein späterer Rabbi etwa 300 n. Chr. gesprochen hat: »Als sie sich damit beschäftigten – nämlich mit dem Berechnen, wann der Messias kommt, wann das Ende kommt –, da sprach er zu ihnen: Ich bitte euch, schiebt ihn nicht in die Ferne hinaus, denn wir haben in einem Zusatz im Talmud gelernt, drei kommen, wenn man es nicht denkt: der Messias, ein Fund und ein Skorpion.« Hier ist man also – verglichen mit dem vorigen Text – sehr viel weniger farbenprächtig, sehr viel weniger beredt geworden. Man weiß sehr viel weniger. Man sagt: Kinder, das hat keinen Zweck, das kommt so wie ein böses Insekt, wie der Skorpion, oder wie ein unerwarteter Fund, haltet euch damit nicht auf.

In unserem Lukastext ist dieses eben erwähnte jüdische Desinteresse noch keineswegs da, sondern hier wird seitens des Judentums noch sehr eifrig berechnet, und gegen diese Berechnung wendet sich dann das Jesuswort. Es wird eingeleitet durch »denn siehe«, dann folgt die eigentliche These, durch die glaubhaft werden soll, warum die Königsherrschaft Gottes nicht so kommt, daß man sie berechnen kann. Das heißt, es kommt also jetzt der inhaltlich schärfste Gegensatz gegen all das, was wir bisher uns vor Augen gestellt hatten in dem Beobachten der Zeichen und in dem Berechnen der Zeiten. »Denn siehe, die Königsherrschaft Gottes befindet sich in euch« oder »unter euch«. In dieser einen Vokabel, die man mit »in« oder »unter« übersetzen kann, da steckt nun das Problem, und von dieser Erklärung hängt alles ab. Der dritte Evangelist braucht diese Vokabel sonst überhaupt nicht, außer an dieser Stelle im Evangelium. In den Evangelien kommt sie nur noch vor in Matth. 23 in einem Zusammenhang, wo sie bestimmt bedeutet »inwendig«. Es ist nämlich dort im Text die Rede von der inwendigen Seite der Becher; Jesus sagt gegen die Pharisäer: Ihr sorgt für kultische Reinheit, aber was im Becher ist, das habt ihr gestohlen oder habt ihr den Armen weggenommen. Das Inwendige der Becher – es ist die gleiche Vokabel – das ist voller Raub. Sonst ist diese Vokabel ziemlich selten. Im griechischen Alten Testament, in der Septuaginta, kann sie auch angewendet werden, wenn etwa das Herzensinnere damit bezeichnet wird, oder der Psalmist oder der Prophet kann sagen: Er hat mein Inneres erneuert. Es gibt dann aber auch die Bedeutung, die ist auch belegt, nicht »in, innen drin«, sondern »unter« einer Gruppe von Menschen. Die Entscheidung ist also sprachlich nicht zu gewinnen, weil die Vokabel beides besagen kann, und beides macht ja etwas sehr Verschiedenes aus. Jedenfalls meinte man lange Zeit, die Vokabel sei nicht eindeutig festzulegen.

In der neueren Forschungsgeschichte gibt es eine ganze Reihe verschiedener Erklärungen. Ich führe davon jetzt nur drei typische Beispiele vor; dabei nenne ich jeweils die Vertreter der entsprechenden These, es sind eigentlich vier. Für die liberale Theologie nehmen wir als Musterbeispiel den hoch zu verehrenden und sehr geistreichen Gelehrten Julius Wellhausen; der vertrat die Auffassung, Jesus habe gemeint: Die Königsherrschaft Gottes kommt nicht so, daß man sie von außen beobachten kann, die steckt in den Menschen; sie ist in ihren Herzen, sie ist also eine geistige Größe. Dagegen könnte man zunächst als Bedenken einwenden, es sei merkwürdig, daß Jesus den Pharisäern, mit denen er doch sonst gar nicht gutstand und über die er sonst ziemlich gewettert hat, ausdrücklich bescheinigt, in ihren, in den Pharisäerherzen, steckt die Königsherrschaft Gottes. Nun ist dieser Einwand nicht so gewaltig, denn die Rahmung dieses Wortes stammt natürlich vom Evangelisten, und dieses Wort kann ja, wenn es von Jesus stammt, ursprünglich in einem ganz anderen Zusammenhang gesprochen worden sein. Aber die Bedenken gegen diese Lösung sind ganz anderer Art: Es gibt – abgesehen von diesem Wort – in sämtlichen synoptischen Evangelien nicht eine einzige Stelle, in der die Königsherrschaft Gottes als eine Angelegenheit der Innerlichkeit bezeichnet wird, denn das ist sie nicht. Was ist Königsherrschaft Gottes? Königsherrschaft Gottes ist nicht ein inneres Gut, das der Mensch hat, sondern ein Geschehen. Nach dem damaligen Weltbild bricht aus dem Himmel her die Gottheit oder der Mandatar der Gottheit, der Menschensohn, mit seinen Engeln in diese Welt ein und räumt hier auf; das ist etwas, was beim besten Willen nicht – wie das in der Erklärung Wellhausens geschieht – irgendwie im Herzen, in der Innerlichkeit des Menschen lokalisiert werden kann. Man braucht sich nur daran zu erinnern, mit welchen Verben, mit welchen Tätigkeitswörtern die Königsherrschaft Gottes durchgehend in den Evangelien verbunden wird: »sie naht sich« – Luther übersetzt gewöhnlich »ist nahe herbeigekommen« –, »sie kommt« oder »sie ist in unmittelbare Nähe gekommen«. Die Königsherrschaft Gottes ist also nie in voller Präsenz da. Die damit zusammenhängenden Verben sprechen von einem zeitlichen Bevorstehen, einem nahen Bevorstehen, aber drücken niemals die komplette und die runde Gegenwart aus. Gemeint ist von Jesus: Mit meiner Verkündigung und mit meinem Wirken ist etwas in Gang gekommen, was demnächst ganz schnell eintritt, eben dieser Hereinbruch der Königsherrschaft Gottes aus dem Himmel. Aber das ist etwas, was nicht präsent ist, sondern kommt. Die Erklärung Wellhausens überzeugt also aus zwei Gründen nicht: Erstens ist die Königsherrschaft Gottes keine Sache der reinen Innerlichkeit; zweitens ist sie überhaupt nicht voll präsent, sondern steht erst bevor.

In einer anderen Erklärung wird behauptet, das griechische Wort »entos« entspreche nicht dem lateinischen »intra« (= innen drin), sondern »inter«, und bedeute also: in eurer Mitte, unter euch im Sinne der Präsenz. Die Erklärer, die das vertreten – ich nenne hier als Beispiel den Neutestamentler Werner Georg Kümmel –, haben gesagt: Es hat schon seinen Sinn, daß Lukas hier gerade nicht griechisch »en«, sondern »entos« gewählt hat, er wollte ausdrücken: Ich, Jesus, in eurer Mitte – damit ist die Königsherrschaft Gottes da, sie ist jetzt schon in meiner Person eingetreten. Was ist zu dieser Erklärung zu sagen? Zunächst einmal, was ich schon gegen die erste Erklärung einwandte. Die volle Präsenz der Königsherrschaft Gottes wäre dann an dieser Stelle als an der einzigen in den drei ersten Evangelien ausgedrückt. Das macht schon bedenklich. Ich erinnere an die Seligpreisungen, die ja im Grunde auch immer von dem Nahen der Gottesherrschaft reden; der Nachsatz der Seligpreisungen steht immer im Futur: »Selig sind, die da Leid tragen, sie *werden* getröstet werden.« »Selig sind die Sanftmütigen, sie *werden* das Erdreich besitzen.« Dieses Futurische meint: Es steht vor der Tür, ist aber eben nicht in voller Präsenz da. Die Gaben der Königsherrschaft Gottes sind zum Greifen nahe, aber total gegenwärtig sind sie nicht. Die Kümmelsche Erklärung, daß Jesus gemeint hätte, mit ihm sei Gottes Königsherrschaft schon richtig da, stimmt also einfach deswegen nicht, weil die Dinge, die zu ihrem wirklichen Eintreten gehören, ja eben noch nicht geschehen sind.

Nun komme ich zu einer dritten Erklärung. Sie stammt von Rudolf Bultmann. Bultmann sieht natürlich, daß die Königsherrschaft Gottes noch nicht komplett da ist. Darum erklärt er, man habe es so zu verstehen: Mit einem Schlage wird die Königsherrschaft Gottes in eurer Mitte sein, so wie es in Matth. 24,27 heißt: Sie wird sein wie ein Blitz, der sich auch nicht ankündigt, der da leuchtet vom Osten bis zum Westen, so wird sie auf einmal präsentisch sein. Die Berechenbarkeit ihres Kommens wird hier verneint; also ohne vorherige Beobachtung, ganz plötzlich wird die Königsherrschaft Gottes da sein. Nun kann man natürlich dagegen einwenden, daß im griechischen Text die kleine Kopula »sie ist« im Präsens, in der Gegenwartsform, steht, obwohl nach Bultmanns Erklärung es doch »sie wird da sein« heißen müßte. Das ist jedoch an sich kein Gegenargument, denn Jesus hat aramäisch gesprochen. Unter der Voraussetzung, daß dieses Wort ein altes Jesuswort ist und in der alten Gemeinde erst einmal aramäisch überliefert worden ist, muß man berücksichtigen, daß in der aramäischen wie in allen semitischen Sprachen die Kopula, das Hilfszeitwort, fehlt; man muß es jeweils logisch ergänzen. Man kann es präsentisch ergänzen, man kann es aber auch futurisch ergänzen. Die Erklärung Bultmanns hat also zunächst das für sich, gegenüber der Kümmelschen Erklärung, daß in ihr die Königsherrschaft Gottes futurisch bleibt. Und das ist auch wichtig. Hätte Jesus sagen wollen, die Juden glauben, die Königsherrschaft Gottes steht bevor, ich aber sage euch, das ist keine Angelegenheit der Zukunft, sondern eine Angelegenheit des Jetzt, dann müßte das viel polemischer, viel herausgehobener, viel akzentuierter gesagt worden sein und dürfte nicht so nebenbei zum Ausdruck kommen. Jesus – und die an ihn anschließende Tradition – hat auch nirgends sonst gesagt, die Königsherrschaft Gottes sei eine jetzt im Augenblick präsentisch erfolgende Angelegenheit. Die Königsherrschaft Gottes bleibt futurisch, so wie in Luk. 17,24 gleich im Anschluß gesagt wird: Der Menschensohn, also ursprünglich gar nicht Jesus selbst, kommt wie der Blitz, der vom Aufgang bis zum Niedergang leuchtet. Diese Plötzlichkeit ist in der Tat auch sonst in den Evangelien zu finden, zum Beispiel im Gleichnis von der selbstwachsenden Saat, wo der Bauer erst aussät, und dann macht er weiter nichts, dann schläft er, und auf einmal ist die Ernte da. Er hat nichts dazu getan (Mark. 4, 26-29). Und der 1. Clemensbrief, im 1. Jahrhundert geschrieben, redet auch vom Eintreffen des Endes, das schnell und aus heiterem Himmel erfolgen werde. Wenn also das Wort so zu deuten ist, dann steht es aber auch im Gegensatz zu einer Reihe von anderen Texten im Neuen Testament. Denken wir an die berühmten Kapitel, die vom Ende handeln (Mark. 13; Matth. 24); darin geht es doch um die Beobachtung von Zeichen, also gerade um das, was hier abgelehnt wird. Stehen nun diese Zeichen im Gegensatz zu dieser in unserem Wort behaupteten Plötzlichkeit des Eintretens? Ich finde, wenn man den Dingen etwas auf den Grund geht, so sieht man, daß es Zeichen gibt, die stimmen mit der Plötzlichkeit zusammen, und andere, die stimmen nicht mit der Plötzlichkeit zusammen. Wenn etwa gesagt wird (Matth. 24,41): »Am Ende wird es so sein: Zwei mahlen an einer

Mühle, der eine wird angenommen, der andere wird abgelehnt.« Das geht natürlich mit der Plötzlichkeit zusammen. Aber wenn es heißt (Matth. 24,32-33): »Schaut an den Feigenbaum, wenn er jetzt Blätter treibt und ausschlägt – ebenso ist es, wenn ihr die Zeichen der Zeit beobachtet –, dann könnt ihr sehen, die Sache geht aufs Ende zu.« Das stimmt natürlich mit der Plötzlichkeit nicht recht zusammen, das beißt sich und läßt sich nicht ohne weiteres vereinheitlichen, wie man das manchmal gemeint hat. Ganz interessant ist in diesem Zusammenhang die Qumrangemeinde; sie hat ja auch gemeint, die Plötzlichkeit sei nicht gegeben, deshalb hat sie die Zeichen der Zeit sehr stark beobachtet. Sie hat zum Beispiel gesagt: Das ist das Ende, jetzt leben die letzten Menschen, die Römer sind das letzte Volk, die letzten Priester tun jetzt Dienst. Das sind also alles für Qumran Zeichen, und deswegen kommt für die Qumranleute das Ende nicht plötzlich. Die Qumranleute selber sollen nicht überrascht werden, überrascht werden sollen die ungläubigen Außenstehenden. Die Sektenglieder selber sind absolut apokalyptisch unterrichtet und wissen, wie sich die Dinge abspielen werden. Mit anderen Worten: Die Zeichen, die angegeben werden, und die Plötzlichkeit, die behauptet wird, das geht keineswegs immer so glatt, wie die Erklärer wollen, zusammen.

Ich wiederhole noch einmal die drei Erklärungen, die ich referiert habe. Die erste Erklärung stammte von Wellhausen: Die Königsherrschaft Gottes ist in eurem Herzen; die zweite ist von Kümmel: Die Königsherrschaft Gottes befindet sich jetzt voll gegenwärtig präsentisch in eurer Mitte; die dritte ist die Bultmannsche: Die Königsherrschaft Gottes ist nicht gegenwärtig, aber sie wird kommen, und zwar wird sie plötzlich kommen, ohne daß man sie vorher beobachten kann.

Nun ist im Jahre 1960 in der Zeitschrift für Neutestamentliche Wissenschaft eine Untersuchung von A. Rustow erschienen, die beweist, daß die Übersetzung von »entos« im Sinne von »unter, in eurer Mitte« für das Neue Testament und für Lukas nicht zutrifft. Rustow weist nach, daß Lukas, wenn er ausdrücken will »in eurer Mitte«, eine andere Wendung braucht und daß sowohl im klassischen wie im hellenistischen Griechisch dies »entos« häufig die Bedeutung hat:

»im Wirkungsbereich von« oder »im Machtbereich von«. Der philologische Nachweis dessen ist einwandfrei. Dann müßte man also so erklären: Die Königsherrschaft Gottes wird sein in eurer Hand, in eurem Machtbereich. Das würde dann bedeuten: fort von den Fragen nach hier oder da, fort von der Berechnung von Zeit und Ort, hin zu dem rechten Verhalten; statt Apokalyptik, statt Erwartung der letzten Dinge also Aufruf zum Gehorsam. Die Eschatologie, die Lehre von den letzten Dingen, wird dann zur ethischen Forderung. In der Bultmannschen Erklärung – die Königsherrschaft Gottes wird ganz plötzlich da sein – konnte man natürlich annehmen, man habe es mit einem alten Jesuswort zu tun, denn Jesus hat von der Königsherrschaft Gottes, genau wie das Judentum sonst, gelehrt: Sie kommt in Kürze und plötzlich, ohne menschliches Zutun. Wenn es aber heißt, die Königsherrschaft Gottes ist in eure Hand gegeben, verhaltet euch so, daß sie Wirklichkeit wird, dann kann es sich natürlich in keinem Falle um ein altes Jesuswort handeln. Vielmehr haben wir dann mit einer Formulierung des Lukas zu rechnen, der nachweislich die alte Naherwartung in seinem Evangelium immer durch kleinste Verschiebungen so gestaltet hat, daß der Leser versteht: So sehr nahe ist das Ende nicht. Ich nenne dafür nur zwei Beispiele: Bei Markus und Matthäus predigt Jesus: »Tut Buße, die Königsherrschaft Gottes ist nahe herbeigekommen.« Wir werden dieses Wort bei Lukas vergeblich suchen. An der entsprechenden Stelle bei Lukas steht nicht »die Königsherrschaft Gottes ist nahe«, sondern »diese Dinge sind jetzt vor euren Ohren erfüllt« (Luk. 4,21), das heißt, in Jesus ist das Verheißene eingetroffen, aber daß das Ende nahe ist, sagt Lukas nicht. Das will er so wenig sagen, daß er – mein zweites Beispiel für diese Korrekturen des Lukas – in der großen Gerichtsverhandlung gegen Jesus vor dem jüdischen Gerichtshof das von Markus und Matthäus überlieferte Wort »Und ihr werdet den Menschensohn sitzen sehen zur Rechten und kommen sehen in den Wolken des Himmels« verkürzt. Lukas macht daraus »Ihr werdet den Menschensohn sitzen sehen zur Rechten«. Die Aussage vom Kommen in den Wolken des Himmels fällt bei Lukas weg, und zwar deswegen, weil für Lukas nicht mehr die Meinung besteht, daß seine Generation noch das Ende, das Kommen Jesu vom Himmel als

Menschensohn erleben wird. Und darum formuliert er dieses Wort um, und aus der drängenden Naherwartung wird nun die Ermahnung zum rechten Handeln. Lukas will also hier schon etwas anderes sagen als der historische Jesus. Die Haltung Jesu war die: Die Königsherrschaft Gottes kommt sehr bald, darum bekehrt euch. Hier wird gesagt: Laßt die Frage nach der Zeit, laßt die Frage nach der Zeichenbeobachtung, darauf kommt es nicht an. Die Generation des Evangelisten Lukas hat schon gemerkt, mit der Naherwartung ist es nicht so, wie die erste Generation es sich dachte. Und darum ist nun der Sachverhalt verschoben hinein in die Frage des rechten Handelns. Das heißt natürlich, unser Wort, das ich lange so aufgefaßt habe wie Bultmann und es daher für ein altes Jesuswort gehalten habe, ist doch wohl eine Bildung des Evangelisten und natürlich eine Umformung, die mit Jesus selbst nichts zu tun hat, denn Jesus sagt: Die Gottesherrschaft kommt sehr bald. Lukas sagt: Sie kommt sicher in der Zukunft, aber wann sie kommt, ist unwichtig, es wird plötzlich sein; wichtig ist, ihr sollt so gelebt haben, daß ihr im Endgericht besteht. Die Andringlichkeit der Enderwartung ist vorbei bei Lukas, die Ankunft Jesu erwartet er zwar plötzlich, aber nicht heute und morgen, sondern irgendwann in der Zukunft. Etwa auf diese Art und Weise sind Lukas und seine Gemeinden damit fertig geworden, daß die Naherwartung sich nicht erfüllt hat.

Es gibt ja nun bekanntlich im Neuen Testament noch eine ganz andere Art, dieses Problem zu lösen, und zwar im Johannesevangelium. Johannes bricht – im Unterschied zu Lukas – die zeitliche Betrachtung überhaupt weg; er ist der Auffassung: Alles das, was mit dem zeitlichen Ende gemeint ist, ist keine Sache der Zukunft, sondern geschieht dort, wo ein Mensch das Wort Jesu hört (Joh. 5,24): »Wer mich hört und glaubt an mich, der hat die Grenze vom Tod ins Leben bereits überschritten.« Luther übersetzt: »der ist vom Tode zum Leben hindurchgedrungen.« All das, was die jüdische Enderwartung, was Jesus von Nazareth und auch noch die Gemeinde des Lukas als zukünftig erwartet, all das wird von Johannes mit kühnem Griff in die Gegenwart hineingezogen. Tod und Leben und Gericht – das geschieht alles jetzt! Die Menschen sollen und müssen nicht auf das Endgericht warten, sie sind schon längst gerichtet, sie sind schon im

Tode, ohne es zu merken, oder sie sind im Leben, wenn sie dem Wort Jesu vertrauen. Das ist die andere Lösung im Neuen Testament, mit dem Problem der Naherwartung fertig zu werden.

Wer in unserer Zeit den Irrtum der urchristlichen Naherwartung lukanisch bereinigen und lösen will, der hat den historischen Jesus gegen sich, weil Lukas aus der Enderwartung gerade das herausbricht, was für den historischen Jesus und die alte Gemeinde typisch war, nämlich die außerordentliche Dringlichkeit des unmittelbar bevorstehenden Endes. Es ist heute die übliche kirchliche Lösung, daß man sagt, die endzeitlichen Geschehnisse werden eintreten, aber irgendwann in ganz ferner Zukunft. Damit wird aber die unmittelbare Nähe des Reiches Gottes aus der Botschaft Jesu herausgebrochen; das ist der Preis, den man dafür zahlt, daß man das Zeitschema beibehält. Ich halte demgegenüber die johanneische Lösung im Grunde für der Sache adäquater. Dabei gibt man das Zeitschema überhaupt preis. Das ist auch eine Frage der intellektuellen Redlichkeit; denn man darf doch nicht, wie Theologen das gerne tun, schamhaft darum herumreden und so tun, als ob überhaupt kein Irrtum vorläge. Die Erwartung des unmittelbar bevorstehenden Weltendes war ein blanker Irrtum – nicht nur bei der Qumrangemeinde, sondern auch bei Jesus und den ersten Gemeinden. Das muß man einfach zugeben. Dann stellt sich die Frage: Wo liegt denn nun das eigentliche Zentrum im Neuen Testament? Liegt es im Zeitschema oder in der Andringlichkeit der Entscheidung jetzt und hier für oder gegen den Mann aus Nazareth? Ich persönlich halte das Zeitschema für entbehrlich und meine mich dabei mit dem Evangelisten Johannes in guter Gesellschaft zu befinden.

8. Die Zukunft im Neuen Testament

Das Zukunftsbild Jesu von Nazareth ist geprägt von den Vorstellungen einer Gesamtbewegung, die sich auf dem Boden des Judentums etwa schon 150 Jahre vor ihm entfaltete und bis hinein in das Ende des ersten christlichen Jahrhunderts im Schwange war. Es ist jene jüdische Bewegung, die wir die Apokalyptik nennen, die also, ganz kurz gesagt, im Unterschied zu der alttestamentlichen Glaubenswelt dadurch gekennzeichnet ist, daß sie diese Welt als negativ betrachtet und um so glühender hofft und wartet auf die kommende Welt. Mit jeweils verschiedener Intensität wird das Weltende als eine Folge von dramatischen Akten vorgestellt, also mit dem großen Endgericht, mit der Totenauferstehung, mit dem Eingang der im Endgericht Angenommenen in den Garten Eden und dem Eingang der Verworfenen in die Scheol, den Ort der Verdammten. In dieser auf ein mehr oder weniger nahes Ende ausgerichteten Apokalyptik steht Jesus von Nazareth. Er hat nach alldem, was man auch bei kritischer Betrachtung der Quellen von ihm weiß, mit großer Wahrscheinlichkeit den allgemein-jüdischen Glauben an die Auferstehung der Toten geteilt. Aber dieser Glaube tritt, wenn man das Gesamtgefüge bedenkt, in einer merkwürdigen, aber sehr verständlichen Weise zurück gegenüber der Erwartung des nahen Endes. »Wenn ich mit dem Finger Gottes die Dämonen austreibe, so ist die Herrschaft Gottes bis zu euch in unmittelbare Nähe gekommen« (Luk. 11, 20). »Wer sich meiner und meiner Worte schämt, dessen wird der Menschensohn sich schämen, wenn er kommt mit den Engeln Gottes« (Mark. 8, 38). Der Menschensohn ist in diesem ältesten Stadium der Verkündigung offensichtlich nicht Jesus selber; er redet von ihm nicht per »ich«, sondern weist auf ihn hin als auf die Heilbringer- und Richtergestalt, die im Endgericht entweder der Zeuge sein wird, wenn Gott richtet, oder die im Endgericht gar selber das Gericht vollziehen wird. Die Anerkennung derer, die angenommen werden, und die Verwerfung derer, die abgelehnt werden, denkt sich Jesus sehr anders als seine Umwelt. »Die Zöllner und Huren werden vor euch in die Königsherrschaft Gottes eingehen« (Matth. 21,31), das sind die Klänge, mit denen er gerade bei den offiziellen Vertretern der Frömmigkeit Zorn erregt und Haß und Ablehnung gefunden hat. Angesichts des nahen Endes fordert Jesus zur Umkehr auf. Das »Tut Buße« der Lutherbibel ist besser zu übersetzen mit »Kehrt um, haltet euch an das, was ich sage«; aber nicht einfach in dem Sinn, daß Jesus bloß Forderungen gestellt hätte, sondern in dem Sinne, daß er die Menschen ermächtigt hat zu tun, was er fordert; daß er die, die hinter ihm hergehen, dazu bringt, mit den religiös Deklassierten auf einer Bank zu sitzen und, wie es ein Gemeindewort (Matth. 20,16) formuliert, es sich gefallen zu lassen, daß unter diesem Aspekt der Enderwartung und des Gerichtes die Ersten die Letzten und die Letzten die Ersten sein werden.

Drehen wir jetzt einmal das Rad der Geschichte um 20 Jahre weiter, bis zu Paulus. Während Jesus von Nazareth selber, wenn er vom Ende spricht, sagt: »Die Königsherrschaft Gottes wird kommen«, das heißt, Gottes Königsein wird über die Welt hereinbrechen, ist nun auf dem Boden des Osterglaubens der Satz entstanden: der, der am Ende kommt, das ist Jesus. In dem Augenblick, wo die Gemeinde sagt »Jesus ist der Messias« oder, wie es griechisch heißt, der Christus, legt sie ja ein eschatologisches Bekenntnis ab. Paulus gebraucht zwar nicht mehr den Terminus »Menschensohn«, aber auch »Messias« oder »Christus« ist ja ein Titel, der Jesus nicht etwa in die Mitte der Zeit verweist, sondern der ihm Endheilbringer- und Endrichterfunktion zuschreibt. Die Parusie Jesu, die Ankunft Jesu, sie ist es, die nun erwartet wird, wenn die Gemeinde nach Ostern und die paulinische Gemeinde von Gottes Königsherrschaft redet. Die Gemeinde, deren Erwartungen wir plastisch in den Paulustexten fassen können, ist davon überzeugt: Noch diese Generation wird es erleben. Darum befällt die Gemeinde etwa im 1. Thessalonicherbrief Bestürzung darüber, daß überhaupt noch Todesfälle vor der Ankunft Jesu eingetreten sind. Sie hatten erwartet, samt und sonders würden sie die Parusie erleben. Und darum kann Paulus (Röm. 13,11) etwa sagen: »Unsere Endrettung ist jetzt näher als an dem Tage, da wir gläubig wurden.« Was heißt das? Paulus sagt, von dem Standpunkt, von dem zeitlichen Punkt, an dem ich das eben sage, ist der Weg nach vorn bis zur Ankunft Jesu kürzer als vom jetzigen Zeitpunkt rückwärts gerechnet bis zu dem Punkt, wo wir zum Glauben kamen. Die längere Strecke (vom Beginn unseres Glaubens an gerechnet bis zur Parusie) ist jetzt zu dem Zeitpunkt, wo ich dieses schreibe, bereits durchmessen.

Aber es kommt noch etwas Neues hinzu. Wir können in den Evangelientexten, die von Jesus handeln, nicht viele Worte finden, welche sich mit der Auferweckung der Toten am Jüngsten Tage beschäftigen, obwohl das jüdischer Glaube war, und obwohl wir allen Anlaß haben, vorauszusetzen, daß Jesus von Nazareth selber diesen jüdischen Glauben geteilt hat. Daß bei Paulus dagegen die Auferstehung zentraler wird, hat einen besonderen Grund. Paulus ist zwar Jude, aber hellenistischer Jude; und mit der hellenistischen Geistigkeit, auch von der hellenistischen Religiosität her, hat er eine Frage mitbekommen, welche gerade im außerjüdischen Bereich eine brennende Frage ist. Es ist die Frage nach der Zukunft, aber in dem Sinne: Wo liegt das eigentliche Leben? Wenn man sich einmal den Römerbrief daraufhin ansieht, so ist es sehr interessant, daß die sogenannte paulinische Rechtfertigungslehre in ihrem positiven Teil zwar von der Mitte des 3. Kapitels bis zur Mitte des 5. Kapitels reicht; aber von der zweiten Hälfte von Kapitel 5 an geht es auf einmal mit der großen Parallele Adam – Christus nicht mehr um das Heil als Gerechtigkeit, sondern um die Frage: Tod – Leben. Natürlich kennt auch der palästinensische Jude diese Frage. Aber sie ist im Zentralen die den hellenistischen Menschen bewegende Frage. Das liefert uns den Schlüssel dafür, warum für Paulus, nicht bloß im Römerbrief, die Frage nach dem Leben die Frage ist, um die alles kreist, und warum er so intensiv (vgl. 1. Kor. 15) von der Auferstehung redet. Die Auferstehung hängt für Paulus ganz an der Person Jesu, und zwar in dem Sinne, daß seine Auferstehung nach paulinischer Denkweise die Auferstehung der Christen nach sich zieht, etwa so, wie das Anfangsglied einer Kette die übrigen Kettenglieder, die an das Anfangsglied angeschmiedet und mit ihm verschränkt sind, hinter sich her zieht. Christus ist der Erstling, der Anfänger, seine Auferstehung schließt die

Auferstehung der Christen ein. Das ist der zentrale, paulinische Satz.

Was stellt sich Paulus unter Auferstehung vor? Er kann von der Auferstehung Jesu sehr massiv reden, wenn er etwa darauf hinweist (am Anfang von 1. Kor. 15), es gäbe noch Leute, die könnten bezeugen, daß der Auferstandene ihnen erschienen sei. Er redet also fast im Sinne einer juristisch möglichen Beweisführung. Auf der anderen Seite kann er aber von der Auferstehung Jesu auch sehr sublimiert reden. Gegenüber den Korinthern, die ja bekanntlich nicht an der Auferstehung Jesu zweifeln – die wollen sie unangetastet lassen –, die aber für sich selber eine in Zukunft kommende Auferstehung gar nicht mehr für nötig halten, argumentiert Paulus: Wenn ihr die kommende Auferstehung der Christen (also in meinem Bilde gesprochen, das zweite und dritte Kettenglied), bestreitet, dann bildet euch bloß nicht ein, daß dann das erste Kettenglied intakt bleibt. Denn Jesu Auferstehung ist nicht die Auferstehung eines Privatmannes, sondern er ist der Erstling, er ist, wie Paulus es in einem religionsgeschichtlich sehr befrachteten Ausdruck sagt, der »anthropos«, das heißt der Urmensch, und er schließt die anderen notwendig in sich ein. Gibt es keine Auferstehung der anderen, dann wäre damit die Auferstehung Jesu selber sofort ausgeschaltet. Seine Auferstehung ist nie eine Soloauferstehung. Sie ist – um es in einem Bild auszudrücken – wie das Geräusch, das eine Schlaguhr macht, ehe sie zum vollen Stundenschlag ausholt. Da rührt es sich ja manchmal ein, zwei Minuten vorher vernehmlich im Uhrwerk. So ist vor dem vollen Stundenschlag des Endgerichts und des Jüngsten Tages die Auferstehung Jesu für Paulus dieses Zeichen, das kurz vorher geschieht. Das Ende ist nahe, und die Auferstehung Jesu zieht notwendig den vollen Stundenschlag, die Auferstehung der anderen, nach sich.

Wir wissen sehr genau, was der fromme Jude sich unter Auferstehung vorstellte, nämlich eine Wiederbelebung des Leichnams in der Massivität, daß auf jüdischem Boden die Streitfrage möglich war: Werden die Toten mit den Kleidern erstehen, in denen sie bestattet sind? Und die Antwort hieß: selbstverständlich. Warum? »Wenn Gott, gepriesen sei er, das Schwere kann, nämlich den Leichnam erwecken, dann sollte er doch wohl das Leichtere erst recht können.« Das ist jüdischer Auferstehungsglaube, etwas verhältnismäßig Massives. Wir wissen von Paulus aus dem 1. Korintherbrief, daß er das nicht meint. Nicht nur, daß er am Ende sagt, »Fleisch und Blut werden die Königsherrschaft Gottes nicht ererben« (1. Kor. 15, 50), sondern er spricht sich vorher ja sehr explizite darüber aus, daß der Leib wie ein Samenkorn in die Erde gesenkt wird und verfällt. Bei der Auferstehung bringt Gott den Himmelsleib, mit dem die Glaubenden, die noch nicht gestorben sind, bekleidet werden. Dieser Himmelsleib wird den irdischen Leib verzehren. Ist aber der Mensch schon tot, dann ist der Leib verfallen, und der neue Leib, im Himmel aufbewahrt, wird bei der Parusie, bei der Ankunft Jesu, ihm gegeben werden. Paulus meint: Der alte Leib, der sarkische Leib wird begraben – er sagt: der psychische Leib (1. Kor. 15,44), Luther übersetzt: der natürliche Leib –, und der geistliche Leib, der pneumatische Leib, ist keinesfalls die Wiederbelebung dieses Leibes. Er ist etwas ganz anderes, etwas so anderes, daß Kirchenväter wie Origenes auf eine Idee kommen konnten, die uns heute zwar abenteuerlich erscheint, die aber dem, was Paulus meinte, durchaus kongenial ist. Origenes hatte ganz genau begriffen, daß die Kontinuität der Leiber nicht von Paulus gelehrt wird. Als er darüber spekulierte, welcher Art der himmlische, der geistliche Leib sei, sagte er: Er hat natürlich die vollkommenste Form, die es gibt, und das ist die Kugel. Das klingt für uns absurd, aber die Intention des Paulus ist darin glänzend getroffen. Denn wenn es heißt, daß Fleisch und Blut die Königsherrschaft Gottes nicht ererben können, so ist ganz klar, daß hier sowohl Auferweckung als auch Leib Begriffe sind, die für das, was Paulus meint, nicht passen. Nach der paulinischen Auferstehungsvorstellung wird streng genommen nichts erweckt, sondern das Ich bekommt einen Himmelsleib, der alte Leib vergeht.

Die Texte des Paulus machen die Hoffnung der außerpalästinensischen, also nicht mehr juden-, sondern heidenchristlichen Urgemeinde recht deutlich. Zweierlei freilich hat sich gegenüber dem von Jesus herkommenden Erbe aber wahrnehmbar verschoben. Was jetzt erwartet wird, heißt nur noch am Rande Gottes Reich. Kommen, so hofft man jetzt, wird Jesus als der Messias, als der Endrichter und Endbefreier. Sodann: Der Inhalt des mit Jesu Kommen Erwarteten gewinnt langsam überweltliche Prägung. Die Aufhebung des Todes, des letzten Feindes, wird zum Kern der Hoffnung. Hellenistisch-orientalische Jenseitserwartung macht ihren Einfluß geltend auf die Ausgestaltung des ursprünglich jüdisch-diesseitigen Hoffnungshorizontes. Durchgehalten ist aber zunächst die Glut der Naherwartung. Der Jesus der Johannes-Offenbarung, also gegen Ende des ersten Jahrhunderts, sagt immer noch zu: »Siehe, ich komme bald.« Aber schon innerhalb der Zeitspanne, in welcher das Neue Testament entstand, wird dies »bald« als Fehlrechnung erkannt. Die Veränderung, die für die Naherwartung aus dem Erkennen dieser Fehlrechnung erwächst, bewegt sich in zwei ganz verschiedenen Richtungen.

Die eine Lösung beläßt es bei dem bisherigen Erwartungshorizont: Jesus kommt, und mit ihm das Endgericht, das den einen, den gehorsamen Christen, das Endheil, den anderen, den abgefallenen Christen und den Nichtchristen, die Verdammnis eintragen wird. Als Ort des Endheils kann, wie bei Jesus selber, gelegentlich wohl noch die Erde, nun die neue Erde, gelten; aber dominant wird, wie schon bei Paulus, immer mehr die Erwartung eines himmlischen Heils. Eins aber verändert sich nun, gegen Jesus und gegen Paulus, gründlich: das »bald« verstummt; der Zeitpunkt des Endes wird hinausgeschoben. Lukas läßt Jesus nicht mehr die Nähe des Reiches verkünden; die Erwartung erlischt als Erwartung, die das Leben in der Gegenwart bestimmt, völlig. Fest steht nur: Das Heil kommt einmal am Ende der Tage. Den Zeitpunkt dafür hat man Gott zu überlassen, bei dem tausend Jahre wie *ein* Tag sind. Hier droht keine Fehlrechnung mehr. Dafür erwartet der einzelne das Eintreten des Endheils nun aber auch nicht mehr für sein Leben. Das ist die eine Art und Weise, in welcher die Naherwartung sich verändert.

Die andere Art kommt in der Konzeption des vierten Evangelisten zum Ausdruck. Sie läßt sich deutlich machen an der Geschichte von der Auferweckung des Lazarus (Joh. 11). Jesus läßt Lazarus sterben, dann erst kommt er zu ihm. Vers 20: »Als Martha hörte, daß Jesus im Kommen ist, ging sie ihm entgegen. Maria aber blieb im Hause sitzen. Da sprach Martha zu Jesus: Herr, wärest du hier gewesen, so wäre mein Bruder nicht gestorben.« In Marthas Worten spricht sich das übliche Vertrauen zu dem Krankenheiler aus, der es wohl fertiggebracht hätte, das Äußerste, den Tod, zu verhindern. Vers 22: »Und jetzt weiß ich, daß alles das, worum du Gott bitten wirst, das wird Gott dir geben.« Das ist formal eine Feststellung, die besagt: Auch in der erschwerten Situation, auch jetzt, wo Lazarus tot ist, bekommt Jesus vom Vater alle Bitten erhört. Der Evangelist legt Wert darauf, daß Jesus nicht magisch wirkt, sondern daß sein Helfen als betendes Helfen darauf beruht, daß Gott seine Kraft dem Offenbarer gibt. Vers 23: »Da sagt zu ihr Jesus: Dein Bruder wird auferstehen.« Diese Antwort Jesu ist typisch johanneisch zweideutig, wie sich sofort an dem Mißverstehen zeigt, das bei Martha eintritt. Vers 24: »Martha sagt zu ihm: Ich weiß, er wird auferstehen in der Auferstehung am Jüngsten Tage.« An sich ist das unlogisch, was die Martha sagt. Denn eben hat sie ja mit ihrer Feststellung (Vers 22), die eine verdeckte Bitte ist, zu verstehen gegeben, sie erwarte sein Eingreifen. Und nun auf einmal der Rekurs: Er wird auferstehen am Jüngsten Tage! Vorher hatte sie doch um Jesu sofortiges Eingreifen gebeten. Mit solchen Dingen will uns der Evangelist einen Hinweis darauf geben, wie wir es wirklich verstehen sollen. Es geht nämlich gar nicht um die Martha. Das Interesse hängt nicht an ihr und hängt auch nicht an der Entwicklung ihres persönlichen Glaubens. Darum kann sich hinsichtlich dieser psychologischen Dinge, in der Zeichnung also der Martha, unser Evangelist ruhig Inkonsequenzen und Widersprüche leisten. Es geht nämlich hier an dieser Stelle nicht um die Glaubensentwicklung eines individuellen Menschen, sondern um eine Sachfrage. Es geht also nicht um die Personen des Dialogs, sondern um den Dialoginhalt. Martha äußert die typische Hoffnung der jüdischen Dogmatik auf ein Auferstehen am Jüngsten Tage. Dieser endzeitlichen Erweckung tritt nun gegenüber die eigentliche Erweckung, wie unser Evangelist sie Jesus vertreten läßt, und dann in einer merkwürdigen Weise noch einmal als Veranschaulichung für die eigentliche Erweckung im Glauben die sofortige physische Erweckung des Lazarus. Martha als die Sprecherin der jüdischen Dogmatik muß sich sagen lassen (Vers 25): »Jesus sagte zu ihr: Ich bin die Auferstehung und das Leben. Wer an mich glaubt, wird leben, auch wenn er stirbt, und jeder, der da lebt und an mich glaubt, wird ganz bestimmt nie mehr sterben.« Das bedeutet: Was das jüdische Dogma vom Enddrama erwartet und was, in Anlehnung an das jüdische Dogma, der historische Jesus, die Urgemeinde, die hellenistischen, paulinischen Gemeinden und auch noch Lukas mit seiner Konzeption der Fernerwartung erhoffen – all das läßt unser Evangelist Jesus in dieser Szene vollziehen.

»Ich bin die Auferstehung...« – diese Aussage ist nach Meinung des Evangelisten keine Seinsbeschreibung, sondern eine Aktionsbeschreibung. Es ist also nicht mehr an die apokalyptische Zukunft gedacht, sondern nach Johannes ist derjenige, der es mit Jesus zu tun bekommt, mit dem jetzt geschehenden Endgericht konfrontiert, in dem die Entscheidung bereits jetzt fällt. Es geht um den sich im Jetzt vollziehenden Durchbruch zum Leben, so daß der Mensch jetzt im Tode ist und überhaupt erst ins Leben kommt, wenn er etwas von Jesus begriffen hat. Der johanneische Jesus kann sagen (Joh. 5,24): »Wer an mich glaubt, der hat die Auferstehung hinter sich gebracht, der ist vom Tode in das Leben hinübergeschritten.« Aber dieses Leben ist nicht ein allgemein-geistiges Phänomen, sondern es ist Leben in dem Sinne, wie die bisherige Enderwartung sich die Gabe Gottes im Endgericht denkt.

Um es noch einmal schärfer zu sagen, damit es ganz klar wird: Die Worte »Leben« und »ich bin« wollen bestreiten, daß die Auferstehung erst noch bevorsteht. Die Wahl des Wortes »Auferstehung« dagegen will betonen: Es ist nicht ein x-beliebiges Leben, es ist ein letztgültiges Leben, das hier in der Begegnung mit Jesus für den Menschen aufbricht. Jesus schenkt dieses letztgültige Leben nicht der Welt, johanneisch gesprochen, sondern dem Glaubenden. Es ist also kein objektiv und allgemein feststellbares Phänomen, sondern es setzt die individuelle Entscheidung des einzelnen, die Stellungnahme des einzelnen voraus. Es ist nicht von außen her feststellbar. Also muß man Vers 25 und 26 so interpretieren: Es gibt Leben auch dort, wo physisch der Tod eintritt; und jeder, der da lebt, der wird ganz bestimmt nicht mehr sterben. Damit ist nun der geistliche Tod gemeint. Der physische Tod ist gleichgültig; das heißt aber auch in gewisser Weise, daß das physische Leben nicht der Güter höchstes ist. Denn das wahre Leben ist verknüpft mit dem Ja zum Tode; wie schon Paulus formulieren kann: sterben ist mein Gewinn; und wie gerade der johanneische Jesus in den Abschiedsreden immer wieder zeigen kann, daß das wahre Leben durch Trübsal, durch Bedrängnis, durch Anfechtung gehen muß, durch Nöte, so wie eine Frau zur Freude des geborenen Kindleins nur kommt durch die Wehen der Geburt. Darum ist dieses Ja zum Leben, dieser Zuspruch des Lebens, des eigentlichen Lebens, zugleich die Warnung vor dem Verhaftetsein im physischen Dasein. Das eigentliche Leben ist also etwas Unanschauliches, und das physische Leben ist dafür nur das Abbild. Das eigentliche Leben, weil es ein letztgültiges, weil es ein eschatologisches Leben ist, ist weder bloß die Geistigkeit eines unvertieften Moralismus oder Idealismus, noch ist das wahre Leben etwa faßbar in der Ekstase oder in der Exaltiertheit religiöser Erfüllung. Das wahre Leben ist unanschaulich. Das will uns der johanneische Jesus lehren. Es liegt jenseits der Möglichkeiten, über die ich verfüge. Es liegt auch jenseits meiner moralischen und meiner religiösen Möglichkeiten, es kann nicht herbeigezwungen werden. Es ist eine Gabe des Pneuma und, mit demselben Evangelisten zu sprechen, der Geist weht bekanntlich (Joh. 3,8), »wo er will, du hörst sein Sausen wohl, aber du weißt nicht, wo er herkommt und wo er hingeht. So ist es mit dem, der aus dem Geist geboren ist.« So ist es mit dem wahren Leben.

Diese sehr sublimierte Vorstellung wird nun aber gleichzeitig veranschaulicht durch eine Totenerweckung wie die des Lazarus, die derart massiv ist, daß sie in der Hinsicht alle anderen Berichte der Evangelien weit hinter sich läßt. Lazarus ist den vierten Tag tot. »Er stinkt schon«, sagt seine Schwester, als Jesus die Erweckung vollziehen will. Worauf liegt im Sinne des Evangelisten hier der Ton? Ich meine, man soll unsere Lazarusgeschichte so verstehen: Wenn ich mich sehen lerne als einen, der das Leben nicht hat, sondern der das Leben bekommen muß durch den Glauben an Jesus, dann werden Tod und Leben im vorfindlichen Sinne, im physischen Sinne, gleichgültig. Der Hinweis darauf ist das Mirakel der Lazaruserweckung. Es ist mir eigentlich nicht zweifelhaft, daß der vierte Evangelist selber dies Mirakel sowohl als Hinweis als auch als Wirklichkeit nahm. Die Wunder im Johannesevangelium sind ja alle aufgestellte Wegweiser. Es ist wahrscheinlich zu modern gedacht, wenn man meint, deswegen habe der Evangelist selber diese zeichenhaften Wundertaten nicht für wirklich gehalten. Für uns, meine ich, muß es heute anders sein. Der Hinweischarakter, der in all diesen Taten Jesu, auch in der Lazaruserweckung, liegt, verliert für mich nichts von seinem Ernst, wenn ich das Mirakel nicht als tatsächlich geschehen nehme. Daß jene Zeit es als geschehen nahm, gerade das ist nicht das speziell Christliche. Das können wir religionsgeschichtlich heute ganz genau nachweisen. Aber man kann sehr gut verstehen, daß die Wirklichkeit des neuen Lebens durch solche kräftigen und massiven Vorstellungen wie in der Lazarusgeschichte (er stinkt schon; es ist der vierte Tag) unterstrichen werden sollte. Zwar hat auch der Glaubende in der Welt Angst, er heult, er weint. Aber er dringt hindurch durch die Wehen der Trübsal, wie die Gebärende durch die Wehen des Geburtsvorganges, zu der Freude, in deren Eintreten Jesus zu ihm kommt und ihm zuspricht: »Ich habe die Welt überwunden.« Der Erwartungshorizont ist nur scheinbar verarmt. Denn das Ziel ist nicht verschwunden. Es ist nur in den Weg hineingenommen. Das Ziel, dem man in der früheren zeitlichen Konzeption entgegenwanderte, fällt nun zusammen mit dem Gehen auf dem Wege des Glaubens.

Aus dieser kurzen Darlegung der wesentlichen neutestamentlichen Zukunftsentwürfe springt die Frage ja nun förmlich heraus: Was von diesen Hoffnungen vermögen denn wir uns anzueignen? Wir dürfen mit der Antwort auf diese Frage nicht allzu schnell verfahren. Zweierlei sollte vorher, scheint mir, gründlich bedacht werden.

Man muß sich klarmachen, woraus die urchristliche Hoffnung erwächst. Sie erwächst nicht daraus, daß solch ein Erwartungsentwurf den Menschen angeboten wird. Es verhält sich vielmehr umgekehrt: Die Entwürfe gründen in einem ursprünglichen Akt des Hoffens. Woraus aber entsteht solch ein Ereignis des Hoffens? Daraus, daß Jesus von Nazareth hoffnungslose Existenzen nicht als hoffnungslose Existenzen behandelt. Wir wissen aus dem gleichzeitigen Judentum, das sich hierin allerdings von einigen Zügen des Alten Testaments unterscheidet, wie wenig dort der nicht streng fromm Lebende gilt. Eine jüdische Gruppe wie die Qumrangemeinde schließt Kranke und Gebrechliche aus der Gemeinde aus. Die Situation des profanen und des schwachen und kranken Menschen ist und bleibt in weiten Teilen der das Neue Testament umgebenden Welt hoffnungslos. Nur den Tapferen sagt Herakles das Leben zu; von Herzen kommendes Mitleid läßt der antike Stoiker sich verboten sein. Freilich versichert schon die Antigone des Sophokles, sie sei da zum Mit-Lieben und nicht zum Mit-Hassen; in der Tat, ein herrliches, einsames Licht der Hoffnung. Und auch die außerchristliche Gnosis weiß vom Abstieg des Erlösers zu derjenigen Seele, die im Labyrinth der Welt gefangen umherirrt; Hoffnung wenigstens für denjenigen, der den Weg der Inbrunst und der Ekstase zu beschreiten vermag. Aber der Profane und der Schwache? In dieser Umgebung tritt Jesus von Nazareth auf. Mit den religiös Deklassierten sitzt er, der »Freund von Zöllnern und Sündern«, wie man ihn gescholten hat, an *einem* Tische; die Kranken stößt er nicht fort, sondern zieht sie heilend zu sich heran. Hoffnungslose Existenzen bekommen nun wieder Zukunft. So öffnen sich durch Jesus die hemmenden großen Schleusentore; wie eine gewaltige Flut strömt das Hoffen dahin. Diese Flut übersteigt im weiteren Verlaufe des Urchristentums auch diejenigen Grenzen, die im Alten Testament nur gelegentlich überschritten werden und die im Judentum der neutestamentlichen Zeit als unantastbar gelten: die Grenzen zwischen Juden und Nichtjuden. Für Nichtjuden besteht, jüdisch gesehen, keine Hoffnung, sie würden denn Juden. Nun aber legt Paulus (Gal. 3,28) Jesus so aus: »Da gibt es nicht einen Juden und einen Griechen, da gibt es nicht einen Sklaven und einen Freien, da gibt es nicht Mann und Frau. Ihr alle seid ja einer in Christus Jesus.« Die Zukunft wird schrankenlos. Diese Entschränkung ist es, die auch von uns begriffen werden kann. Der Areligiöse, der Nihilist, der rassisch Fremde, der ideologisch ganz anders Eingestellte – sie stehen nun nicht draußen. Sie sind drinnen; bei dem Jesus des Neuen Testaments. So entsteht heute für uns das Hoffen.

Freilich – und das gilt es als Zweites zu bedenken – auszusprechen vermögen wir solch ein Hoffen nicht mehr in Wiederholung derjenigen Entwürfe, welche das Neue Testament uns anbietet. Diese Entwürfe sind, wo sie von Naherwartung sprechen, dem zeitbedingten Irrtum jüdischen Endglaubens verhaftet; so wird uns die Ebene der zeitlichen Zukunft als Schauplatz eines welthaft sich ereignenden Abschlußgeschehens überhaupt fraglich. Wir warten nicht auf den dramatischen Endakt, in welchem Christus, wiederkommend, alles Unrechte zurechtbringt. Wir verlegen das Ziel des Geschehens nicht in eine zeitliche Zukunft, die auf Erden Wunderdinge zu schauen hofft oder im Himmel eine ersehnte Ruhe zu gewinnen erwartet. Die Stadt der goldenen Gassen beschreibt für uns nicht mehr angemessen den Inhalt unseres Hoffens; es sei denn, wir deuteten die ursprünglich realistisch gemeinte Ausmalung kräftig um. Wir werden aber aus dem vierten Evangelium lernen können: Das Ziel ist gegenwärtig im Durchschreiten des hiesigen Weges. Es mag ein gerade bedrängtes oder ein gerade aus der Bedrängnis entlassenes Schreiten sein, das erhoffte Ziel ist bereits drinnen. Wer in dieser Art hofft, der weiß: Der Einsatz des Liebens ist nicht sinnlos. »Hoffnung läßt nicht zuschanden werden; denn die Liebe Gottes ist ausgegossen in unseren Herzen« (Röm. 5,5).

Hat das nun aber reale Konsequenzen für den Zustand der Welt und für den Ablauf der Dinge? Diese Frage wird ja besonders bedrängend dann, wenn man einen alles verändernden Abschluß der Weltgeschichte, ein das Fazit ziehendes Enddrama nicht meint erwarten zu sollen. Was kann ein zur Schrankenlosigkeit entbundenes Hoffen für die Welt und für die Erde und für den Ablauf der Dinge auf ihr erhoffen?

Die Antwort wird recht tun, zu zögern und die Stimme zu verhalten. Denn ich bleibe, wie ich ganz genau weiß, böse; und die Welt um mich ist alles andere als ein Paradies. Freilich, wer einen Hauch von der im Neuen Testament in Gang gesetzten Schrankenlosigkeit verspürt, wird nicht anders können, er wird in Hoffnung dasein wollen für andere. Er kann nämlich lieben; er, die hoffnungslose, nun aber unerwartet zuversichtlich gemachte Existenz. Der derart Hoffende ist in Schwachheit stark. Aber wie steht es mit den Chancen dafür, daß sein Dasein für andere sich durchsetzt und die Gestalt der Erde erneuert und den Lauf der Dinge bestimmt?

Sicher ist ein rosenroter Optimismus hier fehl am Platze; ebenso aber ein schwarz in schwarz malender Defaitismus. Der von Quäkern, Methodisten und Baptisten vor knapp 200

Jahren begonnene Kampf gegen die Sklaverei hat schließlich doch zum Siege geführt. Freilich geschah das sehr schrittweise, unter vielen Widerständen und Rückschlägen; aber es geschah. Ist es zu kühn, zu erwarten: auch die kriegerische Anwendung der Atombombe wird vielleicht doch unterbleiben? Wohl wird die Furcht vor der Selbstzerstörung die Hand dessen hemmen, der die Anwendung erwägt; aber es könnte bei dieser Furcht ja auch etwas von dem unbändigen Hoffen im Spiele sein, das den Duellanten bei Dostojewski absichtlich danebenzuschießen zwingt, weil er nicht Leben zerstören mag. Und dürfte die Schar derer, die den Krieg ethisch ablehnen, heute, verglichen mit dem Ersten Weltkrieg, nicht doch beträchtlich höher liegen, so daß man auch bei aller Vorsicht hier von einem Klimawandel reden darf? Die hoffnungslose, aber gleichwohl mit geheimer Zuversicht gespeiste Existenz des Menschen steht eben doch nicht auf verlorenem Posten.

Ein Doppeltes sollten wir uns dabei zum Schluß mit aller wünschenswerten Deutlichkeit vor Augen stellen. Solche Hoffnungen und Erwartungen sind ein Wahn, wenn sie sich nicht untrennbar verbinden mit dem eigenen Tun dessen, was erhofft wird. Gott gibt Brot nicht vom Himmel, sondern durch den Bauern, der das Korn sät und erntet. Gott gibt menschenwürdiges Dasein und Frieden und Eintracht nicht durch Dekrete, die von einem imaginären Oben auf die Erde fallen, sondern durch Menschen, die ihre hoffnungslose Existenz als hoffnungsgeladen begreifen können und die danach handeln. Das Neue Testament meint: Am Ende wird Gott sein alles in allem. Gott wird dabei ausgelegt als Lieben, als Dasein für andere. Auch wenn wir den zeitlich-futurischen Charakter dieser Definition fortlassen, wie Gott dann verstanden ist, kann schon ein Kind einsehen. Nun ist es hochbedeutsam, daß das Neue Testament nicht sagt: Darauf müßt ihr lediglich warten. Das Neue Testament ruft vielmehr auf zum Tun der Liebe. »Gehe hin und tue desgleichen« ist ein unüberhörbarer Cantus firmus. Diesen deutlichen Cantus firmus sucht man vergeblich auch in denjenigen außerchristlichen antiken Texten, welche die Gottheit beschreiben in ihrer Hinwendung zu dem Verlorenen und zum Sünder. Das »Lasset uns lieben, denn er hat uns zuerst geliebt« dürfte in seinem Appell an das erdhaft-reale Tun des Hoffenden ein neutestamentliches Grundphänomen sein. Nur in diesem Tun aber ist solch ein Hoffen geschieden und getrennt von der Utopie.

Und ein Letztes: Die hier ja schon zaghaft genug ausgesprochene Hoffnung für die Erde darf nie aus dem Auge verlieren, wer der Mensch ist. Er kann mit der Schrankenlosigkeit der Hoffnung begabt werden, aber er wird es als eine wahrhaft hoffnungslose Existenz. Sein Herz, das lieben kann, bleibt böse. Wenn Rilke auch darin nicht recht hat, daß unsere Seelen vom Verrat leben, so doch darin, daß wir zuweilen meinen, es verhalte sich so. Darum wird Hoffen und Lieben, bei allem schrittweisen Fortschritt in der Veränderung der Erde, nie leidens- und sterbescheu sein dürfen, und diese Bereitschaft des Hoffenden wird je und je bemüht und zum Einsatz gerufen und vielleicht sogar strapaziert werden. Jedes andere Hoffen wäre Sentimentalität. Die Hoffnung auf eine sich erneuernde Erde muß sich auch auf das Sterben einlassen können. Große Freude ist erreichbar nur in extremer Bedrängnis. Denn Gott dürfte in dem alttestamentlichen Prophetenwort (Jes. 57,15), das ich hier modifizieren will, recht beschrieben sein: Er wohnt bei demjenigen, der zerschlagen und der gebeugten Geistes ist. Die in dieser Art Hoffenden meint Paulus, wenn er sagt (2. Kor. 6,9 f.) sie seien Verführer und doch wahrhaftig; unbekannt und doch sehr gut bekannt; Sterbende, und – siehe da – sie leben; gezüchtigt und doch nicht totgemacht; traurig, aber immerdar fröhlich; Bettler, die aber viele Leute beschenken; Menschen, die nichts besitzen und doch alles im Besitz behalten.

9. Vom Gebet

Das Gebet ist ein allgemein menschliches Phänomen. Nicht nur der biblische Mensch betet, nicht nur der Israelit im Alten, nicht nur der Christ im Neuen Testament, sondern auch der antike Mensch außerhalb des biblischen Strahlungskreises ist ein betender Mensch. Damit diese Aussage nicht theoretisch bleibt, zitiere ich zwei Gebetstexte, die den Metamorphosen des Apuleius von Madaura, also des nordafrikanischen Schriftstellers aus dem 2. Jahrhundert n. Chr., entnommen sind. Beides sind Gebete an Isis, an die ursprünglich ägyptische Muttergöttin, die aber zu jener Zeit längst den Rang einer über ihre Heimat hinaus das Gesamte der antiken Religionswelt beherrschenden Göttermutter gewonnen hat. Die beiden Gebete stehen im 11. Buch der Metamorphosen und werden hier wiedergegeben in der deutschen Übersetzung von Rudolf Helm. Es ist ein sehr überladenes, auch dem normalen Lateiner schwerverständliches Idiom, das dieser Nordafrikaner schreibt. Der erste Text ist ein Dankgebet, dann folgt ein Bittgebet:
»Du heilige, ständige Retterin des Menschengeschlechtes, die du immer mildtätig bist, die Sterblichen zu erquikken, die süße Zärtlichkeit einer Mutter zeigst zu den Armen in ihrem Leid. Kein Tag und keine Nachtruhe, nicht einmal ein kurzer Augenblick vergeht ohne deine Wohltaten, daß du nicht zu Wasser und zu Lande die Menschen beschirmst, die Stürme des Lebens verscheuchst und deine hilfreiche Hand reichst, mit der du die unentwirrbar gedrehten Fäden des Verhängnisses wieder aufdrehst, die Unwetter des Schicksals beschwichtigst und den schädlichen Lauf der Gestirne hemmst. Dich ehren die Himmlischen, achten die Unterirdischen, du lässest das Himmelsgewölbe kreisen, die Sonne leuchten, lenkst die Welt und trittst den Tartarus unter deine Füße. Dir antworten die Gestirne, kehren die Jahreszeiten wieder, jubeln die Götter, dienen die Elemente. Auf deinen Wink blasen die Winde, spenden die Wolken,

keimen die Samen, wachsen die Keime. Vor deiner All-
macht erschauert die Vogelschar, die am Himmel streift, das
Wild, das auf den Bergen schweift, die Schlangen, die sich
im Boden bergen, die Tiere, die im Meere schwimmen.
Doch ich bin zu schwach an Geist, dein Lob zu singen, zu
gering an Vermögen, dir Opfer zu bringen. Mir steht nicht
die Fülle der Sprache zur Verfügung, um zu sagen, was ich
über deine Herrlichkeit empfinde, auch nicht ein tausendfa-
cher Mund und ebensoviel Zungen, noch ein wenig dauern-
der Fluß unermüdlicher Rede. Also, was allein ein Frommer, aber im übrigen Armer vermag, will ich mich bemühen,
zu erreichen. Dein göttliches Antlitz und deine heilige Maje-
stät werde ich ewig in dem geheimen Innern meiner Brust
geborgen wahren und mir vor Augen halten.«

Soweit das Preisgebet, nun folgt das Bittgebet. Man muß
zum Inhalt des Bittgebetes wissen, daß die Romanfigur der
Metamorphosen – Lucius – infolge seiner Übertretungen in
einen Esel verwandelt worden ist und nun von der Isis die
Rückgewinnung seiner menschlichen Gestalt erbittet.

»Himmelkönigin, regina caeli, magst du nun die gütige
Ceres sein, die Urmutter der Früchte, die froh über die
Auffindung der Tochter die tierische Nahrung der in alter
Zeit verwendeten Eichel beseitigt hat, um milde Speisen zu
weisen, und jetzt die Scholle von Eleusis bewohnt, oder die
himmlische Venus, die mit Hilfe des von ihr geborenen
Amor am Uranfang der Dinge die verschiedenen Geschlech-
ter vereint und das Menschengeschlecht durch ewig erneu-
ten Nachwuchs fortgepflanzt hat und jetzt in dem meerum-
fluteten Heiligtum von Paphos verehrt wird, oder des
Phoebus Schwester, die mit lindernden Mitteln die Nieder-
kunft der Schwangeren erleichternd, so viel Völker hat gedei-
hen lassen und jetzt im herrlichen Tempel von Ephesus
angebetet wird, oder die durch das nächtliche Geheul schau-
dererregende Proserpina, die in der Dreigestalt den Ansturm
der Gespenster bändigend und die Riegel der Erde verschlie-
ßend in verschiedene Haine sich verliert und an mannigfachen Kultstätten um Gnade angefleht wird, die du mit deinem fraulich-sanften Schimmer alle Städte erhellst, mit
feuchter Glut die fröhlich-keimenden Saaten nährst und nach
dem Umlauf der Sonne dein wechselnd Licht richtest, unter
welchem Namen, nach welchem Brauch, in welcher Erschei-

nung auch immer man dich anrufen muß, hilf du mir jetzt in meiner äußersten Trübsal, laß du mein zusammengebrochenes Glück wieder erstarken, und nach Erduldung der grimmen Schläge gib du mir Rast und Ruh! Sei's genug der Mühsal, sei's genug der Gefahren! Nimm diese häßliche Tiergestalt von mir, gib mich dem Anblick der Meinen wieder, gib mich meiner Gestalt als Lucius zurück! Und wenn ich irgendeine Gottheit gekränkt habe, daß sie mich mit unerbittlicher Strenge verfolgt, dann sei mir wenigstens zu sterben vergönnt, wenn es mir nicht vergönnt ist zu leben.«

Der antike außerchristliche Mensch dankt, der antike außerchristliche Mensch trägt der Gottheit seine Bitten vor. Welches sind die weltanschaulichen Voraussetzungen, in deren Koordinatensystem solch ein antikes Bittgebet steht? Es sind zunächst die gleichen Voraussetzungen außerhalb des Neuen Testaments wie innerhalb des Neuen Testaments. Diese gemeinsamen antiken Voraussetzungen des Bittgebets sind folgende: Es wird vorausgesetzt: Die Gottheit – im Gebet angerufen – greift aus ihrem außerhalb der Welt befindlichen Wohnsitz helfend in direktem Zugriff in den Ablauf der Dinge ein und wendet das Unglück. Man könnte aus vielerlei neutestamentlichen Texten diese Vorstellung des direkten Eingriffs vor Augen führen. Etwa wenn am Schluß der Apostelgeschichte der Verfasser nach dem Schiffbruch auf Malta den Paulus von einer Schlange gebissen sein läßt. Die Teilnehmer an der Szene erwarten den sofortigen Tod des Paulus. Ihm aber macht das nichts, er schüttelt und schlenkert das Tier ins Feuer, er ist immun. Dieser Eingriff braucht aber nicht unvermittelt von der Gottheit her zu erfolgen. Noch häufiger ist in der Antike die Vermittlung dieses Eingriffs durch eine gottheitliche Person. Das kann – im alttestamentlich-jüdischen Bereich – ein Gottesmann sein, wie in den Prophetenlegenden etwa Elias, der den Sohn der Witwe von Zarpath erweckt, es kann in neutestamentlicher Zeit ein Rabbi sein, der da heilt unter Berufung auf die Gottheit. Es ist auf außerchristlichem Boden eine Gestalt, die wir seit längerem mit dem Ausdruck bezeichnen, welchen die Antike selbst dafür geprägt hat. Es kann der theios aner sein, wörtlich übersetzt: der göttliche Mensch, der göttliche Mann. Diese Helfergestalt vereinigt in sich die Funktionen, modern gesprochen, des Theologen und des Mediziners. Wir müssen nur begreifen, daß die Verbindung der beiden Funktionen für den antiken Menschen nicht eine zufällige, sondern eine von der Sache unumgänglich gegebene Verknüpfung ist. Also etwa: Dieser Gottesmann benutzt Formeln, oft magische Formeln, die gern in einer der Umgebung fremden Sprache benutzt werden. Reste davon finden wir noch beispielsweise in Mark. 5, wenn der Erzähler bei der Erweckung der Jairustochter Jesus in der dem griechischen Leser nicht vertrauten syrischen Sprache sagen läßt »talitha kumi«. Oder wenn bei der Heilung des Taubstummen das syrische Idiom im Munde Jesu durch den Evangelisten berichtet wird »hephata«. Es sind diese für die vertraute Umgebung fremdländisch, fremdsprachig klingenden Formeln und Wendungen, die magische Kraft besitzen. Das ist die theologische Seite der Sache. Daneben gibt es, unreflektiert damit verbunden, die medizinische Seite. Nicht nur im Neuen Testament, genauso in der Umwelt wird die von der Gottheit erbetene Heilung durch deren Mandatar vollzogen mittels bestimmter Praktiken und Gesten, die zumindest in die Richtung des Medizinischen und Hygienischen weisen. Dazu gehört die Berührung, dazu gehört die Benutzung des Speichels. Es ist eine für uns heute nicht mehr vorstellbare, aber für den antiken Menschen wesensechte Verbindung theologisch-geistiger und praktisch-hygienisch-medizinischer Gesichtspunkte. Wenn der Kranke nach Epidaurus, also in das große Asklepiosheiligtum kommt, bekommt er durch den Priester, eine Mittlergestalt, Weisungen des Asklepios. Diese Weisungen empfängt der Priester im Traum. Gelegentlich gibt es sogar einen Simultantraum, den gleichzeitig der Priester und der Patient im Tempelschlaf empfängt, und die Weisungen dieses Traumes oder dieses Simultantraumes laufen dann gleichzeitig auf religiöses und auf medizinisch-hygienisch gebotenes Verhalten hinaus. Wir haben in Epidaurus genügend Votivtafeln, welche uns heute noch nach 2000 Jahren deutlich machen, daß dieses geistig-medizinische Heilgewerbe – die Asklepiaden waren ja eine ganze Generationsfolge, eine Dynastie – durchaus erfolgreich im Schwange war.

Aber was fangen wir heute mit diesen Dingen an? Wir müssen uns zunächst einmal klarmachen, daß eine Reihe der Gesichtspunkte, die gerade beim antiken und auch bei dem neutestamentlichen Bittgebet im Spiele sind, für uns nicht reproduzierbar sind. Dazu gehört an erster Stelle die Vorstellung von einer Gottheit, die von einem Jenseits her in den Ablauf der Weltereignisse und damit also auch in die Ereignisse eines Einzellebens mittels eines Sonderaktes eingreift. Das wäre das eine. Das zweite, was damit zusammenhängt und was für uns – wie mir scheint – einfach dahin ist, ist die Vereinbarkeit, die wesensmäßige Zusammengehörigkeit von geistlichem und medizinischem Verhalten. Der Arzt der Neuzeit verfährt als Arzt methodisch-atheistisch. Das sagt nichts darüber, ob der Arzt als Mensch Atheist sein muß. Aber sofern er als Arzt fungiert, das heißt von dem Augenblick an, wo er die Diagnose stellt, wo er dann die erkannte Krankheit behandelnd angeht und rezeptiert oder zum Messer greift, in all diesen Einzelschritten bis hin zur Prognose wird er sich leiten lassen von Gesichtspunkten, die er gelernt hat und die er – wenn er ein guter Arzt ist – durch seine Praxis erfahrungsmäßig vertieft hat. Er wird aber nicht wie der antike medizinische Gottesmann die Gottheit in diesen Prozeß hineinbringen, sondern diese Dinge laufen bei einem atheistisch oder christlich eingestellten Arzt – sofern beide nur tüchtige Ärzte sind – in der gleichen Weise ab, und zwar laufen sie, was die methodische Seite des ärztlichen Handelns anlangt, methodisch-atheistisch ab. Der Arzt weiß als Arzt methodisch nichts von Gott. Dagegen spricht auch nicht die ja dann und wann vorkommende Personalkombination eines medizinischen und gleichzeitig eines theologischen Studiums. Wir erwarten nicht das unmittelbare Eingreifen einer Gottheit von außerhalb, und wir können – das hängt damit zusammen – den Krankheitsverlauf – auch bei allem Wissen um die Psychosomatik – nur als etwas methodisch-atheistisch zu Betrachtendes und zu Behandelndes auffassen. Noch ein Drittes müßte man dem hinzusetzen, was die Frage nach dem Bittgebet heute noch einmal zu komplizieren geeignet ist. Der antike Mensch kennt in einem äußerst bescheidenen Umfang – bescheiden, verglichen mit unserem Wissen – das Phänomen der unheilbaren Krankheit. Der Aussatz ist solch ein Phänomen. Aber all das, was heute für den modernen Mediziner noch immer ein Schrecken ist, weil er bestimmten Krankheiten nicht beikommt, oft nicht einmal ihre Erreger kennt, all das geht für den antiken Menschen nicht in differenzierter Weise in sein Bewußtsein ein, sondern bei seinem Bittgebet um Heilung wird naiv, undifferenziert, zwar nicht die alltägliche Heilbarkeit, aber doch in einem gewissen Umfange die grundsätzliche Heilbarkeit vorausgesetzt.

Vom antiken Gebetsverständnis trennen uns heute also mindestens drei Punkte:

1. die Unmöglichkeit, einen unmittelbaren Eingriff der Gottheit anzunehmen und Gottes Helfen in dieser Weise zu verstehen und zu erbitten;
2. die für uns strenge Trennung zwischen medizinisch-hygienischer Betrachtung und geistlicher Betrachtung;
3. die uns zugekommene, nicht sehr beglückende Kenntnis von der jedenfalls noch zur Zeit bestehenden Unheilbarkeit gewisser – gar nicht ganz weniger – Krankheitsphänomene.

Ich komme jetzt auf die Dinge, die mir einmal für das Neue Testament im Verhältnis zur religiösen Umwelt wesentlich erscheinen und die andererseits zusammenhängen mit diesen drei Punkten. Das eine, was im neutestamentlichen Gebet wesentlich, ja vielleicht sogar im Blick auf die Umwelt Ausnahmesituation ist, ist – überspitzt gesagt – die Einstellung, daß der neutestamentliche Mensch das Heil (oder wie immer man es nennen will) eigentlich im strengen Sinne nicht erbittet, sondern daß das Heil, ehe es überhaupt zum Beten kommen kann, vorgegeben ist. Man kann sich das in verschiedenen neutestamentlichen Bereichen ganz einfach vor Augen führen. Der Jesus der drei ersten Evangelien hat fraternisiert und sich Seite an Seite gesetzt *nicht* mit den Leuten, die als Beter einen Ruf hatten, sondern mit Zöllnern und Sündern, und hat von da aus erst Beten ermöglicht. Paulus, der die Dinge ja nun ganz anders sah, hat das Heil – er nennt es die Rechtfertigung – wiederum nicht dem Beter zugesagt, sondern dem Gottlosen. Der vierte Evangelist läßt Jesus das Heil bringen nicht den Betern, sondern denen, die der Vater ihm gegeben hat (Joh. 10,29). Mit anderen Worten: Etwas sehr Wesentliches für das Gebet im Neuen Testament scheint darin zu bestehen, daß hier nicht der Punkt ist, an dem über den Menschen die Entscheidung fällt. Im Unterschied zum antiken Beten will auch der neutestamentliche Mensch nicht im Gebet auf die Gottheit einwirken. »Euer Vater weiß, was ihr bedürft.« Und darum erübrigt sich (ich zitiere jetzt dem Sinne nach Matth. 6,8) der Wortreichtum, der bei den Heiden Usus ist; der ist hier nicht am Platze. Einwirkung auf die Gottheit ist nicht der Sinn des Gebets. Daraus ergibt sich dann wieder als nächster Schritt die Kürze des Gebets, die man sich etwa drastisch vor Augen führen kann im Vaterunser. Wenn man das Vaterunser ins Semitische rückübersetzt, dann schmelzen eine Reihe der Vokabeln in der deutschen Übersetzung, aber auch in der griechischen Übersetzung zusammen; es ist wirklich ein eminent kurzes Gebet. Man wird noch ein Weiteres sagen müssen. Im Neuen Testament wird nicht nur das Beten sozusagen entdramatisiert; es wird nicht nur abgeschnitten von dem Willen, auf die Gottheit einzuwirken, es wird nicht nur auf die Kürze zurückgeführt und reduziert, sondern man kann sagen: Es gibt im Neuen Testament einen Trend, der, wird er von uns zu Ende gedacht, letztlich darauf hinausläuft, daß der Gebetsakt als Gebetsakt unwesentlich wird. Wie verhalten sich dazu aber jene Mahnungen, die wie Luk. 18,1; 1. Thess. 5,18; Eph. 5,20 (es geht quer durch den Kanon) dazu aufrufen, allezeit zu beten? Was heißt das? Das heißt einmal, im Unterschied zum Judentum, das Gebet wird aus dem Zeremoniell des antiken Gottes herausgenommen. Man kann sich das Zeremoniell am besten klarmachen an der Vorschrift der Juden, man dürfe die Gottheit nicht allezeit anrufen. Es gibt darüber ein amüsantes, natürlich legendäres Gespräch zwischen einem der führenden Rabbiner und dem Cäsar. Der Cäsar fragt: »Warum soll man nicht die Gottheit allezeit anrufen können?« Und der Rabbi, plastisch, wie die jüdische Ausdrucksweise immer ist, hält keinen Vortrag, sondern er handelt. Er geht fort und erscheint nach kurzer Zeit vor dem Cäsar: »Ave Cäsar!« Dann geht er wieder fort, und nach geraumer Zeit erscheint er wieder und sagt: »Heil dir, Cäsar!« Beim drittenmal wird der Cäsar böse und sagt: »Willst du die Regierung lächerlich machen?« Nun hat der Rabbi den Cäsar dort, wo er ihn haben will. »Möge dein Herz begreifen, was deine Lippen soeben geredet haben! Wenn du, der du Fleisch und Blut bist, nicht jederzeit mir den Zutritt gestattest, um wieviel mehr wird er, der König der Könige – gepriesen sei er –, darauf Wert legen, daß wir nicht jederzeit kommen, sondern wird uns anweisen, daß es bestimmte Zeiten gibt, wo wir vor ihn treten können.« Im Gegensatz dazu kennt das Neue Testament gerade keine bestimmten Gebetszeiten. Aber es ist noch mehr gemeint. Es ist nicht nur gemeint: Ihr könnt immer beten. Die Texte sagen ja nicht: Ihr dürft jetzt auch außerhalb der Gebetszeiten beten; sondern die Weisung heißt ja: Seid allezeit dankbar, betet immer. Ist damit gemeint, was in der späteren Entwicklung des Mönchtums schließlich in der Gestalt der oratio continua seine auch institutionelle Ausprägung fand, also ein Usus des nicht abreißenden Gebets, gehalten und ausgeübt durch eine fromme Gemeinschaft? Natürlich ist das nicht gemeint, sondern dieses »Betet allezeit!« meint gerade die Unbetontheit des einzelnen Aktes im Vergleich zu der Gesamthaltung des Betens und des Betenden. Man kann sich das noch plastischer vor Augen führen, etwa an der Art und Weise, wie der vierte Evangelist, natürlich in der Absicht, den Glaubenden damit ein Modell zu geben, das Beten Jesu darstellt. In der Lazaruserweckung (Joh. 11,42) sagt der johanneische Jesus, als er zum Vater betet: »Ich weiß, daß du mich allezeit erhörst, aber ich tue das Gebet um des Volkes willen.« Das heißt natürlich nicht, daß der johanneische Jesus eigentlich nicht zu beten bräuchte und daß er hier vor dem Volk ein wenig Theater spielt. Der johanneische Jesus spiegelt dem Volk, um dessentwillen er nach der eigenen Aussage das Gebet tut, nicht etwas vor, was er eigentlich nicht hat, sondern er zeigt ihm andeutungsweise, symbolisch, was sein ganzes Dasein bestimmt. Das heißt, der johanneische Jesus, einmal mit den Worten des Evangeliums formuliert, tut allezeit das, was er den Vater tun sieht, er redet das, was der Vater redet, er tut die Werke des Vaters, und darum ist der einzelne Gebets*akt* eben wirklich nur eine Konzession an die Schwachheit der Menschen. Genauso ist im nächsten Kapitel (Joh. 12,28-30) dann auch die Erhörung, die dort geschildert wird, durch eine Himmelsstimme gekennzeichnet als etwas (dies sagt Jesus), das »euretwegen« geschehen ist; er selbst hat das gar nicht nötig. Das heißt, sowohl der konkrete Akt wie die konkrete Erhörung sind im Grunde – Luther würde sagen ein Puppenwerk – eine quantité négligeable, gemessen an dem, was mit Beten einerseits und was mit Erhörtwerden andererseits de facto durch die Texte intendiert ist. Dem entspricht dann

236

auch, daß die paulinischen Texte sowohl in dem »Du« der Gebetsanrede wie auch in dem »Er« des frommen Segenswunsches gleiche Inhalte aussagen können. Also etwa, Gott wolle euch bewahren oder er wolle unsere Wege zu euch lenken; das kann sowohl als Gebet wie in dieser meditativen Form der dritten Person zum Ausdruck kommen; wiederum ist die Grenze zwischen dem Gebetsakt, in welchem »Du« gesagt wird, und der Besinnung, in welcher über diese Dinge nachgedacht und das Nachgedachte zur Sprache gebracht wird, zwischen Du-Form und Er-Form fließend.

Was ist denn nun aber der Inhalt, der sowohl im Gebetsakt wie in der Er-Form der Besinnung zum Tragen kommt? Der Inhalt ist ganz einfach der, daß der Mensch sich durch bestimmte Züge, durch bestimmte Inhalte der Botschaft anreden läßt, und in dieser Anrede versteht er sich als den Empfangenden. Das heißt also, er versinkt nicht etwa ekstatisch, meditativ-mystisch darin, sondern in dieser Besinnung lernt er sich aus einem bestimmten Blickwinkel, mit bestimmten Augen sehen. Er hat es nicht in der Hand, sondern er muß angeredet werden. Darum liegt der Ton bei dem, was mit dem Beten gemeint ist, wirklich im strengen Sinn auf dem Empfangen, in einem so strengen Sinn, daß Paulus formulieren kann: Der Glaubende kann gar nicht richtig beten, wenn nicht das Wirken Gottes ihn, den Betenwollenden, aber nicht Betenkönnenden, vertritt mit wortlosen Seufzern (Röm. 8,26.27). Und was ist nun das Ziel dieses Betens und dieses mit dem Beten aufs engste verbundenen Nachsinnens? Das Ziel kann für uns heute nicht die Absicht sein wollen, daß ein Eingriff in den Weltenlauf erfolgt, sondern das Ziel wird sein, mit den Belastungen fertig zu werden und die Belastungen durchzustehen. So wie ja schon in dem Gethsemanegebet die Quintessenz nicht die Herausnahme aus dem Leiden ist, sondern das Ja zu dem »Nicht wie ich will, sondern wie Du willst«, so ist es auch bei Paulus (2. Kor. 12), der den Herrn bittet, ihm den Pfahl aus dem Fleische zu nehmen (wahrscheinlich eine von uns nicht genau mehr identifizierbare sehr belastende Krankheit), und dann zu der Einsicht kommt, daß er nachsprechen lernt: »Deine Gnade genügt mir, denn Deine Kraft wird in der Schwachheit vollendet.« Das heißt, das Ziel ist gerade nicht der deus ex machina, der aus der Bedrängnis herausnimmt, sondern dort wird recht betend nachgesonnen und dort wird rechte Erhörung erfahren, wo der Mensch lernt, sich auf das Wesentliche – wie das Neue Testament es uns sagen will – zu besinnen und sein Leben, auch sein Leiden anzunehmen.

Was nun das Beten in der Öffentlichkeit und im Gemeindeleben angeht, so hat Paulus dazu ein merkwürdiges Wort geschrieben im 14. Kapitel des 1. Korintherbriefes, wo er erwägt, ob das Beten ekstatisch erfolgen solle, oder ob es vor sich gehen solle in nüchterner Besinnung. Er, Paulus, spricht sich für das zweite aus, mit der Argumentation: Wenn ich ekstatisch-rauschhaft bete, dann bleibt mein klares Denken davon unberührt, es bringt keine Frucht; und er verweist für diese Fruchtlosigkeit darauf, daß der andere davon nichts hat. Es geht also Paulus beim Gebetsakt nicht um ein Solo zwischen Mensch und Gottheit, denn dann müßte er ja das ekstatisch-rauschhafte Beten, wo der Mensch versinkt, gerade begrüßen, sondern Paulus kann die Gottheit nur so denken, daß die Besinnung, in die der andere mit hineingenommen werden kann, wesentlich dazugehört. Beten ist nicht eine Privatsache zwischen dem Menschen und der Gottheit, sondern bezieht in diese Besinnung auch das Wesentliche, den Nächsten, unausweichlich mit ein.

10. Die Bedeutung des Weihnachtsfestes

Die Frage nach der Bedeutung des Weihnachtsfestes erscheint auf den ersten Blick als überflüssig, ja als unsinnig. Wer, wenigstens in unserem Kulturkreis, wüßte nicht: Zu Weihnachten gedenkt die Christenheit der Geburt Christi? Das Weihnachtsfest ist freilich das jüngste der drei großen Feste. Es wurde am 25. Dezember erst seit der Mitte des vierten Jahrhunderts begangen, nachdem zunächst das Epiphanienfest die Geburt Christi gefeiert hatte. Das Neue Testament datiert noch nicht den Tag der Geburt Jesu; die christliche Gemeinde der ersten Jahrhunderte beging diesen Tag auch noch nicht mit einem besonderen Fest. Freilich, von der Geburt Jesu wird im Neuen Testament bereits erzählt. Was ist denn nun an diesem Fest problematisch, so daß eine ausdrückliche Erörterung über die Bedeutung des Weihnachtsfestes nötig wäre?

Die Problematik des Weihnachtsfestes beruht auf zwei Tatsachen: Das Neue Testament macht, im Laufe eines zeitlichen Nacheinanders, verschiedene, miteinander nicht zu vereinbarende Aussagen über die Geburt Jesu. Sodann: Was das Neue Testament über die Geburt Jesu sagt, wird ähnlich auch von anderen Gestalten aus der Umwelt des entstehenden Christentums berichtet.

In der ältesten Schicht der Evangelientradition gilt Jesus als der »Sohn des Zimmermanns« (Matth. 13,55); noch das Johannesevangelium vertritt diese Meinung (6,42). So nimmt es nicht wunder, daß die im Neuen Testament für Jesus beigebrachten Geschlechtsregister die Vorfahren Jesu von Abraham (Matth. 1,2-16) bzw. von Adam (Luk. 3,23-38) bis zu Joseph aufzählen; nicht Maria, sondern Joseph vermittelt in diesen Registern den gedachten Generationszusammenhang für Jesus, das heißt aber, Joseph gilt in diesen Registern als der Vater Jesu. In Luk. 3,23 wird die Vaterschaft des Joseph an die Anschauung von der Geburt Jesu aus der Jungfrau angeglichen; diese Angleichung ist deutlich als nachträglich erkennbar. Die Geschlechtsregister selber nennen bei Matthäus und Lukas verschiedene Namen; sie besitzen also legendären und nicht historischen Wert.

Wir können gut verstehen, warum in diesem alten Stadium der Tradition an einer besonderen Art der Geburt Jesu kein Interesse haftet. Jesus ist zum Messias oder, wie man im Bereich judenchristlichen Denkens sagte, zum Gottessohn eingesetzt worden seit seiner Auferstehung; Paulus zitiert in Röm. 1,4 ein altes christliches Traditionsfragment, das schon vor ihm formuliert worden ist. Der Zeitpunkt der Einsetzung zum Messias wird dann aber sehr bald vorverlegt. Nach Mark. 1,11 wird Jesus als Messias, als Gottessohn adoptiert bei seiner Taufe; eine alte Handschrift zu Luk. 3,22 zitiert dafür ausdrücklich Ps. 2,7. Die Vorverlegung des Zeitpunkts, an dem Jesus Messias wird, schreitet weiter. Seine Taufe ist nun nicht mehr Messiasweihe. Jesus wird in ihr vielmehr als Messias proklamiert (Matth. 3,17). Nach dieser Vorstellung ist Jesu Messiastum beim Zeitpunkt seiner Taufe bereits vorhanden. Wann ist Jesu Qualität als Erretter dann aber entstanden? Das Neue Testament gibt auf diese Frage zwei verschieden strukturierte Antworten.

Die eine Vorstellung durchzieht weite Teile des Neuen Testaments. Sie findet sich bei Paulus und bei den unter dem Namen des Paulus schreibenden Verfassern; ebenso im johanneischen Schrifttum, im Hebräerbrief und in den späteren Texten des Neuen Testaments wie z.B. in den Petrusbriefen. In all diesen Schriften herrscht die Meinung: Jesus existierte, bevor er als Mensch in die Welt trat, in der Himmelswelt bei Gott als ein göttliches Wesen. Er besaß dort Gottgleichheit (Phil. 2,6). In diesem Sinne war er *vor* der Menschwerdung Gottes Sohn; seine Gottessohnschaft ist also jetzt nicht mehr eine Adoption zum Zeitpunkt seiner Auferstehung oder seiner Taufe. Er war bei Gott als der Logos, als das gottgleiche, himmlische Wesen (Joh. 1,1 f.), als der »Sohn« schlechthin (Hebr. 1,2). Dies gottgleiche Wesen war bereits derjenige, durch den Gott die Welt geschaffen hat (1. Kor. 8,6; Joh. 1,3; Hebr. 1,2). Gott sandte ihn dann, als die Zeit voll wurde, das heißt, als der Weltverlauf sich seinem Ende näherte, in die Welt (Gal. 4,4). Das göttliche Wesen trat ein in die Existenzweise eines Sklaven, eines Menschen (Phil. 2,7). Der Logos wurde Fleisch, wurde ein purer Mensch (Joh. 1,14). An der Art und Weise, *wie* dies Himmelswesen zu dem Menschen Jesus wurde, haftet bei dieser Vorstellung kein besonderes Interesse. Paulus sagt nur: Er wurde von einer Frau geboren, er unterstand dem Gesetz (Gal. 4,4), und er starb, gehorsam (Phil. 2,8), den sühnenden Kreuzestod (1. Kor. 1,23). Der Hebräerbrief betont Jesu Gehorsamsleiden (Hebr. 5,7.8). Das Johannesevangelium spricht von dem tiefen Inkognito Jesu, das die meisten Menschen nicht durchschauen konnten (Joh. 1,11). All diese Texte lassen Jesus nach seinem Kreuzestod zu Gott wieder erhöht werden (Phil. 2,9; Joh. 12,32); Gott hat ihn erweckt (1. Kor. 15,4) und zum Kyrios, zum Weltherrscher, eingesetzt (Phil. 2,9-11). Vor seiner Erhöhung gilt Jesus, nachdem er seine himmlische Existenzweise verlassen hat und auf die Welt gekommen ist, als wahrer, richtiger Mensch. Dem paulinischen Schrifttum ist von diesem Menschsein Jesu eigentlich nur sein Sühneleiden wichtig. Die johanneischen Texte unterstreichen das mißverständliche Inkognito des Menschseins Jesu. Aber an einer irgendwie wunderhaften Art der Menschwerdung Jesu sind all die genannten Texte nicht interessiert. Für Johannes eint sich das Inkognito des fleischgewordenen Logos (1,14) vielmehr durchaus damit, daß die Juden (6,42) – zutreffend – feststellen können, Joseph sei Jesu Vater und Jesu Eltern seien bekannt.

Diese ganze Betrachtungsweise – das göttliche Wesen, das in der Himmelswelt existiert, in die Erdenwelt herniedersteigt und danach in die Himmelswelt wieder zurückkehrt – ist nicht eine Vorstellung, welche die neutestamentlichen Schriftsteller speziell im Blick auf Jesus erstmalig hervorgebracht hätten. Die Meinung, daß es solche Himmelswesen, ihren Abstieg und ihren Aufstieg, gebe, bestand vielmehr vor und neben dem Neuen Testament in der außerchristlichen antiken Welt. Eine Reihe außerchristlicher Texte und solcher christlicher Texte, denen man die Verwertung von ursprünglich außerchristlich entstandenen Materialien anmerkt, legen dafür Zeugnis ab. So etwa das Perlenlied in den apokryphen Thomasakten (108-113): Ein Königssohn wird von seinen Eltern (also ursprünglich außerchristlicher Polytheismus!) aus dem Osten, der himmlischen Heimat, nach Ägypten, in die Welt, entsandt, um von dort die Perle in die himmlische Heimat zurückzubringen. Der Königssohn legt für diese Reise sein Himmelskleid ab, ja er verfällt in Ägypten, von der Speise des Landes bezaubert, in den Schlaf der Vergessenheit. Aber ein Brief der Eltern erweckt ihn aus dem Schlaf, er vermag seinen Auftrag zu erfüllen und dem Drachen die Perle zu entreißen. Die Eltern senden ihm sein Himmelsgewand entgegen, und so kehrt er, im Besitz der heimzubringenden Perle, in die Himmelsheimat zurück. Das Modell dieser Vorstellungsreihe ist häufig bezeugt, wenngleich der volle Eintritt des Himmelswesens in die irdische Welt, wie er in diesem jungen, dem 3. Jahrhundert n. Chr. entstammenden Text vertreten wird, in älteren Texten nicht die Regel ist. Diese außerchristliche Vorstellung wird im Neuen Testament übernommen und auf Jesus angewandt: *Er* ist nun das Himmelswesen, das absteigt und dann wieder in die Himmelswelt zurückkehrt; *er* trägt nun die vielerlei Namen, die auf außerchristlichem Boden diesem Himmelswesen beigelegt werden. Das ist die *eine* Antwort, welche das Neue Testament gibt auf die Frage, wann Jesu Qualität als Erlöser entstanden sei: Jesus existierte, bevor er Mensch wurde; er war, als himmlisches Wesen, präexistent.

Die *zweite* Antwort, welche im Neuen Testament auf die oben genannte Frage erteilt wird, steht nur in wenigen Texten, in den Vorgeschichten des Lukas- und Matthäus-Evangeliums, also in einem Schriftenkreis, der sehr viel begrenzter ist als die bisher behandelten, von Jesu Präexistenz redenden Texte. Diese zweite Antwort unterscheidet sich von der ersten, bisher dargestellten Antwort, also von der Herausstellung der Präexistenz Jesu, dadurch, daß nun die Umstände und die besondere Art der Geburt Jesu ins Spiel kommen: Jesus ist als Erlöser zu erkennen an den mit seiner Geburt zusammenhängenden Umständen.

Jesus wird geglaubt als Messias. So wird nun der Geburtsort wichtig. Die ältere Tradition nennt zwar Nazareth als Jesu Heimat. Das messianische jüdische Dogma aber erwartet, daß, nach Micha 5,1, der Messias in Bethlehem geboren wird. So müssen nun beide Orte zusammengebracht werden. Lukas und Matthäus lösen diese Aufgabe auf verschiedene Weise. Nach Lukas ist Nazareth der Wohnort der Eltern Jesu. Eine Volkszählung zwingt Jesu Eltern zur Reise nach Bethlehem, dem Stammort des Davididen Joseph, und dort gebiert Maria Jesus (Luk. 2,1-7). In der Darstellung des Matthäus scheinen Jesu Eltern zur Zeit seiner Geburt in Bethlehem zu wohnen, von dort fliehen sie vor der Bedrohung des Kindes durch Herodes den Großen auf Weisung des Engels nach Ägypten, und erst nach dem Tode des Herodes kehren sie nach Palästina zurück, aber aus Furcht vor dem Herodes-Sohn nun nicht nach dem Bethlehem Judäas, sondern in einen neuen Wohnort, in das galiläische Nazareth (Matth. 2). Matthäus wie Lukas verraten unfreiwillig, daß Jesu Heimat de facto Nazareth ist. Die verschiedene Art und Weise, wie beide Evangelisten Nazareth mit dem von der Messiasdogmatik geforderten Bethlehem kombinieren, macht deutlich: Bethlehem als Geburtsort Jesu ist dogmatisches Postulat. Das zeigt sich auch speziell an der lukanischen Begründung für die Reise der Jesus-Eltern nach Bethlehem: Die Zählung unter Quirinius fand in Wirklichkeit im Jahre 7 n.Chr. statt; also elf Jahre nach dem spätesten Zeitpunkt, der für die Geburt Jesu in Frage kommt, da Herodes der Große, der um 4 v.Chr. starb, zur Zeit der Geburt Jesu noch als lebend gedacht ist (Luk. 1,5; Matth. 2,1).

Auch andere auffällige Umstände werden im Zusammenhang mit der Geburt Jesu erzählt. Maria kommt nieder in einem Herbergsraum, in dem Mensch und Tier gemeinsam untergebracht sind. Hirten werden nachts auf der Weide durch einen in himmlischer Glorie auftretenden Engel von der soeben stattgefundenen Geburt des Messias unterrichtet. Titel, die im jüdischen und im hellenistischen Christentum Jesus zugelegt werden, sind in dieser Engelsbotschaft enthalten: der Retter, der Christus (= Messias), der Herr. Seine Geburt bedeutet große Freude. Der hinzutretende Engelchor spricht Gott die Ehre zu und verheißt auf Erden Frieden für die Menschen, auf welche Gottes gnädige Erwählung sich richtet. Die Krippe ist das Zeichen, mittels dessen die Hirten das Messiaskind erkennen können (Luk. 2,8-14). Die Hirten finden in Bethlehem das Kind mit seinen Eltern und unterrichten Maria über den Inhalt der Engelsbotschaft. Maria bewahrt bedenkend diese Kunde (Luk. 2,15-21).

Auch hier, bei diesen auffälligen Umständen, werden Motive verwendet, welche in der Umwelt des entstehenden Christentums ihren Sitz haben. Der berühmte römische Kaiser Augustus kam in einer Art Vorratskammer zur Welt. Die Hirten erinnern an den königlichen Hirten David, lassen aber auch die in der außerchristlichen Literatur weit verbreitete Hirtenromantik und Hirten-Idylle anklingen. Auch die Geburt orientalischer Gottheiten wird durch himmlische Kunde bekanntgegeben, wobei ebenfalls die Titel »Herr« und »König« fallen. Der Engelsgesang von Luk. 2,14 wird ein ursprünglich jüdisches Lied sein. Das Verkünden der Frohbotschaft und der »Retter«-Titel entstammen inschriftlichen Preisungen kaiserlicher Wohltaten, unter denen der Friede das wichtigste Gut ist. Die an sich schon unhistorische Geburt Jesu in Bethlehem wird in Luk. 2 also mit Zügen ausgeschmückt, welche im Kult orientalischer Gottheiten und in der religiösen Kaiserverehrung der Zeit zu Hause sind.

Der bekannteste Zug unter diesen mit der Geburt Jesu verbundenen wunderbaren Umständen ist zweifellos die Geburt Jesu aus der Jungfrau. Diese Anschauung findet sich zwar nicht in der soeben dargestellten Geburtsgeschichte aus Luk. 2, wohl aber in Luk. 1,34f. Ursprünglich wird die jungfräuliche Geburt in der Engelsverkündigung an Maria (Luk. 1,26-28) kaum enthalten gewesen sein. Denn die ältere Tradition über Jesus nennt Joseph seinen Vater, und Maria gilt in älteren Texten als ein Mensch, der, wie die ganze Familie, Jesus nicht versteht und ihn für gestört hält (Mark. 3,21.31). Das gleichzeitige Judentum kennt wie das Alte Testament denn auch nicht die Vorstellung, für einen Gottesmann sei die Geburt aus der Jungfrau typisch; Jes. 7,14 spricht im Hebräischen von einer jungen Frau und erst im griechischen Text des Alten Testaments von einer Jungfrau. Nach jüdischem Denken ermöglicht Gott dann, wenn die Unfruchtbarkeit oder das Alter der Eltern eine Nachkommenschaft ausgeschlossen erscheinen läßt, den natürlichen Verlauf von Zeugung und Geburt in wunderbarer Weise. Auf hellenistisch-orientalischem Boden dagegen läßt man berühmte Herrscher wie Alexander den Großen und bedeutende Weise wie Plato von der Gottheit gezeugt sein. Ein spezieller Zug dieser Anschauung ist die damit verbundene Jungfräulichkeit der Mutter. Sie wird behauptet für die Mütter einiger unbedeutenderer orientalischer Gottheiten. Das Judentum hat diese Anschauung von dem religiösen Wert

der Jungfräulichkeit nur in hellenistisch-orientalisch beein-
flußten Randgebieten aufgenommen. Dieser Gedankenkom-
plex ist von dem werdenden Christentum auf hellenisti-
schem Boden aufgegriffen und auf die Geburt Jesu angewendet worden, freilich nur in wenigen Texten des Neuen
Testaments. Denn außer Luk. 1,34f. kennt nur noch Matth.
1,18-25 die Geburt Jesu aus der Jungfrau. Sie wird hier bei
dem Leser als bekannt vorausgesetzt und nun nach zwei
Richtungen hin ausgebaut: Joseph wird verteidigt, wenn er
gleichwohl sich nicht von Maria trennt; und: Joseph hat, bis
zur Geburt Jesu, mit Maria keine körperliche Gemeinschaft,
ein Zug, der seine Analogie ebenfalls im Hellenismus besitzt.

Das Neue Testament sagt über die Herkunft Jesu also ein
Dreifaches. Zunächst gilt Jesus als Sohn seiner Eltern; seine
Bedeutung als Heilbringer datiert seit seiner Auferstehung
oder seiner Taufe. Sodann wird für ihn eine himmlische
Existenz vor seinem Erdenleben angenommen; auf der Art
seiner Geburt liegt bei dieser Betrachtung immer noch kein
besonderes Gewicht. Ein dritter kleiner Aussagekreis weiß
schließlich von wunderhaften Umständen bei seiner Geburt
und von seiner Geburt aus der Jungfrau zu berichten. Der
erste alte Aussagekomplex ist auf dem Boden christlicher
Gedankenbildung nicht wesentlich zum Zuge gekommen.
Die zweite und dritte Aussagegruppe – Präexistenz sowie
Jungfrauengeburt, Krippe und Hirtenfeld – wurden, obwohl
ursprünglich voneinander getrennt, in nach-neutestament-
licher Zeit miteinander verschmolzen und liefern die noch
heute bekannten Elemente weihnachtlicher Predigt, Dich-
tung, Musik, Malerei und Skulptur.

Die Problematik des Weihnachtsfestes liegt mit alledem
auf der Hand. Der älteste Aussagekreis über Jesu Herkunft,
der dem tatsächlichen Hergang der damaligen Ereignisse am
nächsten kommen wird, ist in den Inhalten des Weihnachtsfestes nicht eingefangen. Seine eigentlichen Elemente bezieht das Weihnachtsfest aus Jesu Präexistenz und Herab-
stieg einerseits und aus der Jungfrauengeburt samt Krippen-
und Hirtenmotiv andererseits. All diese Züge aber sind nicht
original-christlich; sie wurden, auf dem Boden antiker, außerchristlicher Religiosität gewachsen, im Laufe einer im Neuen
Testament noch in etwa abzulesenden Entwicklung auf Je-

sus erst übertragen. Sie gehören damit dem für uns versunkenen antiken Weltbild an, das von wunderhaften Erweisungen der Gottheit, von himmlischen Wesen spricht und eine irdische sowie eine himmlische Welt in lokalem Sinne annimmt.

Ist mit diesen Feststellungen die Bedeutung des Weihnachtsfestes für uns nun erloschen? Sie wäre es, wenn wir über Jesus weiter nichts als die legendären und mythischen Vorstellungen besäßen, aus denen das Weihnachtsfest sich aufbaut. Denn solche Dinge werden nicht nur von Jesus, sondern auch von anderen Gestalten der antiken Welt berichtet. Wegen der mit ihm verbundenen Vorstellungen, wegen des Abstiegs aus der Himmelswelt und wegen der Jungfrauengeburt, besitzt Jesus für uns keine Einmaligkeit und keine Bedeutsamkeit. Diese Vorstellungen, die an ihn herangetragen wurden, sind für ihn nicht typisch. Aber wir *wissen* ja mehr über Jesus, wenn wir unser Wissen auch nur voller Vorsicht der ältesten Schicht der drei ersten Evangelien entnehmen können. Dies Wissen macht uns deutlich, warum man diese antiken, für das Weihnachtsfest charakteristischen Vorstellungen auf Jesus übertrug: Er war seinen Anhängern so wichtig, daß sie seine Herkunft mit all diesen Zügen ausstatteten. Das Typische sind nicht die mythischen und legendären Elemente, mit denen man Jesus zusammenbrachte. Das Typische liegt darin, daß man diese Elemente auf *Jesus* übertrug, daß man damit *ihn* für bedeutsam erklären wollte. Jesus ist uns nicht deshalb wichtig, weil *diese* Herkunft und *diese* Geburt von ihm berichtet werden; sondern wir vermögen die Übertragung der mythischen und legendären weihnachtlichen Stoffe auf ihn zu verstehen, wenn wir etwas von der Bedeutsamkeit des Mannes ahnen, auf den diese antiken Materialien angewendet werden.

Die Bedeutsamkeit des Weihnachtsfestes lebt also von der Bedeutsamkeit Jesu. Worin besteht diese? Hier werden wir diese Frage natürlich nur gerade anvisieren können. Aber folgendes kann man auf Grund der ältesten Schicht der drei ersten Evangelien doch sagen: Jesus fordert kompromißlos. Nicht nur das Töten, schon der Zorn ist verboten. Die Ehe darf nicht geschieden werden; so ist die damals rechtlose Frau geschützt. Der Eid ist nicht notwendig; schon die einfache Rede des Menschen soll eindeutig wahr sein. Die Wiedervergeltung hat auch in einem gerechten Umfang zu unterbleiben; der Geschlagene soll sich weiter schlagen lassen, der Beraubte sich weiter berauben lassen, der Erpreßte soll dem Erpresser über das geforderte Maß hinaus willfahren. Dem persönlichen und religiösen Feind ist nicht mit Haß, sondern mit Liebe zu begegnen (Matth. 5,21-48). Die wahre Unreinheit erwächst nicht aus der Mißachtung kultischer Reinheitsvorschriften; sie entspringt dem Herzen des Menschen (Mark. 7,15). Die Kompromißlosigkeit dieser Forderung kann erschrecken. Das hier geforderte Ja zu dem anderen Menschen ist grenzenlos.

Diese Forderungen machen bei Jesus Gott aber nun nicht zum finsteren und drohenden Tyrannen. Der rechte Sabbatdienst besteht nicht in einem Gott angeblich ehrenden Nichtstun, sondern in der Liebe gegenüber dem notleidenden Mitmenschen (Mark. 2,23-3,6). Jesus lehrt Gott als erst dort am Werk, wo schrankenloses Schenken geschieht (Matth. 20,1-16). So wird das Lohnstreben des Menschen durchkreuzt: Der Mensch hat keinen Anspruch auf Lohn; er tut, wo er gehorcht, nur seine Schuldigkeit (Luk. 17,7-10). Nicht der erhobene Anspruch, sondern die gegen alles Verdienst gefüllten Hände des Menschen sind der Ort, wo Gott weilt (Luk. 15,12-32). So lehrte Jesus, und so handelte Jesus, als »Freund von Zöllnern und Sündern« (Matth. 11,19), als Arzt, der nicht die Gesunden, die Gerechten, sondern die Kranken, die Sünder einlädt (Mark. 2,17).

Jesus hat die Menschen grenzenlos gefordert. Er hat zugleich die Schwachen und Entgleisten vorbehaltlos und maßlos angenommen. Und beides geschieht weiter, wo recht über Jesus verkündigt wird. In dieser Verkündigung lebt er selber. Mit alledem ist von mir die Bedeutung Jesu nicht »bewiesen«. Aber die Bedeutsamkeit Jesu kann uns an dem, was Jesus tat, klarwerden. Wo das geschieht, da begreift man: Das, was Jesus wollte, ist nicht tot. Der Mensch *kann*, unverdientermaßen, beschenkt werden. Der Mensch *kann* die Forderung der Liebe als Rechtens erkennen. In solch einem Geschehen und in solch einem Begreifen lebt Jesus, der welthaft Gescheiterte. Ja, da und nur da geschieht das, was den Namen »Gott« verdient. Die Begebnisse der Weihnachtstexte mit dem Abstiegsmythus, mit Bethlehem als Geburtsort, mit Jungfrauengeburt und Hirtenszene werden von uns deswegen in wörtlichem Sinne nicht für geschehen gehalten werden können. Wir können nun aber ermessen: Jene Stoffe wurden zur Ausmalung von Jesu Herkunft und Geburt verwendet in großer Freude darüber, daß bei Jesus der gescheiterte Mensch angenommen und zum Tun des Rechten gerufen wird. Daß das in die Welt kam, diese Annahme und dieser Ruf, darüber sich mitzufreuen, das wäre rechte Weihnachtsfreude.

11. Die Bedeutung der Auferstehung

»Ist Christus nicht auferstanden, so ist euer Glaube nichtig« (1. Kor. 15,14), sagt Paulus. Nichts ist einfacher zu verstehen. Glaube ist eine Hilfe, die den Menschen aus mancherlei Nöten herausziehen kann. Wo das aber geschieht, da geschieht es nicht in der Art des tiefsinnigen Narren Münchhausen. Der war einst in den Sumpf geraten. Flugs faßte er sich am eigenen Schopf und zog sich aus dem Sumpf heraus. Seitdem nennen wir solch ein Verfahren, in welchem ein Vorgang in scheinbar tiefem Ernst nur vorgespiegelt wird, in dem aber gleichwohl nichts Wirkliches passiert, eine Münchhausiade. Paulus will ganz offenbar sagen: So macht es der Glaube nicht; er zieht sich nicht am eigenen Schopf aus dem Sumpf heraus. Er ruht nicht auf sich selber. Er ruht auf Christi Auferstehung.

Wie ist das gemeint? Auch hier scheint es, die Sache sei ganz einfach zu verstehen. Jesu Auferstehung liefert den Beweis, die Demonstration dafür: Der Inhalt unseres Glaubens ist kein Wahn, er ist nicht nichtig, er ist begründet. So werden wir denn von bestimmten Kreisen in der Kirche energisch aufgefordert, es gelten zu lassen: Erst die Tatsache der wortwörtlich zu verstehenden damaligen Auferstehung Christi gibt dem Glauben Grund unter die Füße; ohne diese Tatsache der Auferstehung Jesu ist der Glaube ein leerer Wahn.

Wer von dieser Anschauung her das Neue Testament aufmerksam liest, kommt allerdings beträchtlich ins Gedränge. Er braucht nur die Evangelienschlüsse vom leeren Grab, die freilich auf Demonstration abgestellt sind, mit dem Auferstehungstext des Paulus aus 1. Kor. 15 zu vergleichen, dann merkt er: Paulus kannte diese Geschichte vom leeren Grab noch nicht. Sie ist also jüngeren Datums. Der Leser braucht sodann diese Geschichten vom leeren Grab nur untereinander zu vergleichen, dann wird ihm klar: Die älteste Form dieser Tradition, Mark. 16 (am Anfang), läßt die Kunde vom leeren Grab noch eine Geheimparole bleiben, die von den Frauen aus Furcht verschwiegen wird. Erst die weiteren, noch jüngeren Paralleltexte werden wortreicher und malen aus; die Begründung erfolgt nun handgreiflicher, die Legende wird farbig. Kurz: Die Evangelienschlüsse berichten keinen Vorgang, der sich dazu eignete, einfach als historische Tatsache genommen zu werden und den Glauben zu begründen.

Den achtsamen Leser des Neuen Testaments setzt diese Beobachtung nicht in Erstaunen. Er nimmt ja wahr, wie verschieden auch sonst die ersten Christen es sich vorgestellt haben, daß Jesus nicht im Tode geblieben ist. Das Christuslied in Phil. 2 und der Hebräerbrief sprechen gar nicht von Auferstehung, sondern von Erhöhung in die Himmelswelt. Paulus nennt den Leib des Auferstandenen in Phil. 3 einen Leib, der das Wesen himmlischer Herrlichkeit an sich trägt. Der dritte Evangelist aber läßt gegen Ende von Luk. 24 Jesus durch Essen von getrocknetem Salzfisch den Seinen demonstrieren, daß er kein Gespenst ist, sondern wie ein wirklicher Mensch Fleisch und Knochen besitzt. Die Palette der Anschauungen, mittels deren man sich die Auferstehung und den Auferstandenen vorstellt, umfaßt also eine ganze Farbenskala. Die älteste Form dieser Auferstehungsgeschichte ist nämlich gar nicht die Tradition vom leeren Grab. Aus dem Paulustext 1. Kor. 15 können wir noch gut erkennen: Als erstes erzählte man sich von den Erscheinungen Jesu, welche einzelnen seiner Anhänger widerfuhren. Man erfuhr in diesen Erscheinungen die Art der Lebendigkeit Jesu verschieden; zum mindesten malen die Berichte darüber die Lebendigkeit Jesu einmal mehr irdisch-massiv, einmal mehr unirdisch-vergeistigt ab. Vor allem aber ist zu beachten: Diese Erscheinungen wurden nie Menschen zuteil, die solch ein Widerfahrnis nur als Beweis auffaßten. Jesus erschien weder dem jüdischen Hohenpriester noch dem Prokurator Pontius Pilatus. Es waren vielmehr frühere Anhänger, die durch den Tod Jesu enttäuscht waren, oder es waren Gegner. Aber sie blieben, wenn Jesus ihnen erschien, nie in der Beobachterrolle; sie alle wurden durch die Erscheinung betont zu Anhängern und Missionaren. Es geht dabei zu wie auch sonst in der antiken Religion. Die Erscheinungen eines Mannes nach seinem Tode vor seiner Umgebung zeigen an: Was er wollte, das gilt fort. So begreifen Jesu zaghafte Anhänger und gelegentlich auch seine Feinde: Was er wollte, ist nun erst richtig in Kraft gesetzt; es ist nicht tot.

Wir fragen nun noch einmal: In welcher Weise kann Jesu Auferstehung den Glauben begründen? Wir sahen bereits: Die Legenden vom leeren Grab vermögen das nicht; sie sind – als historisches Ereignis – nicht glaubhaft. Die Visionen, von denen wir soeben sprachen, sind natürlich absolut glaubwürdig, was die Glaubwürdigkeit der Personen betrifft, die solche Visionen haben. Petrus, Paulus und Jakobus haben nicht etwas erzählt, was ihnen nicht widerfahren wäre; sie *haben* – um nur diese drei zu erwähnen – ihre Christusvision gehabt. Freilich war das, was sie und andere Visionsempfänger nun Christus nannten, bei jedem einzelnen typisch individuell vorgestellt: vom Himmelsleib bis zu dem Menschenleib mit Fleisch und Knochen. Kann unser Glaube auf den Erscheinungen dieser ersten Zeugen ruhen? Ich meine in tiefem Ernst: nein. Wenn es um Leben und Tod geht, kann kein anderer Mensch uns Bürgschaft leisten; wir kämen sonst nie zur Gewißheit. Wir Protestanten sind ja auf Grund von Marienvisionen, die ganz sicher nicht absichtlich vorgetäuscht werden, auch nicht der Überzeugung, Maria sei die Heilsmittlerin. All das wäre ein Krückenglaube, ein bresthafter Glaube. Der Glaube *soll* und *darf* aber auch gar nicht darauf ruhen, daß wir denken, die ersten Zeugen werden schon richtig gesehen haben. Denn solch ein Glaube bliebe ein Kopfglaube; die Reformatoren sagten: ein historischer Glaube. Er würde nicht unser Herz und Leben bewegen. Was den ersten Zeugen bei ihren Christuserscheinungen widerfuhr, kann vielmehr auch uns widerfahren. Nicht in *der* Weise, daß nun auch wir Christuserscheinungen zu erwarten hätten. Aber derart, wie Paulus es andeutet, wenn er fortfährt: »Ist Christus nicht auferstanden, so seid ihr noch in euren Sünden.« Das bedeutet ganz schlicht: Laßt euch doch auf Jesus ein! Wer mit dem Neuen Testament in Berührung kommt, der steht ja vor der Frage: Malt es mich richtig ab? Stimmt das, was Paulus sagt: Mit meiner Frömmigkeit und mit meinem Rechttun ist es nicht weit her, da sitzt der Wurm drin? Stimmt es: Ich kann nur leben, wenn ich mein Leben und Lieben und Arbeiten und meine Zukunft als ein Geschenk verstehe, das mir gar nicht zukommt?

Stimmt das, was ich in den drei ersten Evangelien lese: daß der Mensch und das Eintreten für ihn und der Dienst für ihn mehr ist als der Kult mit all seinem frommen Ernst? Daß dem Feind nicht mein Haß, sondern meine Liebe gehören soll? Und daß ich bei alledem – wenn ich so zu leben versuche – auf einer Stufe stehe nicht mit den Edlen und Frommen, sondern auf eine Bank eben mit den schlimmen und miesen Existenzen, mit den Deklassierten der Gesellschaft gehöre? Malt in alledem das Neue Testament mich richtig ab?

Wir müssen uns klarmachen: All diese Wahrheiten über den Menschen – und es sind praktische Wahrheiten, nicht bloß Gedanken, sondern aufs Tun abzielende Wahrheiten – nahm der Christ der Urgemeinde an, wenn er bekannte: Jesus ist auferstanden. Er bekräftigte damit, was ihm aufging, wenn er sich auf diese zentralen Wahrheiten des Neuen Testaments für sein Leben einließ. Er bekräftigte: Diese Wahrheiten werden nicht von mir getragen; sie tragen mich, und ich lebe von ihnen. Diese Bekräftigung drückte er in einer der mannigfachen Formen aus, in denen das Neue Testament von der Auferstehung Christi spricht. Ich sage: Er drückte es darin aus. Denn Jesu Auferstehung ist nicht ein historisches Geschehen, das als welthaftes Ereignis die Richtigkeit des Glaubens *begründet* und *garantiert*. Jesu Auferstehung ist der *Ausdruck* dafür, daß das, was Jesus will, lebendig ist und Menschen tragen kann, und zwar ein zeitbedingter Ausdruck dafür. Gerade nun verstehen wir, daß die alten Christen, weil es sich um einen *Ausdruck* für die Gültigkeit des Glaubens handelt, in der Wahl der Ausdrucksmittel, in der Ausgestaltung und Ausmalung der Auferstehung Jesu im einzelnen sich jene Differenzen leisten konnten, die man nicht in ein Einerlei auflösen kann. Es geht ja um Ausdruck, nicht um ein Protokoll, das primär der historischen Beweisführung dienen sollte, obwohl auch das im Neuen Testament allmählich ins Spiel kommt. Und nun verstehen wir auch, warum die Christen *diese* von der Umwelt angebotene Ausdrucksform wählten: Es kam ihnen nicht auf die Visionen als solche und nicht auf das leere Grab als solches an, sondern auf das Wollen dessen, der den Schandtod gestorben war und von dem doch gesagt werden soll: Was er wollte, das gilt. So scheint die Todesüberwindung durch Herakles und durch Christus, was die Ausdrucksform anlangt, vergleichbar zu sein. Das aber, worauf die Ausdrucksform hinzeigt, das ist das jeweils Verschiedene. Bei Herakles der Appell: »Lebt, ihr Mannhaften!«; bei Jesus der Ruf an die Armen, die Mühseligen und die Beladenen.

»Ist Christus nicht auferstanden, dann ist der Glaube ein Wahn.« Ja, in dem Sinn: Wenn das, was Jesus will, sich nicht trägt und durchhält, dann ist es ein Wahn, sich auf ihn einzulassen. *Daß* seine Sache trägt – urchristlich verschlüsselt: *daß* er auferstanden ist –, das können wir, wenn es hart auf hart kommt, keinem anderen, auch keinem Apostel, einfach auf Treu und Glauben bloß abnehmen. Diese Überzeugung gewinnt nur, wer das Zeugnis von Jesus sich durch Herz und Gewissen gehen läßt. Dann wird er sprechen sinngemäß wie die Leute in Samaria (Joh. 4,42): Ich glaube nicht mehr, weil es dieser oder jener mir so erzählte, sondern ich *selber* habe gehört und weiß, dieser ist wirklich der Retter der Welt.

12. Die Freiheit der Theologie und der Kirche

Wie verhalten sich Freiheit der Theologie und Freiheit der Kirche grundsätzlich zueinander? Das Primäre scheint mir die dem Glaubenden im Neuen Testament eröffnete Freiheit zu sein, also die Freiheit der Kirche. Freilich geschieht diese Eröffnung durch die die Freiheit bewirkende Rede und durch ein entsprechendes Handeln. Die Rede und das Handeln wenden das Christusgeschehen dem Menschen zu. Darin liegt also die Wurzel der Freiheit. Der Redende und Handelnde braucht dabei nicht Theologe zu sein. Wer explizit Theologie treibt, in seinem Reden also Theologe ist, stellt dann einen Sonderfall der Freiheit der Glaubenden dar.

Ehe wir über die Freiheit im Neuen Testament handeln, fragen wir nach dem Freiheitsbegriff in der das Neue Testament umgebenden Welt. Der Begriff »Freiheit« ist ein griechischer Begriff schon der alten, klassischen Zeit. Seine stark soziologische Seite – die Freiheit des einzelnen, geschützt durch das Gesetz des Gemeinwesens und ihrerseits dieses Gesetz schützend – interessiert uns hier, wo wir vom Neuen Testament sprechen, nur am Rande; desgleichen die politische Seite, die Bedrohung der Freiheit des Gemeinwesens durch den äußeren Feind, den Eroberer. Vom Neuen Testament her interessant ist dagegen die Frage: Was nötigt die Menschen der damaligen Zeit, von Freiheit als einem für das Menschsein wichtigen Gut zu sprechen? Natürlich die Tatsache, daß die Freiheit bedroht ist oder fehlt; daß der Mensch weithin nicht über sich verfügt und sich nicht selber gewinnen kann. Die Hemmnisse liegen also zunächst in äußerlicher Not und schicksalhaften Setzungen (etwa, daß jemand als Sklave geboren ist); sie liegen in der Tatsache, daß der Mensch Schlechtes tut. Wie versteht angesichts solcher Bedrohung der Mensch – außerhalb des Neuen Testaments – seine Freiheit?

Epiktet, also ein Vertreter der späten Stoa, behandelt (Dissertationes IV,1) ausdrücklich das Problem der Freiheit. Die Freiheit ist ihm das höchste Gut. Sie besteht darin, daß der Mensch über sich selber verfügt, daß er autonom ist. Der in Irrtum und Schlechtigkeit lebende Mensch verfehlt dies Ziel, er ist nicht frei. Er möchte dies Ziel aber nicht verfehlen; er lebt daher, unfrei, im Widerspruch zu seinem eigenen Wollen. Der Mensch muß in der Kunst des Lebens belehrt werden, dann tritt er, mit unbedingter Notwendigkeit (Diss. II 26,3), aus dieser widersprüchlichen Existenz heraus. Diese notwendige, aber auch notwendig heilsame (sofern sie verstanden wird) Belehrung besagt: Der einzige Weg zur Freiheit ist die Ergebung in den Willen Gottes. Der Wille des Menschen muß mit dem der Gottheit übereinstimmen, dann kann der menschliche Wille so wenig gehindert werden, dann ist er so frei wie der Wille der Gottheit selber. Die Übereinstimmung mit dem Willen der Gottheit wird dadurch erreicht, daß der Mensch die Absichten und das Regiment der Gottheit betrachtet: Was hat die Gottheit dem Menschen als eigensten Besitz gegeben? Die Dinge, die von seinem freien Willen abhängen. Es liegt, für die Gewinnung der Freiheit, also alles an der Unterscheidung zwischen dem, worüber der Mensch verfügt und worüber er nicht verfügt. Er verfügt nicht über den Leib und die Dinge; die gibt der Vater und nimmt sie wieder. Freiheit kommt nicht dadurch zustande, daß der Mensch die begehrten Dinge in vollem Maße erhält, sondern dadurch, daß er das Begehren nach diesen Gütern abschafft. Die *in* dem Menschen hausenden Tyrannen müssen vertrieben werden. Die Dinge dürfen nicht die Herren bleiben. Der Leib verhält sich zu den Dingen wie ein beladener Esel zu Zaumzeug, Sattel und Futter; auch er muß drangegeben werden. Die Unerschütterlichkeit bewährt der Freie in den konkreten Unbilden des Alltags; notfalls im Sterben, wenn er um der wahren Freiheit willen der Gottheit alles zurückgibt, was ihm nicht gehört. In keinem Falle flieht der Freie unehrenhaft, er ist daher furchtlos. Er begründet seine Überlegenheit wie Diogenes: »weil ich das Körperchen nicht für meinen Besitz halte, weil ich keiner Sache bedarf, weil das Gesetz (der Modus der Weltregierung Gottes) mir alles bedeutet und sonst nichts«. Kurz: Der Stoiker gewinnt die Freiheit in der Distanz zur Welt; das geschieht bei Epiktet im Koordinatensystem eines Gottesglaubens. Wo die Freiheit des Weisen dem Leib und den Dingen erliegt, erliegt sie einem durch rationale Belehrung behebbaren Selbstwiderspruch. Denn der Mensch wird, wo er seine Lage recht versteht, seiner mächtig. Seine Freiheit ist dann Autonomie.

Wie sieht der gnostisch-dualistische Aspekt der Freiheit aus? Wir nehmen als Beispiel einen Text aus den gnostischen Schriften des koptischen Papyrus Berolinensis 8502 (ed. Walter C. Till, 1955), und zwar im Apocryphon Johannis die Passage vom Fall der Sophia (der Weisheit) bis zur Erschaffung Adams (Papyrus-Seiten 36 bis 53). Hier wird von der Befreiung des Menschen natürlich nicht begrifflich, sondern mythisch gesprochen. Für unsere Zwecke genügt es, nur die großen Hauptzüge des Mythus zu charakterisieren und ihnen das für die Freiheit des Menschen Wesentliche zu entnehmen. Die Erschaffung des Menschen ist das Produkt des Falles der Sophia, einer Gestalt des Pleroma. Sie bringt, gegen den Willen des Pleroma, aus sich den Jaldabaoth hervor, den Demiurgen, der nun den Hauch der Mutter in sich hat. Der Jaldabaoth erschafft sieben Archonten, und diese bilden den Geist-Leib Adams, der aber noch lange Zeit hindurch unbeweglich bleibt und von seinen Bildnern, den des Krafthauchs der Sophia entbehrenden Archonten, nicht aufgerichtet werden kann. Der Mensch wird damit grundsätzlich der negativen Seite des bekannten gnostischen Gegensatzes zugeordnet. Die Sophia bereut, als sie die Bosheit ihres Gebildes Jaldabaoth erkennt, und wird halb restituiert. Sie möchte ihre an Jaldabaoth abgegebene Kraft des Hauches zurückgewinnen. Darum bittet sie den Vater, das dafür Notwendige zu bewerkstelligen. Der Vater läßt durch helfende Wesen dem Jaldabaoth den listigen Rat geben, dem unbeweglichen Adam den von seiner Mutter Sophia stammenden Krafthauch einzuhauchen. Jaldabaoth fällt darauf herein, Adam wird belebt und kann sich aufrichten, Jaldabaoth aber ist durch die Abgabe des Hauches nunmehr entmachtet. Die Belebung Adams ist hier als Erlösung, als Befreiung gedeutet: Die bestürzten Archonten »erkannten aber, daß er frei war vom Bösen«. Er ist erlöst ungeachtet dessen, daß eine weitere Interpretation im Fortgang des Textes sein Erlöstsein auf Erlösungsfähigkeit reduziert. Auch die Sophia hat eine ähnliche Mittelstellung wie Adam; neben ihrer Unwissenheit (die im gnostischen Sinne eine ausgesprochene Negativ-Charakterisierung ist) steht ihre Unschuld. Dieser Mythenzusammenhang besagt anthropologisch: Adam gehört zur Finsternis, er ist seiner selbst nicht mächtig, er hat aber nach seiner Belebung den Keim zur Befreiung schon in sich. Die Befreiung befreit im Sinne dieses gnostischen Textes nicht eine total der Finsternis zugehörige Existenz. Diese Befreiung geschieht in der Annahme des Rufes, also in einem Entscheidungsakt des annehmenden Menschen. Die Befreiung distanziert den Gnostiker von der Welt. In der Entscheidung wird der Gnostiker autonom.

Das alttestamentlich-jüdische Denken beschreibt die Heilsverleihung an den Menschen nicht als Wesensbefreiung. Gleichwohl ist die bisher an Hand des stoischen und des gnostischen Textes behandelte Frage, wie weit der Mensch über sich verfügt, natürlich auch in jüdischen Texten Gegenstand der Erwägung. Rabbi Akiba (Abot III 15) stellt fest, alles sei vorhergesehen, und doch sei die Wahlfreiheit gegeben. Dem Menschen steht also nichts entgegen: weder der Körper und die Dinge (wie in der Stoa) noch eine dualistisch-negative Macht (wie in der Gnosis). Der Wille Gottes, das Vorhergesehensein, bestimmt zwar alles; diese Tatsache bildet gleichwohl keinen Widerspruch zu der Wahlfreiheit des Menschen. Der Mensch kann recht handeln, er kann die Sünde scheuen (Abot II 5; II 8 d). Zwei Dinge sind dafür freilich unerläßlich. Er muß belehrt sein über das Detail, das in der Thorabeobachtung ihm abverlangt wird, damit sein Gehorsam sich nicht im Ungefähren bewegt. Und er muß an die Vergeltung glauben: »Merke auf drei Dinge, und du wirst in die Hand keiner Übertretung kommen. Wisse, was über dir ist: ein Auge, das sieht, und ein Ohr, das hört, und deine Handlungen alle, eingeschrieben in das Buch« (Abot II 1 d). Der Gerichtsgedanke ist das Movens; die detaillierte Thoraauslegung bestimmt die Richtung. Der Mensch verfügt über sein Gehorchen; dies Gehorchen geschieht aber heteronom. Denn die Inhalte binden hier kraft ihrer formalen Autorität: »Nicht der Tote verunreinigt und nicht das Wasser macht rein, aber es ist eine Verordnung des Königs aller Könige« (Strack-Billerbeck I, 719).

Anders steht es in dem eschatologisch-dualistischen Judentum von Qumran. Der Mensch befindet sich in der

Grube, in der Unterwelt des Abgrundes; er ist Staub. Er verfügt nicht über sich. Er kann gelangen zur ewigen Höhe, zum ewigen Rat. Daß das geschieht, ist eine erbarmende Tat der Gottheit, die als erlösend, als hinaufsteigen-lassend beschrieben wird. Der Mensch kann und soll diese Befreiungstat annehmen; seine Befreiung schließt freilich eine im qumranischen Sinne verschärfte Thoraobservanz ein. Der Mensch bedarf nach qumranischer Meinung der Befreiung; wird aber befreit nicht zur Autonomie, sondern zur Heteronomie.

Das bisherige Ergebnis der Analyse der urchristlichen Umwelt läßt sich, wie folgt, zusammenfassen:

Stoa: Der Mensch verfügt nicht über sich. Aber die Hemmnisse sind nicht, wie im Dualismus, jenseitige Mächte. Der Mensch kann die Verfügung über sich, die Befreiung, rational lernen. Als Befreiter ist er autonom.

Gnosis: Der Mensch verfügt nicht über sich. Er ist einem dualistischen Kraftfeld negativ eingefügt. Er ist aber nicht total verfallen, darum kann die Befreiung ihm angeboten werden. Der Mensch soll und kann sie in einem Entscheidungsakt annehmen. Als Freigewordener ist er in seiner Weltdistanz autonom.

Rabbinisches Judentum: Der Mensch verfügt über sich selbst. Er kann (ohne Befreiung; mit Hilfe von Gerichtsglauben und Thoraauslegung) mehr oder weniger gehorchen. Sein Gehorchen geschieht heteronom.

Qumranisches Judentum: Der Mensch verfügt nicht über sich; er ist dualistisch verfallen. Er kann Befreiung finden (ohne explizite Befreiungsvokabulatur). Die Befreiung unterstellt den Befreiten heteronom der Thora.

In allen vier Versionen ist der Gewinn der Befreiung (Stoa, Gnosis, dualistisches Judentum) bzw. die Betätigung einer vorhandenen Freiheit (rabbinisches Judentum) mit dem Gottesgedanken verknüpft.

Die für den Menschen heilsnotwendige Befreiung wird innerhalb des Neuen Testaments von Paulus und im Johannesevangelium ausdrücklich verkündet. Bei Paulus tritt auch die Freiheit speziell des Verkünders als eigenes Thema auf. Der erste Petrusbrief übernimmt knapp paulinische Formulierungen (2,16); der zweite weist eine gnostische Freiheit von der Vergänglichkeit als libertinistische Versklavung an die Vergänglichkeit ab (2,19). Wir haben es also im wesentlichen mit paulinischem und mehr am Rande mit einem johanneischen Text zu tun. Die Synoptiker kennen eine heilsnotwendige Befreiung als Terminologie nicht. Die »freien« Söhne, die von der Tempelsteuer dispensiert sind (Matth. 17,26), sind ein Ausnahmefall der synoptischen Terminologie. Gleichwohl ist von der Sache her eine Übergehung der Synoptiker nicht gerechtfertigt. Denn auch die Synoptiker behandeln – wenn auch nicht in expliziter Terminologie – die Frage, ob der Mensch über sich selbst verfügt.

Die Sabbatperikopen stellen heraus: Einem gefährdeten Menschen helfen ist wichtiger als korrekte Sabbatobservanz. Ja sie korrigieren herausfordernd: Die Sabbatbeobachtung, für den Juden also der Inbegriff des *Gottes*dienstes, wird richtig ausgelegt, wenn man sie als dem *Menschen* dienend versteht (Mark. 2,27). Die Reinheitsperikope bestreitet, nun im Gegensatz auch zum Pentateuch, daß der Mensch von außen, durch Essen oder Berühren, unrein werden kann; wahre Unreinheit kommt von innen; denn das Herz ist böse (Mark. 7,15). Das Halten von Sabbat- und Reinheitsvorschriften wird mit alledem nicht einfach abgeschafft oder verboten. Aber diese Vorschriften werden unwesentlich. Die kultische Heteronomie gerät ins Hintertreffen. Der Gehorsam wird auf Dinge gerichtet, die von ihrem Inhalt her den Menschen binden können. Denn die Meinung dieser Texte ist ja nicht: Die Überordnung des Menschen über den Sabbat muß man *Jesus* abnehmen; sondern: Die Hörer sollten *selber* wissen, daß die Rettung und nicht die Tötung des Lebens der Sinn des Sabbats ist (Mark. 3,4). Der erwartete Gehorsam wird also als ein von der Sache her einsichtiger, als autonomer Gehorsam erwartet. Matthäus (23,3) warnt zwar nur vor der schlechten *Praxis* der Schriftgelehrten und Pharisäer und empfiehlt die Befolgung ihrer Theorie. Aber dann wird (Matth. 23,4) doch auch gegen ihre *Theorie* als gegen eine schwer zu tragende Last Verdacht erregt; die Schwere der Last ist hier ganz offensichtlich die absurde kultische Penibilität, das Musterbeispiel formalen, heteronomen Gehorchens. Die Jünger werden nicht zufällig bei Matthäus die *freien* Söhne genannt (17,26); ganz gleich, worauf die Freiheit, die im jetzigen Matthäustext sich auf die Zahlung der Tempelsteuer bezieht, in einem vielleicht vermutbaren älteren Traditionsstadium dieser Wendung Bezug nahm. Der synoptische Jesus verlangt jedenfalls einen verstehenden Gehorsam, er macht den Hörer autonom. Er befreit von der Heteronomie.

Solch eine Befreiung ist keine Befreiung von der Verpflichtung überhaupt. Der Inhalt der Verpflichtung wird vielmehr einsichtig gemacht. Bei der Befreiung von der Heteronomie findet also eine Gebietsverlagerung auf das Wesentliche hin statt: Das Herz des Menschen soll gut sein. Die sechs Antithesen der Bergpredigt leiten an, dem *Menschen* recht zu dienen, wenn sie den Zorn, den begehrlichen Blick und die Ehescheidung (dadurch die rechtlich minorenne Stellung der Frau aufwertend) verbieten, wenn sie das eindeutig wahre Wort, die schrankenlose Nachgiebigkeit und die Feindesliebe als das adäquate Verhalten von Gottessöhnen fordern. Es gilt, den Eltern ihr Recht zukommen zu lassen und sie nicht, unter einem formal-frommen Vorwand, empfindlich zu schädigen (Mark. 7,9-13 Par.). Die Ablehnung der Heteronomie ist für die Texte also kein Selbstzweck. Der Nächste kommt bei einem heteronomen Charakter des Gehorsams zu kurz. Wer verhindert das Recht des Nächsten? Wer veranlaßt, daß er nicht zum Zuge kommt? Natürlich nicht die heteronom übernehmbaren Vorschriften an sich; nicht die Sabbatobservanz und die Reinheitsvorschriften. Das böse Herz des Menschen ist das Hindernis. Die Befreiung vom formalen Gehorsam, von der Heteronomie entzieht dem bösen Herzen den Boden, auf dem es weiterhin sich selber täuschen und unter der Maske eines formalen Gehorchens dem Nächsten sein Recht entziehen kann. Die Befreiung von der Heteronomie zielt ab auf die Befreiung des Menschen von der Bosheit des Herzens.

Wie geschieht die Überwindung des bösen Herzens, die hier gemeinte Befreiung des bösen Ich? Die Texte sprechen vom Sich-selber-Hassen als dem rechten, dem dem Nächsten zugewandten Gehorsam (Mark. 8, 34-38 Par.). Wie sieht solch eine Selbstverleugnung aus? Ist sie Weltflucht, Askese und Willensaufgabe? Davon reden die Texte nicht. Ist sie das Ja zu dem Erlöser Jesus? Nicht in dem Sinne, daß man in ihm den Menschensohn oder den Messias erblickt; solche Züge gehören doch zu dem jungen christologischen Überbau der Synoptiker. Gewiß, die Selbstverleugnung schließt die Martyriumsbereitschaft ein. In den »normalen« Situationen aber ist die Selbstverleugnung eben der rechte, der nicht bloß formale Gehorsam. Freilich, mit einem sehr bedeutsamen Zusatz. Der gegenüber den Antithesen von Matth. 5 Gehorsame oder zu gehorchen Versuchende könnte – theoretisch – wie der Pharisäer von Luk. 18 Gott danken dafür, daß er gehorsam zu sein versucht und sich dadurch vom Ungehorsamen abhebt. Gerade das aber wäre doch wieder ein Bleiben auf dem Boden des bösen Herzens. Der Mensch kommt von der Bosheit des Herzens erst dort fort, wo er sich als böse annimmt. Der Ungehorsame muß sich annehmen, wie der jüngere Sohn in Luk. 15 und der Zöllner in Luk. 18; und nur *so*, in diesem peinlichen Ja zur eigenen miserablen Befindlichkeit, passiert das, was mit Recht Annahme durch die Gottheit heißt. Aber auch der ältere Sohn in Luk. 15 muß sich also annehmen als einen, der, vergleichend und Bestätigung suchend, sich nicht richtig zum Vaterhaus dazurechnen kann. So lernt der sich selber Annehmende, daß auch die Frömmigkeit gefährlich werden kann. Denn er kennt sein böses Ich. Er kann sich nicht umlügen. So wird er verlernen, über sich groß zu denken. Die Selbstannahme wird ihm möglich nicht als heroische ethische Leistung. Dies bescheidene Ja zur eigenen Miserabilität wird ihm nur möglich sein, weil und wo ihm Liebe und Annahme widerfährt. An dieser Stelle ist die Rolle, die Jesus für solch eine Selbstannahme spielt, anzusetzen; die Rolle einer – auf der ältesten Geschehnisstufe – sehr unexpliziten Christologie. Man glaubt nicht an seine Person als an den Befreier. Aber er gestaltet das Klima, in welchem diese Selbstannahme geschehen kann, in welchem die Bösen frei werden. Darum wird in diesen Texten nun auch keine Propaganda gegen den Kult gemacht; darum zahlen die »freien Söhne« – in der Legende von der Münze im Fischmaul (Matth. 17,27) – als die Freien ruhig die Tempelsteuer. Sie werden keinen Anstoß geben; so frei sind sie. Zusammenfassend ist festzustellen: Der Mensch – nach den Synoptikern – verfügt nicht über sich. Sein Herz ist böse. Die heteronome Thora entnimmt ihn nicht der Bosheit. Nur die ihm widerfahrende Liebe tut das. So erfährt er Befreiung, er nimmt sich als böse an und kann sich in Freiheit dem anderen zuwenden. Er wird autonom.

Bei Paulus ist der Mensch an sich ein Sklave der Sünde, er lebt im Fleisch, er muß sterben (Röm. 6,18-22). Das Christusgeschehen, das Prinzip des Geistes, kommt in der Verkündigung auf den im Fleisch existierenden Menschen zu und befreit ihn, wenn er den Ruf in der Entscheidung des Glaubens annimmt, vom Sündigenmüssen und von der Todverfallenheit. Die Befreiung ist also ein Werk der Gnade (Röm. 8,1-3). Unfreiheit und Freiheit stehen sich gegenüber als Fleisch und Geist in der Art des gnostischen Dualismus. Diese Gegensätze schließen sich aus. Wer die Freiheit verliert, hat nicht eine dritte Möglichkeit außer der Unfreiheit. Man kann nicht die Freiheit aufgeben und die wahre Konsequenz des Evangeliums, das, worauf es beim Evangelium ankommt, festhalten (Gal. 2,4). Die Freiheit ist nicht ein unwesentliches Beiwerk am Evangelium. Die Freiheit befreit zum wahren Tun des im Gesetze Verlangten (Röm. 8,4); der Mensch wird, was er werden soll, er wird er selbst. Die Befreiung vermag das, weil sie den Gesetzesweg zum Heil verbietet, weil sie das Rühmen des frommen Menschen abschneidet (Röm. 3,27). Der sich rühmende, in seinem Frommsein böse Mensch nimmt im Ruhmverzicht sich als den bösen an. Diese Freiheit ist grenzenlos; nichts trennt sie vom Heil, nicht Menschen, nicht Welt, nicht Leben und Tod, nicht Gegenwart und Zukunft. Sie steht ja unter Christus: Sie nimmt sich also nicht als heroisch, sie versteht sich als geschenkt (1. Kor. 3,21-23). Die Freiheit, in die der Befreite berufen wurde, muß durchgehalten werden gegenüber der Anerkennung des Gesetzes als Heilsweg; die Übernahme der Beschneidung wäre für die Galater solch ein Rückfall unter das Sklavenjoch (Gal. 5,1). Die Freiheit darf sich als Freiheit nicht aufgeben; sie darf sich nicht als neue Sklaverei verstehen. Sie ist zwar befreit zum wahren Gehorsam und kann Sklavenexistenz gegenüber Gott und dem Rechttun insofern genannt werden, als die Freiheit Verpflichtung ist. Aber solch eine Bezeichnung der Freiheit als Sklavenstand wäre eine unangemessene, menschlich mißverständliche Rede. Die Entsprechung der beiderseitigen Verpflichtung – im Fleischstatus gegenüber der Sünde, im Geiststatus gegenüber Gott – darf nicht dazu verführen, den Geiststatus wegen seines Verpflichtungscharakters »Sklaverei« zu nennen und so seinen Freiheitscharakter zu verfälschen (Röm.

6,18-22). Das rechte Gehorchen des Befreiten ist keine Sklaverei; es ist vielmehr ein urteilendes, mögliche Verhaltensweisen abwägendes Gehorchen, es ist autonom. Der Befreite will gehorchen. Diese Freiheit ist für Paulus Freiheit auch gegenüber dem Tod; auch er kann dem Heil nicht schaden. Für die Gegenwart wirkt sich das darin aus, daß die Befreiten existieren als »die Sterbenden, und siehe, sie leben« (2. Kor. 6,9). Für das nahe Eschaton wird die endgültige Befreiung von der Vergänglichkeit und die Begabung mit Herrlichkeitsleben von Paulus ausgedrückt durch das Mythologumenon von der Erweckung des Leibes der Befreiten (Röm. 8,11). Dies Mythologumenon wird noch erweitert durch eine Befreiung der jetzt unter die Vergänglichkeit versklavten und darum noch seufzenden Schöpfung (Röm. 8,21). Die von Paulus verwendeten Ausdrucksformen entstammen also der dualistischen Gnosis; aber die Bezeichnung des Neuen als eines Pneuma-*Leibes* sowie die Erlösung der *Schöpfung* füllen die gnostische Form mit antignostischem Inhalt und wollen die Endbefreiung dem ganzen Menschen zusagen. Gnostische Aussageform liegt auch vor, wenn die Fleisch-Menschen als Kinder des jetzigen, des irdischen Jerusalem, die befreiten Geist-Menschen als Kinder des himmlischen Jerusalem gelten. Gleichzeitig wird hier, durch Gegenüberstellung von Hagar und Sara, das Alte Testament allegorisch in diesen Dualismus einbezogen (Gal. 4,21-31). Ebenso wird die Decke auf dem Angesicht des Moses allegorisiert: Für den Fleisch-Menschen gilt sie, er versteht das Evangelium nicht; beim Geist-Menschen ist sie hinweggenommen, er schaut Christus, die Geistexistenz, und wird schauend in sie verwandelt, und das, was er mit der Geistexistenz gewonnen hat, ist Freiheit (2. Kor. 3,4-18). Hier wird diese Freiheit speziell als die des Verkünders ausgelegt, der nicht mehr Verurteilung und Tod durch die Gesetzespredigt, sondern lebenspendende Geistexistenz durch die Evangeliumspredigt wirkt. Die Freiheit des Verkünders bringt zustande die Geistexistenz des Hörers als Freiheit.

Die wahre Freiheit hat eine Grenze: die Rücksicht auf den Bruder. Die Liebe ist die Norm der Freiheit. Der Dienst am andern in der Bereitschaft der Liebe darf durch eine Berufung auf die Freiheit nicht verletzt werden (Gal. 5,13). Wieder exemplifiziert Paulus das an sich, dem Verkünder. Er ist, als Apostel mit einer Christusvision, frei. Er könnte, in Betätigung dieser Freiheit, sich als verheirateter Verkünder von den Gemeinden materiell unterhalten lassen (1. Kor. 9,1-6). Er ist aber so frei, daß er auf die Betätigung dieses Rechtes verzichtet und, von den korinthischen Enthusiasten mißverstanden, sich in der Art der Durchführung seines Dienstes zum Sklaven derer macht (1. Kor. 9,19), die er für das Evangelium gewinnen will. So muß Paulus davor warnen, die Korinther sollten seinen Verzicht auf eine eindrucksvoll strafende Betätigung seiner Freiheit – einen Verzicht, der die Schonung der Gemeinde im Sinne hat – nicht als Kläglichkeit und Fehlen der apostolischen Vollmacht mißverstehen (2. Kor. 10,8; 13,18). Dieser Freiheitsverzicht gilt nun auch für die Glaubenden. Die Betätigung ihrer vorhandenen Freiheit gegenüber dem Götzenopferfleisch darf nicht den im Glauben schwachen Bruder gefährden (1. Kor. 8,9). Das Gewissen des schwachen Bruders muß respektiert werden. Darum muß auf die Betätigung der Freiheit in solch einem Falle verzichtet werden zugunsten des Bruders. Der Verzicht auf die Betätigung hebt die Freiheit ja nicht auf, sondern bestätigt sie gerade (1. Kor. 10,23-30).

Bisher war die Begrenzung der Freiheit mit Rücksicht auf den Bruder gegeben. Aber dualistisch-eschatologische Gesichtspunkte – uns nicht ohne weiteres einsichtig und verbindlich – kommen für Paulus nun auch in seine Grenzziehung gegenüber der Freiheit: Der Sklave kann ruhig Sklave bleiben und soll nicht nach soziologischer Freiheit streben, denn das Ende ist nahe, und im Christusleib, in der Gemeinschaft der Glaubenden, sind die Unterschiede von soziologisch Freien und Unfreien ja aufgehoben (1. Kor. 7,21; 12,13; Gal. 3,28). Oder: Die Freiheit hebt nicht die ausschließliche Bindung sexueller Möglichkeiten an die Ehe auf (1. Kor. 6,12 ff.). Ungeachtet dieser Einschränkungen wird man zusammenfassen dürfen: Der Mensch gilt bei Paulus als der Sünde ganz verfallen. Dieser Mensch wird befreit zum rechten Tun, zum Liebenwollen und zum Liebenkönnen in Verantwortung, zur autonomen Liebe.

In etwa könnte man in dieser für Paulus geltenden Zusammenfassung auch den johanneischen Freiheitsbegriff beschrieben finden, der aus der Analyse speziell zu Joh. 8,30-47 zu erheben ist, aber doch nur in etwa. Wie bei Paulus holt die Befreiung den Menschen heraus aus der Unfreiheit, die mittels des dualistischen Koordinatensystems beschrieben wird: Freiheit – Sklaverei, Wahrheit – Lüge, Gott – Teufel. Der Unfreiheit entspricht die Sünde. Wie wird sie definiert? Nicht paulinisch als ein am Gesetz gewonnener Selbstruhm, sondern Sünde ist hier eindeutig das Nein zu Jesus, aber nicht ein Nein zu dem, was Jesus im Blick auf konkrete Punkte jüdisch-frommen Verhaltens sagt, wie die Synoptiker es darstellen. Das Nein zu Jesus ist das Nein zu seinem Offenbarungsanspruch, ist der Plan, ihn zu töten. Wichtig ist also bei Johannes der Zeitpunkt, an dem diese Sklaverei entsteht. Sie entsteht erst im Gegensatz zu Jesus; Sünde wird erst Sünde durch das Kommen Jesu (Joh. 15,22.24), Blindheit wird wirkliche Blindheit erst durch Ablehnung des Lichtes (Joh. 9,40f.). Diese Beobachtung des rechten Zeitpunkts, an dem die Versklavung des Menschen sich konstituiert, führt weiter zur rechten Antwort auf die Frage: Wer wird denn nun befreit durch das Wort Jesu? Man möchte mit Joh. 3,16 antworten: die Welt, in die die Liebe Gottes Jesus zur Rettung sendet. Aber die Welt, von Gott geliebt, glaubt ja *nicht*, kommt ja *nicht* an das Licht (3,19), und so bittet Jesus nicht für sie (17,9), sondern opfert sein Leben für seine Freunde (15,13). Befreit wird also der, der aus Gott stammt und darum die Gotteswirklichkeit, die Wahrheit, als Befreiung annimmt (8,32). Hier scheint Johannes sich von Paulus zu scheiden, der Jesus die Freiheit den Gesetzesversklavten zuwenden läßt und terminologisch das dadurch erreicht, daß er die Sünde nicht, wie Johannes, christologisch definiert. Allerdings, wie bei Paulus ist auch bei Johannes der Befreite autonom. Er glaubt nicht auf ein Gerede hin, er hat selber das Wort Jesu in der Verkündigung gehört und hat es *nicht heteronom* angenommen, sondern ist nun ein Wissender (4,42). Schließlich: Was tut der Befreite bei Paulus? Er tut das vom Gesetz Verlangte, und das ist bei Paulus die Liebe zum Nächsten. Johannes reduziert die Nächstenliebe auf die Bruderliebe (13,34f.). Etwas anderes interessiert ihn nicht. So haftet dem Handeln des Befreiten bei Johannes, verglichen mit Paulus und den Synoptikern, der Schimmer der Unkonkretheit an: Die dualistisch-gnostische Verschiebung im Freiheitsbegriff ist bei Johannes ungleich intensiver als bei Paulus. Der Mensch *ist* bei Johannes nicht

Sklave, er *wird* Sklave erst durch Ablehnung der Freiheit. Befreit, wird er autonom, aber infolge seiner Weltdistanz ist er interessiert nur an der *Bruderliebe*.

Wir fassen alles Bisherige zusammen in der Weise, daß wir ein Gespräch der verschieden nuancierten neutestamentlichen Urchristen mit Vertretern der nichtchristlichen Entwürfe der damaligen Zeit über die Freiheit des Menschen fingieren.

Die drei Urchristen (der synoptisch Glaubende, Paulus und Johannes) sind untereinander einig: Der Mensch verfügt von Haus aus nicht über sich; Gott muß ihn befreien. Johannes schränkt etwas ein: Ja, aber der Befreite entstammt dem Licht. Nun treten der Rabbi, der Qumranfromme, der Gnostiker und der Stoiker dazu; alle vier außerchristlichen Vertreter sind mit den drei Christen einig darin: Bei dem erfragten rechten Handeln des Menschen ist Gott im Spiel. Aber der Rabbi protestiert: Eine *Befreiung* des Menschen ist nicht nötig und findet nicht statt; Gott ist Geber der Thora und Richter. Der Qumranfromme, der Gnostiker und der Stoiker gehen mit den drei Christen zusammen: Gott ist der Befreier. Dabei stehen der Gnostiker und Johannes einander speziell nahe: Der Befreite entstammt dem Licht. Der Dialog schreitet weiter. Ist das Böse, aus dem die Befreiung den Menschen entreißt, einem dualistischen System einzuzeichnen? Hier gehen die Christen bereits auseinander. Der synoptisch Glaubende verneint den dualistischen Rahmen. Der Rabbi applaudiert ihm, muß sich aber entgegenhalten lassen, der Verzicht auf den dualistischen Rahmen bringe die Notwendigkeit der Befreiung noch nicht in Fortfall. Auch der Stoiker stimmt dem synoptischen Verzicht auf den Dualismus zu, bekommt vom synoptisch Glaubenden aber zu hören, deswegen sei das Böse noch kein Irrtum. Paulus und Johannes befürworten den dualistischen Rahmen für das Böse und für die Befreiung. Das bringt ihnen den Beifall des Qumranfrommen und des Gnostikers, das Nein des Rabbis und des Stoikers ein. Nun fragt man: Wie weit ist der Mensch dem Bösen verfallen? Der synoptisch Glaubende und Paulus betonen: so weit, daß auch seine gute Absicht vom Bösen in Dienst genommen wird. Hier protestieren alle vier Nichtchristen mit verschiedener Akzentuierung. Der Rabbi und der Qumranfromme wollen die Indienstnahme durch das Böse nicht für den Thoragehorsam, der Gnostiker nicht für den Lichtmenschen, der Stoiker nicht für die Vernunft gelten lassen. Johannes gibt eine eigene Antwort und steht mit ihr dem Gnostiker nahe: Das Böse konstituiert sich angesichts des Offenbarers. Der Rabbi und die Stoa sind anderer Meinung, der Qumranfromme und der Gnostiker stimmen Johannes zu, wobei die beiden Nichtchristen die Gleichsetzung Jesu mit dem Lichtoffenbarer nicht angreifen, sondern wohlwollend offenlassen.

Was heißt denn nun Befreiung, so lautet der nächste Diskussionspunkt. Der Rabbi schweigt von jetzt ab; er hält Befreiung ja nicht für nötig. Der Mensch gewinnt die Befreiung in einem Akt der Entscheidung, darin sind sich alle drei Christen mit dem Qumranfrommen, dem Gnostiker und dem Stoiker einig. Diese Entscheidung ist nicht ein Denkakt, definieren die drei Christen, wieder gemeinsam, weiter. Der Stoiker widerspricht hier, der Qumranfromme und der Gnostiker stimmen zu. Der synoptisch Glaubende und Paulus erklären: Die Entscheidung ist Selbstannahme, ist Ruhmverzicht. Hier haben sie alle drei Nichtchristen gegen sich. Die Entscheidung ist das Ja zum Dualismus, setzt Johannes dem synoptisch Glaubenden und dem Paulus entgegen. Dafür erntet Johannes den Beifall des Qumranfrommen und des Gnostikers und die Ablehnung des Stoikers.

Es geht weiter zu der Frage: *Wie* ist Befreiung möglich? Der synoptisch Glaubende und Paulus antworten: durch die Erfahrung der Liebe des Guten zum Bösen. Der Qumranfromme stimmt hier zu, der Gnostiker und der Stoiker verneinen. Johannes gibt eine Sonderantwort: Die Befreiung ist möglich, weil der Befreite nicht aus der Welt stammt. Das gefällt dem Gnostiker, es mißfällt dem Qumranfrommen und dem Stoiker. Aber beiden aus ganz verschiedenen Gründen. Dem Qumranfrommen gilt die Befreiung als möglich, *obwohl* der Befreite aus der bösen Welt stammt; dem Stoiker gilt die Befreiung als möglich, *weil* der Freie der Welt-Harmonie eingegliedert ist.

Die Frage nach der Betätigung der Freiheit kommt auf. Der synoptisch Glaubende und Paulus versichern: durch die Liebe. Dabei haben sie den Gnostiker und den Stoiker gegen sich. Der Qumranfromme stimmt den beiden Christen zu, aber nur halb: nicht nur durch die Liebe, sondern durch

die Observanz des ganzen, streng genommenen Ritualgeset-
zes. Johannes gibt hier eine doppelte Antwort: Der Befreite
betätigt sich durch Distanzierung zur Welt und durch die
Bruderliebe. Die Weltdistanz wird dem Johannes von allen
drei Nichtchristen abgenommen; der Stoiker freilich präzisiert in seinem Sinne: Distanz von den Dingen und dem
Leib, aber gerade *Einfügung* in das Weltgesetz. Mit seiner
Bruderliebe hat Johannes beim Gnostiker und Stoiker nicht
viel Glück; aber der Qumranfromme nimmt die Bruderliebe
emphatisch auf: Liebe *ausschließlich* zu den Brüdern.

Die letzte Frage, die nach der Autonomie des Befreiten,
wird von allen drei Christen bejaht, unter Zustimmung des
Gnostikers und des Stoikers; nur der Qumranfromme hält
auch den Befreiten für heteronom, denn er gehorcht ja nun
erst recht auch dem Ritualgesetz.

Das Fazit kann jetzt ganz knapp formuliert werden. Von
Gott und Entscheidung des Menschen reden alle. Hier liegt
also offenbar nicht der Nerv einer spezifisch christlichen
Konzeption. Weithin alle, Christen und Nichtchristen, sprechen auch von der Notwendigkeit eines Ereignisses der Befreiung des Menschen. Auch der Dualismus als Aussagemo-
dus wird bei Christen und Nichtchristen sowohl verwendet
wie auch vermieden. Die Differenzen brechen auf an der
Frage, wie tief die Verfallenheit anzusetzen und in welcher
Art die Befreiung darum zu verstehen ist. Aber auch hier
stehen nicht schlechterdings nur Christen gegen Nichtchristen.

Der Befreite ist der das Wort Annehmende; insofern geht
es um die Freiheit der Kirche. Der Verkünder spricht predigend die Freiheit zu. Ist er zugleich Theologe, so definiert er
sie. Aber welche der drei christlichen Versionen? Alle drei
sprechen von Gott und, explizit oder unexplizit, von der
Notwendigkeit der Befreiung. Die Differenzen unter den
drei christlichen Positionen stellen sich ein in drei Punkten:
1. Wie groß ist die Unfreiheit? (Da stehen Synoptiker und
Paulus gegen Johannes.) 2. Soll die Befreiung mythisch (Paulus, Johannes) oder unmythisch (Synoptiker) ausgesagt werden? 3. Was ist die Aufgabe des Befreiten? (Hier wieder
Synoptiker und Paulus gegen Johannes.) Diese drei verschiedenen christlichen Versionen stellen zugleich einen Gegensatz oder eine Nähe zu den außerchristlichen Positionen dar.

Der Theologe definiert diese drei christlichen Spielarten der Freiheit. Er wird wahrscheinlich die eine lieben und die andere hassen. Die Komplexheit des Kanons erlaubt ihm das nicht bloß, sie zwingt ihn dazu. Wird der Theologe diese drei Spielarten als so ausschließlich verstehen, daß sie ihm die Einheit des Kanons schlechthin sprengen? Angst vor der Kühnheit solch einer Sprengung dürfte kein letztes Hindernis sein. Mich hemmt etwas anderes: Keine der neutestamentlichen Ausprägungen ist in sich so rein, daß der hier liebende und da hassende Theologe sich mit der einen Spielart einer neutestamentlichen Ausprägung total identifizieren könnte. Das Verfahren des Theologen wird eklektisch bleiben müssen. So gesehen, ist der komplexe Kanon aber eher hilfreich als anstößig; er begründet die Freiheit des Theologen, die im Kanon gegebene Komplexheit im wählenden Gebrauch der Texte nun seinerseits fortzusetzen.

Die religionsgeschichtlichen und die neutestamentlichen Spielarten des Freiheitsbegriffs sollte ein Theologe kennen. Kann Befreiung nun aber nur dort geschehen, wo man diese Begrifflichkeit durchschaut? Nein! Befreiung geschieht dort, wo das Klima der selbstkritischen und für den Nächsten offenen Haltung herrscht. Das wird auf die Dauer nicht der Fall sein ohne neutestamentliche Texte. Diese Texte können Freiheit wirken, auch wenn sie in vielen Punkten konfus behandelt werden. Sie wirken, bei aller korrekten Behandlung, keine Freiheit, wenn der in ihnen sich meldende Ruf zur Freiheit übergangen wird. Der Ruf zur Freiheit muß also in ihnen gehört werden; jener Ruf, der da Hoffnung macht: Auch das ganz Schlimme kann zurecht kommen.

Bibelstellenregister

Claus Westermann/Gerhard Gloege
Tausend Jahre und ein Tag

Einführung in die Bibel
Ungekürzte Sonderausgabe in einem Band von C. Westermann »Tausend Jahre und ein Tag« und G. Gloege »Aller Tage Tag«, 566 Seiten, kartoniert

»Tausend Jahre sind vor dir wie ein Tag.« Dieses Wort aus dem 90. Psalm hat dem Buch des Heidelberger Alttestamentlers Claus Westermann den Titel gegeben. Gott, den der Psalmist so anredet, ist derselbe im Alten wie im Neuen Testament, deshalb trägt auch die vorliegende Sonderausgabe, die um die Einführung in das Neue Testament von Gerhard Gloege erweitert wurde, den gleichen Titel.

»Der von evangelischen Bibel-Sachverständigen verfaßte stattliche Band bietet eine allgemeinverständliche Einführung in die Bibel. Auf einen gelehrten Kommentar mit wissenschaftlichem Apparat wird verzichtet. Man spürt aber von Seite zu Seite, wie sehr sich das hier Gesagte auf gründliche Forschungen stützt.« So schrieb die Zeitschrift »Das Zeichen«; ein anderer Rezensent urteilt: »Was die Presse den Einzelausgaben zugestand: ›wissenschaftlich äußerst zuverlässig gearbeitet, dabei beglückend leicht zu lesen‹ gilt für das ganze Buch. Beide evangelischen Professoren bleiben bei aller Offenlegung der Quellen und Schichten ihrem Glauben und ihrer tiefen Ergriffenheit treu. Sie sagen auch nicht einfach, wie es war und wie es zu verstehen ist, sondern deuten das Gotteswort für unser heutiges Leben ... Eine aktuelle, natürliche, umfassende Einführung in die Schriften der Bibel.«

Kreuz Verlag

Hans Walter Wolff/Günther Bornkamm
Zugang zur Bibel

Eine Einführung in die Schriften des Alten und Neuen Testaments, Themen der Theologie Band 7 und 9 als Studienausgabe, 353 Seiten, Kunststoff flexibel

In einer preiswerten Studienausgabe werden hier die Einführungen in die Schriften des Alten und Neuen Testaments zweier international bekannter Exegeten vorgelegt. Unter den Titeln ›Bibel-AT‹ und ›Bibel-NT‹ waren die nun in einem Band zusammengefaßten Bände erstmals im Rahmen der ›Bibliothek Themen der Theologie‹ erschienen.

»Es ist eine Freude, sich durch Bornkamm in die Eigenart und Bedeutung der einzelnen neutestamentlichen Schriften einführen zu lassen, ebenso wird das AT durch Hans Walter Wolff zu einem Buch von Gegenwartsbedeutung.«

Deutsches Pfarrerblatt

»Sicher werden viele, die sich intensiver und in etwas anspruchsvollerer Weise mit der Heiligen Schrift beschäftigen wollen, zu diesem Studienbuch greifen. Werden doch hier die großen Zusammenhänge aufgezeigt vom Entstehen, den Aussagen und der Bedeutung all dessen, was in der Bibel überliefert wird. Es wird etwas von Gottes Handeln in menschlicher Gestalt deutlich. Es lohnt sich, diese Studienausgabe zu studieren.« *Evangelisches Gemeindeblatt Reutlingen*

Kreuz Verlag